法学的慈悲
孩子的法律情怀

姚建龙 著

上海三联书店

献给小竹子：

　　都说女儿是父亲上辈子的情人，为什么我一点儿都想不起上辈子的事情。

——大肚子爸爸

目录

自序

第一辑　受保护是孩子的权利

3　网络时代与童年的再革命
5　戒网瘾也可能是"病"
6　家长要和孩子一起成长
7　对影视明星要有污点退出机制
8　鸡蛋终于从里面打破：评民政部设置未成年人保护处
11　破解未成年人保护的责任稀释困境
13　儿童公益组织行为准则很有必要
16　罪错未成年人身份信息保密：要自律更需惩戒
19　我为什么支持慈溪公开性犯罪人身份信息
23　司法改革的先行者与试验田：慈溪实践
27　认真对待儿童色情
30　关于秦某强奸、猥亵儿童案的几点意见
32　发布十大典型案例是个好做法
33　儿童最大利益原则与代孕子女监护权的归属
37　如何破解困境儿童保护的困境
39　关于上海妇女儿童法律保障工作的几点思考

41 | 对于黑龙江妇女儿童与法律保障工作的几点思考
43 | 直面人性卑劣的制度设计

第二辑　宽容而不纵容熊孩子

53 | 老师能否惩戒"熊孩子"
55 | 从教刑并重走向以教代刑
59 | 应对校园欺凌,刑法要保持谦抑
61 | 应对校园欺凌更需各负其职　综合防治
65 | 谈中关村二小校园欺凌事件
70 | 对校园暴力的冷思考
73 | 工读学校的悖论与改革的方向
77 | 在美留学生凌虐案:中国究竟应当借鉴什么?
81 | 警惕留美学生被判终身监禁假新闻的刻意传播
84 | 低龄未成年人恶性案件频发的反思与应对
89 | 女版林森浩背后的情与法
91 | 吴天贵冤案背后的观念冲突与制度困境
93 | 评复旦投毒案:同学,你恨的到底是什么?
94 | 完善未成年人虞犯行为早期干预机制的建议
97 | 问题青少年研究任重而道远

第三辑　显现人性之光的绿洲

103 | 少年司法改革的成效与愿景
105 | 未成年人检察的历史、现状和展望
108 | 未成年人检察的开拓与坚守
110 | 未检人的激情与理性
112 | 中国语境下的未成年人检察改革
114 | 国家监护与未成年人民行检察的发展思路
117 | 少年审判改革发展的关键是要有专门机构
119 | 要"寓教于审"更要"寓助于审"
122 | 功夫在案外,案结事不了
127 | 少年司法社会支持的需求分析
131 | 少年司法社会支持体系的基本模式与比较
134 | 少年司法转介:理论基础与概念界定
139 | 社会调查是少年司法的基础性程序

141　犯罪记录封存制度实行难在于观念滞后
143　认真对待未成年人矫正制度

第四辑　立法者心中要有慈爱

149　关于完善刑法修正案九草案涉及未成年人保护条款的建议
154　《关于加强农村留守儿童关爱保护工作的意见》之亮点与期待
159　解读"李梦雪·李彤法案"
163　法律向不合格父母亮剑
167　未成年人视角的《反家庭暴力法》
170　反家暴法应当更具"同理心"
173　保护的善意与边界：关于完善《未成年人网络保护条例（送审稿）》的建议
177　在纪念预防未成年人犯罪法颁布十周年座谈会上的发言
182　最好的青少年违法犯罪预防政策
183　刑法的傲慢与嫖宿幼女罪的存废
186　嫖宿幼女罪废除的原因
187　检察机关与未成年人保护的"鲶鱼效应"
189　完善未成年人法律：从改良土壤到顶层设计
194　《未成年人保护法》及相关法律的完善建议
199　一份具有扎实理论与实证研究支撑的学校安全政策文件

第五辑　通过法治的社会治理

205　法治中国触手可及
211　如何走向法治国家
214　通过群团的间接治理值得期待
218　从严治团须重视团内法规建设
220　法治中国话语下的法学期刊
222　监狱改革的特殊性应当受到重视
224　禁毒工作纳入国家安全战略之省思
226　对社区戒毒与社区康复试点工作的几点思考
228　改革完善我国禁毒体制机制的建议
233　社区检察的理论基础与争议问题
238　腐败犯罪防控的激情与理性

第六辑　有情怀的青春最美丽

243 ｜ 忠诚、纪律、孝悌、责任
245 ｜ 和大学新生讲几句大白话
250 ｜ 给研究生新生的五点建议
254 ｜ 把生命浪费在美好的事物上
257 ｜ 你们这一代矫正警察
260 ｜ 不忘初心　方得始终
263 ｜ 既然选择远方，便只顾风雨兼程

第七辑　呐喊也是学者的使命

271 ｜ 法治护航未成年人健康成长
275 ｜ 设立未成年人专门保护机构是迟早的事
277 ｜ 别让流浪成为孩子的生活方式
280 ｜ 转移监护权是个复杂的系统工程
283 ｜ 剥夺父母监护权后，民政托底非最佳选择
285 ｜ 孩子的事不仅仅是"家务事"
288 ｜ 温岭虐童行为是一种"非典型"寻衅滋事行为
290 ｜ "虐童案"，给中国父母一个警告
294 ｜ 拐卖儿童犯罪为何多发
297 ｜ "熊孩子"不完全等于"反社会人格"
301 ｜ 建议遵循"不出校园"原则防控校园欺凌
303 ｜ 建议设少年法院、增刑法"未成年人专篇"
305 ｜ 多位专家反对因校园暴力降低刑事责任年龄：14周岁符合国情
309 ｜ 低龄未成年人暴力犯罪怎么治：与董倩对话未成年人暴力
314 ｜ 留美学生凌虐案量刑启示：与白岩松对话留美学生凌虐案
318 ｜ 宽容不纵容，知难行更难

附　录

323 ｜ 从西山坪到野马浜

自 序

两年前我在上海三联书店出了一本随笔集《法学的童真：孩子的法律视界》，市场和业界的反应让我有些意外。上市没几个月出版社就没有了存货。从事未成年人保护与法律工作的专业人士也多给予了在我看来属于"鼓励性"的好评。据说这本小册子还成了2015年首届全国检察机关未成年人检察业务竞赛及各省选拔赛参赛选手的必备读物，还是很多新从事未成年人保护与法律工作者的入门读物。

当时辑录这本小册子的想法是希望"用浅显的文字来阐述未成年人法学的理论"，现在越来越体会到这样的想法和做法的必要性。这几年涉及未成年人的法律热点事件很多，很多话题和事件引发全民性的关注，譬如刑事责任年龄、校园欺凌、儿童性侵、打拐、嫖宿幼女罪、电击治网瘾、留美学生凌虐案、南京虐童案、代孕子女监护权第一案等。这两年的感受是，国人的未成年人观念不但没有多大的改进，反而戾气愈深。这让我有些焦虑，也更加觉得学者除了埋头书房和奔波田野，还应该担负起回应这类热点事件的责任。

不过这样的想法和做法不一定会有什么好下场。譬如，我坚持反对降低刑事责任年龄，结果在网上招致板砖一片，不但有人专门开出贴吧提醒我"回头是岸"，甚至还有人威胁说要派不满十四周岁杀手把我干掉。再如，我提醒应对校园欺凌要遵循尽量不出校园原则，尊重青少年成长中的"自愈"规律，结果，也是招来骂声一片。还有人写文章从深挖我小时候不良少年黑幕的角度主张话语权不能掌握在像姚建龙这样的学者手中。总之，你只要不是喊打喊杀，就肯定会遭受围攻。

我以为这只是网络不理性情绪的表现，却不曾想到，主流媒体也在附和与推波这样的情绪化反应，并且已经开始在对立法、司法以及青少年政策决定层产生潜移默化的影响。一个直接的例证是,拟修订中的《治安管理处罚法》已经提出了降低未成年人行政拘留执行年龄的立法方案。另一个例证是我连写了两篇文章,认为美国对留美学生凌虐案中涉案未成年人的判决根本不可能也实际没有判什么终身监禁,结果谣言照样广为流传和就是有人深信不疑。

另一个奇特的现象是,对于侵害未成年人权益的行为我主张严罚,却有一大堆人过来跟我说,要讲"法治",要保护加害人的权利。譬如慈溪公开性侵未成年人罪犯身份信息的探索被实际叫停。再如,我主张严打儿童色情,主张将持有、浏览、观看儿童色情的行为入罪严罚,结果好像基本没什么人搭理,还被嘲讽为类似"刑法偏爱主义"。

我国目前有2.79亿未成年人,这个庞大的群体很可怜,既不会自我主张权利也缺乏利益代言人,总之是一个可以任意揉捏的群体。青春期干点坏事,一些人恨不得废除国际准则恢复未成年人死刑。权益受到侵害或者过得惨兮兮的,只要还不到类似死亡或重伤的结果,大体上也是没有人搭理。当然了,网络上正义凛然、鳄鱼眼泪成河倒是不缺乏的。

美国社会学家科赛曾经提出"社会减压阀理论",指出社会要有减缓结构性压力的机制,以疏导社会成员中的一些不满情绪,避免不满情绪向现实行为的转化,这种社会情绪发泄的对象就是所谓的"安全阀"或者说"替罪羊"。这些年,通过媒体引导下的社会情绪似乎正在指向"孩子"这一可怜的群体,未成年人日益成为承担社会情绪发泄出口的"替罪羊"。

面对这样的"可悲"倾向,作为从事未成年人法学研究的学者,不能无动于衷。这也是我辑录出版第二本法学随笔集的原因之一。这本小册子主要收录的是近几年评论未成年人法律热点事件、参与推动未成年人法治建设进程的小文章,还包括一些研讨会上的发言记录及媒体采访稿。虽然散失了很多,但可以说,这几年媒体关注的未成年人法律热点争议问题,大体都能在这本小册子里找到评论和回应。譬如刑事责任年龄该不该降低、嫖宿幼女罪废除的原因究竟是什么、校园欺凌应当如何应对、该不该公布性侵儿童罪犯的身份信息、南京虐童案判决是否正确、留美学生凌虐案的真相是什么、代孕子女监护权纠纷第一案为何能够改判、能否用电击治疗网瘾……

我给这本小册子取名《法学的慈悲——孩子的法律情怀》,既是为了与前一本小册子《法学的童真——孩子的法律视界》呼应,也是为了更准确地反映我的一些真实想法或者立场。如果对孩子都不能以慈悲为怀,我看成人社会真的应该好好反思反思了。

姚建龙(佘山老农)

2017 年 4 月 28 日于京

第一辑

受保护是孩子的权利

网络时代与童年的再革命

网络已经在客观上成为未成年人成长的第五空间,且其重要性及对未成年人的影响并不亚于甚至远超过家庭、学校、社区、社会等传统现实空间。在网络时代,上网是未成年人社会化的方式,也是未成年人在当代社会完成社会化无法隔离的途径。由于网络的强大影响力,它也正在改变未成年人的社会化方式、社会化进程。

有证据表明:未成年人比成年人更适合在网络空间生存,未成年人与成年人的传统关系正在悄然变革。在传统社会形态下,成年人之所以为成年人,是因为其相对未成年人而言更权威、知道得更多、社会适应力更强;但在网络时代,成年人相对未成年人的这种优势正在受到严重的挑战,一个未成年人可以轻易地通过网络颠覆成年人的这些优势。未成年人才是网络的原住民,他们才是网络的天然宠儿,而不是我们这些中途触网却天天想着如何对未成年人进行网络保护的成年人。

在网络时代,未成年人被视为独立的个体、获得与成年人平等的地位,正在成为一种可能和趋势。未成年人也必将在网络时代逐步获得在传统社会失去的权利,包括政治权利(选举与被选举权)、劳动权利、婚姻权利等。

在网络时代,童年期将会被重新定义,甚至再次消逝。童年只是一个仅诞生两百年左右的概念。在传统农业社会,一个具有自主活动能力、语言能力的7岁左右的人,即可以在农业社会获得经济生产能力,并进入成人社会,被视为成年人。在传统社会向工业社会转变的过程中,由于劳动力的富余、工业生产对劳动力的文字、技术等方面技能的要求,儿童需要为进入成人社会经历一个较长时期的准备过程,这个过程也被视为儿童向成年人过渡的时期——童年。成人社会逐步形成了,要求这一阶段的"孩子"必须在学校学习的观念,并为了有效地管控他们而制定了这一群体需要遵守的特定行为规范,少年犯罪的概念也由此诞生。但是,网络时代的到来,将大大压缩儿童进入成人社会的准备期。随着网络技术的发展,也许在不久的将来,一个获得语言与活动能力的7岁左右的儿童,可能再次即可进入成人社会,被视为成年人——童年将再次消逝。

从这个角度看,所谓对未成年人进行网络保护的任何动议与企图,都是成人世界对其传统地位维护的方式,也注定会失败。当前的未成年人网络保护政策应当理性而有前瞻性,曾经的"隔离模式",今天的"资讯喂食模式",并不适合于网络时代。

网络只是未成年人成长的一种空间,在家庭、学校、社区、社会等传统空间存在的可能危害未成年人的问题,在网络空间也同样可能存在。未成年人网络保护的基本政策应当是"外划底线,内强免疫",而不应过度解读和过度焦虑。"外划底线",即对于未成年人网络保护也应当确立底线规则意识,以负面清单方式划出黄(色情)、白(毒品)、黑(恐怖极端)、红(暴力)等严禁行为与严禁传播的资讯,除此之外则应充分尊重未成年人的网络权利。"内增免疫",即一方面应注重通过引导、教育的方式增强未成年人对网络不良资讯的免疫力;另一方面则应尊重未成年人身心成长的规律,特别是免疫力逐渐增强的规律,不过度焦虑,也不拔苗助长。

2016年12月24日在"未成年人网络保护与犯罪预防研讨会"(北师大刑事法律科学研究院、最高人民法院应用法学研究所主办)上的发言摘要。

戒网瘾也可能是"病"

对于临沂网戒中心这件事,首先要搞清楚两个问题。首先,网瘾本身是否是一个伪命题?如今,网络已经成为人们的生活必需品,特别是身处移动互联网时代,连很多成年人也经常自嘲患上了所谓的"手机依赖症"。十多年前被家长们视为洪水猛兽的网瘾,在今天看来还真的是一种需要治疗的"瘾病"吗?其次,即便网瘾真的需要治疗,对于网瘾的矫治是否存在着相应的医学流程和规范?如果有,临沂网戒中心的做法超出这个规范了吗?应当注意的是,对于此问题,事件相关方有可能因感情因素存在评价偏颇,需要进行科学、客观的调查。在厘清这两个问题之前,轻易对网戒中心做法的合法性作出结论性判断并不妥当。

但是不管怎样,有两个基本事实是可以明确认定的。一是电击治疗的方式给孩子带来了精神和肉体上的痛苦;二是网戒中心的管理非常严格,在一定程度上限制甚至剥夺了孩子的人身自由。

基于前述问题和事实,我认为,临沂网戒中心的做法值得商榷。首先,在尚未明确网瘾性质的情况下,对孩子采用电击和限制自由的手段有可能严重侵害未成年人的人身权利,理应慎重;其次,如果网戒中心和家长只是将戒除网瘾视作对孩子不良行为矫正,则这种矫治行为违反了《未成年人保护法》第十条"父母或者其他监护人……禁止对未成年人实施家庭暴力,禁止虐待、遗弃未成年人"以及《预防未成年人犯罪法》的相关规定,是违法行为,情节严重的可能涉嫌犯罪。

团中央权益部根据口述整理,原载"青少年维权在线"官微。

家长要和孩子一起成长

相比电脑而言,手机携带与使用更加方便,逐渐成为未成年人获取信息、了解世界的主要途径之一。而在辨识能力不足、价值观尚未完全形成的阶段,未成年人极易受到不良违法信息的蛊惑,最终走上犯罪道路。不法分子利用手机软件,尤其是社交软件与未成年人取得联系的情形值得警惕。由于手机便于携带,而且私密性很强,它会在一定程度上密切陌生人之间的关系,增大彼此间的信任度。而未成年人的识别能力、社会化程度都不高,对社会的不良习性以及对方的不良企图无法及时发现,从而导致大量性侵案件的发生。

在孩子如何使用手机这件事上,家长需要放平心态,既不能完全放手,也不必过分焦虑。如今,不少家长还不如自己的孩子更熟悉智能手机的使用,因此需要和孩子一同成长,至少自己先搞清楚智能手机的功能,并且积极地去发现其中存在的问题,才能和孩子一起面对这些问题,一起学习正确的使用方法。

载《科学新生活》2013年第13期,原标题为《家长要和孩子一起战斗》。

对影视明星要有污点退出机制

青少年对偶像有一种特殊的崇拜心理,明星偶像吸毒会直接模糊青少年对毒品危害性的认识,会使青少年产生价值观错位,尤其是对毒品危害性认识的错位,会对青少年造成非常大的负面影响。

偶像崇拜是一种非常正常的现象,但是崇拜什么样的对象,反映了一个人的成熟程度。青少年比较集中地崇拜一些影视明星,这恰恰说明青少年这个群体还处在发展过程之中,处在成长过程之中,这一点无可非议。也正是在这个意义上,我们要求这些明星应该规范自己的行为,因为他们会对青少年的行为、价值观、是非的判断,产生一些更加重要的影响。

我们国家现在对于明星缺乏一个必要的污点退出机制,没有一个完善的机制去认定,譬如说某一个明星,如果有一些污点行为,那么社会应当有一个机制对他说"不"。没有这样一种退出机制的话,它直接造成的结果是违法犯罪的成本非常低,他依然能够重新回到所谓的舞台上,会产生一个恶性的诱导作用。所以在很多国家,在未成年人保护的法规中,对明星有类似的这种规定,比如说这样的人至少不能去从事或者去表演一些与青少年最为密切相关的文艺节目,或者绝对禁止这样的人在舞台上出现。我觉得这样的一些做法,非常值得我们国家借鉴。

载《上海教育》2015 年 3 月刊 B 刊,原标题为《偶像,想说爱你不容易》。

鸡蛋终于从里面打破：
评民政部设置未成年人保护处

2016年2月26日，民政部设置未成年人（留守儿童）保护处的消息正式在媒体公布。保护处的主要职责包括：拟定未成年人保护发展规划、工作方针、政策，建立未成年人社会保护制度；推进农村留守儿童关爱保护和农村留守妇女关爱服务工作；指导未成年人保护机构管理并拟订建设、服务标准及管理规范；开发管理未成年人保护和留守儿童、留守妇女信息系统；协调未成年人保护国际合作项目；具体承担起成立农村留守儿童关爱保护工作部际联席会议制度，推动各地建立党委政府领导的协调机制，开展全面摸底排查、完善农村留守儿童信息管理功能及协助国务院开展专项督查等工作。

新设置的未成年人保护处隶属民政部社会事务司，尽管捎带了留守妇女工作的职能，但该处仍是民政部首次就未成年人保护工作设立的专门业务处，也可以说是国家层面政府职能部门中第一个内设的专门性未成年人保护机构。

中国的行政机构太多，但是对于未成年人保护专门机构的设置却从来都是极为"吝啬"的。没有其他原因，首先是观念滞后，其次是小孩好欺负，再次是未成年人群体虽然庞大但无法为自己的利益代言。

早在1991年制定《未成年人保护法》时，关于政府未成年人保护机构的设置问题就曾经发生了激烈争议，尽管政府应当设置未成年人保护专门机构的呼声很高，但是最终该法第六条仅仅做出了"中央和地方各级国家机关应当在各自的职责范围内做好未成年人保护工作。国务院和省、自治区、直辖市的人民政府根据需要，采取组织措施，协调有关部门做好未成年人保护工作"的规定。这一措辞十分耐人寻味，先是"各自的职责范围"，然后又是"根据需要"，又是"采取组织措施"，生怕被人理解成了具有某种倾向性，着实令人哭笑不得。可以想见，这样的法律规定除了安慰那些试图为未成年人争取些利益的人士之外，难以起到实际的作用。

2006年修订的《未成年人保护法》试图对此有所突破，该法第七条在继续了"国务院和省、自治区、直辖市人民政府采取组织措施，协调有关部门做好未成年人保护工作"的措辞外，增加了"具体机构由国务院和省、自治区、直辖市人民政府规定"。有意思的是，无论是在国家层面还是地方层面（除个别省市），这个"具体机构"基本上是通过"委员会办公室"的形式交给了群团组织——巧妙地玩了个"乾坤大挪移"，将政府的未成年人保护职能化解于无形。当然了，国家层面的立法更绝。《未成年人保护法》中有家庭保护、学校保护、社会保护、司法保护，就是找不到"政府保护"。你得仔细看，才能发现有关政府对未成年人保护职能的规定大都躲在"社会保护"里面。

1952年，革命功臣刘青山因为贪污被开除党籍、判处死刑立即执行。行刑前，刘青山说："我还有一句话，我的孩子上学问题。"他得到的答复是："你不用管，孩子是国家的。你想的还不如组织想得周到。你放心，你犯了法，孩子未犯法。"这句答复把刘青山感动得只剩下泪水，然后放心的上了路。

"孩子是国家的"是句大白话，换成理论表述也就是常识性的"国家亲权理论"，即国家是孩子的最终监护人，负有保护未成年人健康成长的责任。需要注意的是，国家亲权理论强调的是国家对未成年人的责任，而不是相反。这也是国际通行的未成年人福利制度、少年司法制度建立的理论基础，在某种意义上也是政权合法性的理论基础之一。

"孩子是国家的"这句话可不是随便说说的，这意味着国家要费心、费钱真正去确保孩子的健康成长。也正是因为如此，在政府机构中设置专门的未成年人保护机构，在国际上是一种通行的做法，未成年人福利支出也是政府财政支出中比例最大的部分之一。有一年我到瑞典访学，一位早已移民瑞典的朋友向我抱怨：在这里养孩子就像是伺候爹一样，打不得骂不得，还经常被孩子呛嘴："我不是你养的，你没有权力管我。"瑞典的孩子之所能对父母这么牛，的确是有底气的，因为从在娘胎里到出生到长大，基本上都是国家在出钱。

在我们国家最有意思,"一切为了孩子"擂得砰砰响,但政府就是既不肯花钱,还不肯做事,也不愿意负责,更谈不上设置专门从事未成年人保护的机构。这也难怪,权力总是按照最有利于自己的方式运作,未成年人保护这件事既麻烦还费钱,有时候风险还挺大,多一事当然不如少一事。

近些年来,未成年人恶性事件时有发生——没有最惨只有更惨。强化未成年人保护的社会呼吁已经成为普遍共识,并且在一定形式上具有了发达国家在19世纪时"拯救儿童运动"的色彩。党和国家领导人频繁对未成年人保护问题作出重要指示,习近平总书记一句"孩子们成长得更好,是我们最大的心愿"更是道出了老百姓共同的心声。政府想再躲躲闪闪,或者喊完几句口号就了事已经不太可能。

有一句话很经典:"鸡蛋,从内打破是生命",这句话很适合用来形容民政部新设置的未成年人保护处。刚刚"破壳而出"的未成年人保护处虽然还很弱小,但却是"由内打破"的国务院部委内设的第一个未成年人保护专门机构。虽然晚了些,说不定还有夭折的风险,但毕竟隐含着我国政府未成年人保护职能与机构体系重大变革的契机。

各国政府中设置的未成年人保护机构大体而言有三种模式:一是单设模式,即在政府中单独设置未成年人部;二是合设模式,即将未成年人保护与相近职能合设为一个部,例如家庭与未成年人事务部、体育与未成年人事务部等;三是内设模式,即将未成年人保护机构作为某一部门内设的相对独立机构,例如在福利部下设未成年人局。我不敢奢望前两种模式,但第三种模式,应当是现实的方向。期待不远的将来,民政部可以进一步整合各个司局中与未成年人保护有关的处室为"未成年人局",并作为国家层面未成年人保护委员会的常设性办事机构。

载《民主与法制》2016年第13期。

破解未成年人保护的责任稀释困境

日前,最高人民检察院正式成立了"未成年人检察工作办公室"(简称"未检办")。尽管名为"办公室"而非"厅",但未检办是实体性的与最高人民检察院其他内设机构平级的专门机构。这也意味着,未成年人检察工作正式成为了检察业务的一个独立组成部分,也标志着未成年人保护正式成为了检察机关的一项专门的职能。最高人民检察院也成为将未成年人保护作为专门职责与独立业务范围的第一个中央国家机关,也为其他国家机关如何履行未成年人保护职责提供了示范。

事实上,早在1991年颁布的《未成年人保护法》就对国家有关机构保护未成年人的职责提出了明确的要求。该法第六条第一款规定:"保护未成年人,是国家机关、武装力量、政党、社会团体、企业事业组织、城乡基层群众性自治组织、未成年人的监护人和其他成年公民的共同责任。"这就确立了保护未成年人的共同责任原则。同时,该法第七条第一款规定:"中央和地方各级国家机关应当在各自的职责范围内做好未成年人保护工作。"

然而,未成年人保护法颁布二十余年来,一个困扰性的问题是由保护未成年人的共同责任原则所带来的"责任稀释困境"——谁都有保护未成年人的职责,但是谁都没有将保护未成年人的职责列为专门的职责和业务范围,其结果是保护未成年人"说起来重要,做起来次要,忙起来不要,出了问题找不到"。

最近一些年来,令人震惊的恶性案件频发,未成年人遭受各种侵害以及未成年人违法犯罪问题已经成为一个社会各界严重关切的社会问题。人民群众对于加强未成年人保护的呼声很高,党和国家领导人也多次提出了加强未成年人保护的要求。如何破解未成年人保护的责任稀释困境，是一个必须解决的迫切问题。

在这样的背景下，最高人民检察院率先在中央级国家机关中成立专门的未成年人保护机构将发挥破解未成年人保护责任稀释困境的积极作用。因为，在负有保护未成年人职责的机关中，检察机关属于法律监督机关。最高人民检察院设立专门的未成年人保护机构，可以通过法律监督权的行使产生"鲶鱼效应"，督促其他负有保护未成年人职责的机关积极依法履职，并进而破解未成年人保护的责任稀释困境。

这种积极效应可以首先在少年司法领域中发挥出来。在少年司法体系中，检察机关居于前承公安后启法院的脊梁骨地位，未成年人检察专门机构的设置将可以带动少年警务改革和少年审判改革，促进公安机关和人民法院严格依照《未成年人保护法》《预防未成年人犯罪法》《刑事诉讼法》等法律的规定履行未成年人保护职责，包括未成年人保护理念的革新、专门机构的设置、特殊制度的完善等。在少年司法体系中，少年警务的发育相对最为滞后，如何促进少年警务的发展也应当成为最高人民检察院新设立的未检办优先考虑的事项。

这种积极效应也将会在促进政府履行未成年人保护的职责中显现出来。"国家亲权原则"是现代各国保护未成年人共同遵循的基本准则，这一原则强调国家居于孩子最终监护人的地位，当父母不能、不宜或拒绝履行监护职责时，国家有权力也有责任积极干预直至接管监护权。国家亲权原则强调的是政府在未成年人保护中责任和积极角色。但是，长期以来，我国很多负有未成年人保护职责的政府部门习惯于基于自身利益的考虑，怠于行使未成年人保护职责，侵犯未成年人权益的职务犯罪行为也不同程度的存在。负有法律监督权的最高人民检察院设置未成年人保护专门机构，对于督促政府有关部门积极履行未成年人保护职责必将发挥积极的作用。

载《民主与法制》2016年第2期。

儿童公益组织行为准则很有必要

谢谢主办方邀请我参加这次会议,在开会之前我和李同志通了一个电话,说能不能不参加这个活动,因为我的女儿刚刚出生,是否可以准予我请假。之前我的领导说,这一周的所有的会议他都可以代我开,让我安心在家陪孩子。结果,儿童公益组织的负责人李同志拒绝了我的请假要求,说你无论如何必须参加。于是,我在今天早上五点二十起床,吻别刚出生五天的女儿,赶早班高铁来了。你看,我们领导口头上不常讲儿童最大利益原则,但遵守得很好,而常将儿童最大利益原则挂在嘴边的儿童公益机构负责人却恰恰没有遵守这一原则。

这也从另一个侧面说明,今天这个儿童公益组织行为准则指南倡导活动很有必要性,意义重大。当然,我跟李同志认识大概有16年了,所以她才会公然违反儿童最大利益原则。

实际上,不仅仅儿童公益组织要有行为准则,所有涉及儿童的行为都应当要有行为准则。最近最热的儿童保护相关话题是《爸爸去哪儿4》"临时父女"事件,节目组刚刚回应,"不支持变味的过度解读",大意是"淫者见淫"。这么纯真的孩子跟陌生的男人相处得这么好,是批评者想歪了。

《爸爸去哪儿4》节目组的回应以及跟着起哄的吃瓜群众让我感到十分焦虑,我国对儿童权利缺乏基本的敬畏的现状非常值得我们深思。最近一些年儿童性侵问题之所以如此严重,这件争议事件是一个最好的注解。在美国曾经有一个案例,4岁的女儿患阴道炎,她的爸爸给她换药结果被警察拘捕了。有人觉得美国警察不近人情、小题大做,但是大家想想看,即便是父亲,法律是否也要给他划一个红线呢,有没有必要呢?

儿童是不能自己保护自己的特殊群体。涉及儿童的行为都需要准则，这是儿童最大利益原则的要求，但是这个准则的确定有一个过程。儿童保护公益组织率先建立行为准则，具有标杆和示范效应。要从这个角度来认识这个问题，所以我觉得今天活动的意义非常大，它提醒我们与儿童有关的行为一定要有规矩，不仅仅要有国法，还要有自律。

儿童公益组织及公益活动的特殊性在于，它们是以一种慈善的面目出现的，一旦"失范"不容易纠正，危害后果也更加严重。我曾经追踪、观察过一个儿童权利公益组织多年，也研究过很多所谓儿童公益组织，很多发现让我十分震惊。这类机构鱼龙混杂，不乏伪善者、作秀者、刷存在感者、博名利者，甚至有恋童癖者混在其中以获得更多接触儿童的机会。一个典型的案例是百色助学网王杰的案例，这个所谓"为了孩子"的慈善家在2006年3月以个人名义创建了"百色助学网"，进行所谓的募资助学活动。在将近十年的时间内有多少孩子在"爱的名义下"被其性侵已很难统计。2016年10月，广西百色市隆林各族自治县人民法院以强奸罪判处被告人王杰有期徒刑15年，以诈骗罪判处其有期徒刑1年零6个月，数罪并罚决定执行有期徒刑16年。

所以在公益领域包括未成年人公益领域，人性从来都是靠不住的，无论你以母亲的角色来谈儿童保护，还是以父亲的角色、政府官员的角色，人性都是靠不住的。必须要在这样一种认识的前提下来谈儿童保护，来设计相关制度。一定要有法律、制度、规范来约束靠不住的人性。

大家可能注意到，早期从事儿童公益慈善活动的主要是两种：一种是宗教组织，另一种是宗族组织。一个是靠信仰，一个是血缘来约束靠不住的人性。当代社会，主要靠什么来约束靠不住的人性呢？靠法律。例如，我们国家有《慈善法》等。但是，光靠法律是不够的，还要靠自律，特别是对于在儿童保护领域的组织而言，自律更为重要，因为等到需要法律介入的时候，危害后果已经造成了。

李同志在救助儿童会工作的时候曾经给我讲了一个案例。他们组织带一个男孩到外地参加活动，李同志要求宾馆必须开两个房间，让小男孩一个人单独住。我说，这么小的孩子，你为什么不带他一起住。李同志回答：不行，我们机构的规定特别严格，目的是保护孩子，因为女人也靠不住。这件事给我的印象非常深刻。

行业自律可以把靠不住的人性阻隔在危害行为发生之前，所以自律非常关键，尤其是涉及儿童的公益组织的行为。对于儿童公益组织的自律,我个人认为基本的指导思想是:自律严于国法,要把自律挺在法律的前面,自律标准必须严格。

对于如何推行法治,李斯提出的主张是"以吏为师",即让官员作为表率,老百姓向官员学习就可以了。这样的思想直到今天仍然很有借鉴意义。儿童公益组织确定自律标准,事实上也起到了"示范"的作用,可以带动整个国家和社会儿童保护观念的进步。从这个角度看,可以说儿童公益组织的行业自律和专业化发展是儿童权利保护的基石。

2016年11月18日,在联合国《儿童权利公约》27周年纪念暨公益行业《儿童保护机构准则指南》倡导活动上的演讲,根据录音整理。

罪错未成年人身份信息保密：要自律更需惩戒

"罪错未成年人身份信息"是一个重要的议题，由于2013年个案的影响，该议题在当年一度为学界和公众所热烈讨论。在2014年讨论这个议题，更是在喧嚣后冷静的沉思。

众所周知，放大细节是媒体的本能。在具体案件中，当媒体面对未成年人时，"捏软柿子，欺侮小孩"的情况屡见不鲜，即使在当事人提示后，仍有媒体公布其真实身份信息，造成严重不良影响。因此，以下关于保护罪错未成年人的几个问题的讨论就显得尤为必要。

一、为什么要保密：几个前提性问题

首先，网络中的未成年人具有明显的脆弱性。网络伤害的杀伤力及与此相对应的未成年人的脆弱性是超出我们想象的。十几年前，我也曾被媒体断章取义的报道所"陷害"，而遭受网络诽谤。当时我以一个成年人的身份，尚且难以承受网络伤害，何况处于身心发育的特定阶段的未成年人呢？因此，我们要从未成年人的身心特点及其生活在同辈群体的特征出发，去考虑罪错未成年人身份信息被披露所可能造成的伤害。

其次，涉罪未成年人信息保密制度并非新生事物，各国都已有成熟的制度。我国早在1991年颁布的《未成年人保护法》第四十二条第二款就曾规定："对未成年人犯罪案件，在判决前，新闻报道、影视节目、公开出版物不得披露该未成年人的姓名、住所、照片及可能推断出该未成年人的资料。"后又在1999年和2006年的相关法律中予以重申，但该条款却一直被漠视。《南方周末》曾进行专门调查，发现该条款鲜为人知，甚至连法官也闻所未闻。由此可见,罪错未成年人信息保护显得尤为迫切。

复次,保护是一种宽容,而宽容是为了重生,使其重新回归社会。这也是各个国家对罪错未成年人身份信息进行保护的初衷。结合未成年人的身心发育特点,就算其行为再恶劣,也应当保持必要的宽容,不能将其回归社会的道路堵死。日本少年法上有一个经典案例——少年 A 案件。少年 A 案件,即神户儿童连续杀害事件,是一名仅 14 岁的少年于 1997 年在日本兵库县神户市须磨区所进行的连续杀人事件。在此事件中共有 2 人死亡,3 人重伤,被杀害者皆为小学生。行为人的行为血腥残忍,进行包括分尸、破坏尸体、寄送挑战信等行为。由于日本少年法严禁披露少年犯的身份,少年的真实姓名没有被传媒公开。在日本的法律文件上,他被称作"少年 A"。如今,他已正常回归社会。为何对待如此凶残的犯罪人还要给予其宽容的处遇呢?因为宽容是给他重生的机会,若不能让罪错未成年人顺利回归社会,再犯率必然增高,最后的恶果还是要由社会来承担。

再次,"儿童最大利益原则"是世界各国普遍遵循的原则。在未成年人的权益面前,公众知情权与新闻自由也必须得"低头"。即使涉及公众人物(未成年人),公众知情权与新闻自由的权利也应是"打折"的。

最后,未成年人保护的各项制度是一个体系,我国已有不公开审理制度、犯罪记录封存制度,如果没有罪错未成年人身份信息保密制度作为前置制度,其他的保护制度将被架空,保护未成年人的规定也将沦为一纸空文。

二、保密的是什么

第一,要明确保密的对象。对于保密的对象,应作广义的、有利于未成年人的解释,即罪错未成年人包括违法犯罪的未成年人,也包括有严重不良行为的未成年人。同时,对于未成年被害人的身份信息也应当予以保密——不应仅仅限于不公开审理的案件信息。

第二,要明确保密的内容。保密的内容是仅限于案件中的未成年人的身份信息,也即法条中规定的"姓名、住所、照片、图像以及可能推断出该未成年人的资料"。

因此,案件事实本身是可以进行报道的,这也是未成年人权益与公众知情权、新闻自由之间平衡点。

三、谁有保密义务

《未成年人保护法》第六条规定:"保护未成年人,是国家机关、武装力量、政党、社会团体、企业事业组织、城乡基层群众性自治组织、未成年人的监护人和其他成年公民的共同责任。"因此,保密是全社会的共同责任。

此外,应当注意到自媒体时代中,"媒体"的界定也应与时俱进。无论是传统媒体、新型媒体,还是自媒体——只要具有信息传播公共性的载体,均应对罪错未成年人的身份信息予以保密。比如微博里的"大V",其影响力不亚于一家媒体,因此也应有保密的义务。

四、要自律更需惩戒

自律固然重要,但并不可靠。从保护未成年人的角度来看,对于媒体而言,要自律更要惩戒。此处的惩戒是指一种完善的约束机制,具体有以下几个方面:

第一,运营商、服务提供商应当"提醒、告知与警示"——"涉及未成年人的身份信息不得披露"。

第二,要有监督。在监督工作上,检察机关可发挥积极作用,比如通过检察建议、公益诉讼等方式进行监督。当然,共青团和其他青保部门等也是重要的监督力量。

第三,要设置清晰的红线,明确法律责任。此处主要是指立法要明确法律责任:一方面是《未成年人保护法》《预防未成年人犯罪法》,要设定行政责任,可以给予治安管理处罚。另一方面是刑法的规制,《刑法修正案九》拟将"泄露依法不公开审理的案件中不应当公开的信息,造成信息公开传播或者其他严重后果的行为"规定为犯罪,这是一个重大进步。

2014年11月19日在"罪错未成年人新闻报道的权益保护与法律规制"研讨沙龙(上海市法学会未成年人法研究会、上海市普陀区人民检察院、上海政法学院刑事司法学院主办)上的发言(由王江淮根据录音整理)。

我为什么支持慈溪公开性犯罪人身份信息

慈溪公开性犯罪人身份信息的探索引起了社会广泛关注，也引起了不少争议，我想谈六点思考：

第一，对权限质疑的回应。在中国，所有的改革都是对已有制度、规范的突破，少年司法的每一项进步都是地方先行，实践的探索与已有的规定经常存在冲突。2003年高检院叫停暂缓起诉，对少年司法来说，产生了很大的不良影响。2012年刑事诉讼法修改充分考虑到了少年司法的特殊性，这一探索成为了附条件不起诉制度的组成部分。无论是未成年人保护也好，少年司法也好，针对的对象都是未成年人这样一个特殊的群体。而中国的未成年人保护状况是怎样，大家都清楚，少年司法法迄今都未出台，少年司法改革也举步维艰。我们应当充分考虑我们面对的对象是什么、状况是怎样的。

另外，这一个探索由地方先行，毕竟船小好掉头。对于类似的制度，可以通过举轻以明重来判断其合法性。最高人民法院早已出台关于公布失信被执行人名单的规定，我们对"老赖"都能下如此重手，可对恶性性侵未成年人的一些变态的犯罪人员，何以竟会保持如此高的"法治思维"？

第二，讨论少年司法领域里的每一项制度改革，我们这些从事少年司法的人，所有的这些大道理也懂。但在中国，儿童观的进步是一个非常漫长的过程。当我们在质疑慈溪这次探索的时候，尽管有些人不同意"梅根法案"的提法，但它其实就是"梅根法案"，这是绕不过去的。我们如果谈隐私保护，中国现在的状况没办法跟美国比，但就在这样一个高度重视隐私权的国家会率先出台"梅根法案"，而且一直在不断地发展。这反映的是，在儿童领域，有其特殊的价值取向——即儿童特殊保护、儿童最大利益原则。欧美对针对儿童的性侵行为从来都是高压线，包括非法持有儿童淫秽物品的行为都是要判重刑的，更不要说性侵儿童的犯罪。所以在基本权利的竞合这个问题的讨论中，我觉得无论是在法理上还是在实践中，儿童优先没有问题，至于所谓权利竞合中的一些弥补性措施，可以在制度的细节设计中解决，这是一个问题的两个方面。

很多人说我们国家现在没有儿童最大利益原则，这是不对的，儿童最大利益原则的核心是儿童特殊、优先保护。《未成年人保护法》第3条、《儿童发展发展纲要》、2013年《关于依法惩治性侵害未成年人犯罪的意见》、2014年《关于依法处理监护人侵害未成年人权益行为若干问题的意见》，这些都已经在完全意义上把儿童最大利益原则写出来了，包括上海一些案件的判决都明确了儿童最大利益原则。在十年前谈儿童最大利益原则是会遭到反对的，如在2006年试点少年综合庭的时候，我跟法官讲儿童最大利益原则，法官则以当事人平等提出反对意见。但是现在，当时提出反对看法的法官，都已经在以这个原则作为判决的依据。

欧美国家在19世纪有一个"拯救儿童运动"，很遗憾，中国没有在这样一个运动的波及范围之内，所以中国缺乏一个儿童观的洗礼。在面对这些问题的时候，你会觉得很诧异，比如我就很诧异社会各界为什么会如此关注刑事责任年龄的探讨，从我们的角度说，这不应该成为一个议题，但是它反而成为一个议题。所以我认为，关于基本权利的竞合，儿童优先或者说儿童最大利益原则在立场上不应当成为争议。至于我们所担心的问题，这是制度细节设计中的问题。

第三，从事少年司法的这个群体与其他不太经常在这个领域的人相比，最大的特点是，我们所面对的是鲜活的个案，所以我经常说从事我们这个领域的，心理承受能力一定要强大。前两天，我参加上海民政局的调研，当二三十个案例摆在你面前，却没有解决的方案的时候，你不能站着说话不腰疼，因为每个案例的背后就是一个个鲜活的个体，这就是我们面对的这样一个群体。

那么性侵未成年人到底是什么状况？一个不得不面对的事实是，未成年人遭受性侵的比例在15%以上，除了高发生率外，在很多国家包括我国台湾地区，在性侵的刑事案件中，以未成年人为对象的超过70%。目前，我们还没有全国性的统计数据，但是我特别注意到，很多省市和地方,性侵未成年人的案件占整个性侵案件的三到五成,这是通过访谈获得的。国外性侵刑事案件中,未成年被害人的比例一般超过了成年人,这是一个客观情况。这也是我们面对这个群体,讨论这个制度设计的时候,需要去面对的事实。

第四,从加害人的角度看,性侵儿童的犯罪人之所以把黑手伸向孩子,其本身就有很严重的问题。有学者把这类人分为两种类型:一种对儿童有特殊偏好者,这种人往往不善于社会交往;还有一种是将儿童视为成年人的代替品。我们在讨论这个问题的时候要特别注意,重复性和累犯性的儿童性侵行为是必须要关注的一个现象。性侵未成年人犯罪往往一次开始之后,后面很难抑制再犯,就跟吸毒是一样的。早在20世纪美国加利福尼亚州的一项研究发现,5年内异性恋童癖的累犯率是18.2%,同性恋童癖是34.5%。入监的同性恋童癖罪犯平均有31个被害者,而异性恋童癖平均有62个被害者。荷兰的一项研究报告显示,至少有一半的被调查者声称自己和10名或更多的儿童有性接触,这些被调查者包括已被捕和没有被捕的。14%的被调查者承认和50名以上的儿童有性接触,6%的和100至200名之间的儿童有性接触。56%的表示自己有一个或多个有规律的性接触对象。90%的宣称自己不想停止恋童的行为。如果用恋童癖来概括这一群体,大家可以考虑一下,一个加害人背后的受害人是多少?一旦第一次开始之后,再来谈预防那是非常难的。那么如何防止第一次的开始,那就是加大犯罪的成本。我们今天讨论的公开性侵未成年人犯罪人员信息的制度,很核心的一点就是在于防止第一次的开始,因为一旦开始之后,重犯率非常高。不要让第一次行为发生,就是要注重一般预防。

第五,很多人认为"梅根法案"对于预防是无效的。20世纪70年代,美国的一项研究还说全世界的矫正机构都是无效的,这就是"马丁森炸弹"。其实这种研究本身还值得进一步研究,而且这种研究只研究了特殊预防,而没有研究一般预防。所以,这不足以去否定"梅根法案"的效果。另外,美国的这项研究总体上不一定适合中国。这种制度一般预防的效果,往往没有办法进行实证的研究。

我们知道,很多性侵儿童的案件都是熟人作案,如果基于隐私保护不公开这些信息,受害者及其家属根本就不知道这些熟人有性犯罪前科。"梅根法案"背后一个很重要的问题是伦理的平衡与冲突。"梅根法案"之所以能够出台，是因为对惨案的反思发现：受害的女孩以及她的父母根本就不知道住在她们家旁边的邻居是一个有着性犯罪前科的人，所以才会放心让她的孩子去邻居家玩。这个问题恶劣在什么地方？国家明明知道孩子旁边是一个有恋童癖的、有着性犯罪记录前科的人，而以各种理由没有提醒告知家长，如果发生了儿童性侵的结果，国家是难辞其咎的。但是国家提醒、告知之后再发生，则主要是父母以及监护人的责任，很难再去苛求国家。所以"梅根法案"的背后还有一个伦理的冲突，是国家伦理与一般伦理的冲突，国家在这个问题上必须有个选择，明知而不说，国家在伦理上难辞其咎。"梅根法案"有那么多质疑，但很多国家仍然推行实施，就是因为存在着这样一个国家伦理的问题。另外，国家的警示、告知可以提醒监护人履行监护职责，来最大限度地避免孩子遭受侵害。

第六，在多年前我就提出和倡导"未成年人保护的近距离责任原则"，这一原则的基本主张是：离孩子最近的群体应当知晓未成年人保护的相关讯息，并且应当负有未成年人保护的核心职责。在信息公开的方式方法上，可以根据未成年人保护的近距离原则来设定。首先，在国家层面，可以参照国家对于吸毒人员动态管控的做法，建立性犯罪人员动态管控数据库，由公安司法机关对数据库进行特别的管理和控制；其次，我赞成社区公告，在居住的地方以及单位等要进行公告；最后，在一定条件下，应当允许信息通知，如由公安机关发送邮件进行提醒，或者进行特定查询。但我不太赞同通过微博、微信公开，微博、微信能形成"吊打"和围观效应，但起不到实际的预防效应。

这是我对慈溪探索一些不成熟的建议，其他相关的内容在提交的论文中已有涉及和论述。我对慈溪实践高度支持，而且我认为这是我国少年司法改革一个新的突破口，不仅仅是价值取向正确，而且方式方法上的设计总体上没有什么太大问题，我个人认为慈溪目前的探索还是比较保守，希望尽快能有实际的案例。

2016年8月27日上午，在"性侵害未成年人犯罪人员信息公开制度专家研讨会"（中国刑事诉讼法研究会少年司法专业委员会、浙江省未成年人刑事司法研究会等主办）上的论证意见，刘昊根据录音整理。

司法改革的先行者与试验田：慈溪实践

我想简短地谈十六个字的感受。那就是：争议很多、纠结很深、共识很齐、期待很高。

一、争议很多

关于慈溪中国版"梅根法案"的争议集中在三个方面，一是基本权利的冲突，即未成年人保护与罪犯隐私之间如何权衡；二是合法性的质疑，即县级市有没有试点的权利；三是有效性的怀疑。

第一，关于基本权利的冲突有两种观点，有的人认为罪犯的犯罪信息不是隐私，而是公共性信息。其实，我们注意到，权利冲突背后是更大的一种价值冲突，也就是儿童最大利益、社会防卫与犯罪隐私之间如何进行平衡，在这两者之间如何进行价值选择。这背后更重要的是伦理的冲突，国家在面对未成年人可能遭受性侵害的风险，而且又明知的情况下，是否可以无所作为，是否有通知的义务。对于这些冲突，大家可能都有自己的判断。但我的个人感受是，很多专家的关爱与善意，在某种程度上低估了性侵未成年人罪犯的危险、无耻和心理承受能力。我们总会担心这个群体公开之后会怎样，因为没有这样的案例，所以现在还很难说一个人信息被公开之后是什么样的，因为我们还很慎重，没有做出这种案例。从与性侵未成年人罪犯的接触中，我的个人感受是，我们对这些性侵未成年人犯罪人的判断更大程度上来自的是我们作为理性的、有立场的、经过专门训练的群体的认识。另外，我们是否低估了性侵害后果的毁灭性。通过曾经的一些判例，包括我自己接触到的一些被害人，和这些被害人聊这些制度的时候,可能更有利于做出这些判断。还有就是,我们低估了孩子的知情权和自我保护能力。其实很多时候孩子是不知道,如果我们让他们知道谁是"坏叔叔""坏阿姨",我想在很大程度上会避免事件的发生。

第二,关于合法性的质疑,确实这个质疑很有杀伤力。少年司法改革,三十多年来,其成功经验从来都是自下而上的,她的成功经验都是地方先行。而且少年司法改革从来是都是司法改革的试验田。改革与合法之间存在一定的张力,我们在这之间如何去判断、平衡,也是值得探讨的问题。还有专家更加直接地指出,这只是公开信息的再利用,不存在合法性的问题,这也是一个比较重要的观点。

第三,关于是否有效的怀疑。有几位专家专门引用了美国的实证研究报告,说90%是无效的。我的回应是,即使我们承认特殊预防是无效的,也没办法否认一般预防的效果。美国还有很多类似的震撼性研究,如"矫正无效论",其实这些研究本身还值得进一步研究。但是很遗憾的是,我们没有中国的实践,现在对慈溪的争议仍然处于纸上谈兵的阶段,如果有一些公开的案例,将更有利于探讨这些问题。这是我的第一个总结,争议很多。

二、纠结很深

我也注意到,很多专家的观点呈现出很纠结的状态。在质疑的时候很尖锐,但是在肯定的时候又毫无疑义、非常的坚决,呈现出一种很纠结的心态。我注意到一个特点,基本上,离未成年人保护工作现场越远的,其反对越坚决;离现场越近的、现场感越强的,其支持更坚定。当然,不同的专业视角最终给慈溪实践正确的评价提供了多维的视角。如果梅根父母参与我们此次讨论,梅根的冤魂在我们的上空徘徊,相信我们每个人更容易有一些理性与情感融合的判断和立场。

三、共识很齐

无论是肯定、否定还是审慎说,到最后都高度评价慈溪先行探索的意义,尤其是对于推动全国相关制度,如犯罪记录制度的完善以及我国儿童观念的进步、儿童保护的强化都有着非常大的积极意义。对于这些积极意义,所有的专家都是高度肯定的。

四、期待很高

所有的专家都对慈溪实践的完善以及实践的效果提出了期待。我们更希望这种探索和实践,能够为国家少年司法改革、顶层设计及相关立法的完善,提出借鉴以及发挥促进的作用。各位专家在提出完善意见的时候,更大程度上是聚焦在如何实现精准的预防、精准公开或者告知。李玫瑾教授一方面担心侵犯隐私、一方面又觉得不得不公开,所以主张"模糊公开"的立场。这些都是在讨论如何实现精准预防、精准公开,应当让那些具有高重犯性、高人身危险性的性犯罪者的信息得到精准的公告,这确实是值得探讨的问题。

所有这些问题,尽管没有明确提出来,但是都放在类似的语境下,那就是中国传统社会走向现代社会,传统的熟人社会通过口口相传、互相提醒这种模式来实现类似于"梅根法案"的效果,但是到了现代陌生人社会,社区处于陌生人社会的时候,再通过口口相传已经没办法去实现对孩子的保护。所以在这个背景下,国家具有通知的义务。所以我一直强调,"梅根法案"的背后是一个伦理问题,也就是国家明知有危险在孩子身边,到底是作为还是不作为,我认为不作为是违反基本的国家伦理的。国家有通知的义务,如果通知之后,父母没有保护好孩子,那么无法再苛求国家。这也可以解释,尽管很多所谓的实证研究证实,是否通知都是无法防止再犯的,但对于一个具体的个案而言,是有实际的效果的。我觉得国家不能无所作为,如何让这种作为变得更加的合法、有效、精准那是另一个问题。

尽管县级司法机关的试点是否具有合法性仍然存有一定的质疑,但是我认为在现行法律框架下,仍然可以合理解决这个问题。比如说曲新久教授所提出的,这只是公开信息的再利用,再比如马东局长所提出的,可以适用禁止令来完成这一公开的合法性。还有学者提出的,此制度应该是一个登记、公开、查询、封存为一体的制度。包括有学者提出的动态管控加社区公告、信息通知以及特定查询等,这些都在解决的一个问题是,国家在面对伦理困境的时候,不能无所作为,而且在现代社会,国家也不应当无所作为。面对慈溪实践,尽管很多专家很纠结,但是立场都是非常一致的,而且期待也是很高的。我们更期待有一些实际探索的个案,再继续完善已有制度,否则我们总是处于纸上谈兵的阶段。

最后,我想说的是,少年司法改革三十多年,非常之不容易。而且我也注意到大约每十年左右会有一次波折,1996年刑事诉讼法修改没有充分考虑到少年司法的特殊性,2012年刑诉法的修改就充分考虑到了少年司法的特殊性。2003年叫停暂缓起诉、暂缓判决,对少年司法改革也有一个很长时间的负面影响。2012年两高在刑诉法还没有生效,能否适用刑诉法的相关规则来办理案件的时候,已经表达了一个非常明确的态度,即只要是对未成年人有利的可以先行探索、先行适用。少年司法改革的探索和实践不可避免地会出现一些价值上的冲突,这种争议的过程本身也是推动少年司法改革以及我国未成年人保护进步不可欠缺的一个支点。我们不要忘了林纪东先生曾经说过的一句话,那就是"少年司法改革从来都是刑事司法改革的先行者和实验田",无论我们有什么样的顾忌或者什么担心,也应当给少年司法这个特区以必要的宽容和必要的空间。最后,我想说的是,实践是检验真理的唯一标准。

2016年8月27日下午,在"性侵害未成年人犯罪人员信息公开制度专家研讨会"(中国刑事诉讼法研究会少年司法专业委员会、浙江省未成年人刑事司法研究会等主办)上的总结发言,刘昊根据录音整理。

认真对待儿童色情

儿童色情与儿童接触色情信息是不同的概念。儿童色情的特点是以儿童为淫秽图片、音视频、文字等色情信息的表现载体或者鼓吹对象,其制作、复制、传播甚至浏览、持有等行为本身即包含着对儿童的性侵害及二次伤害,并会给一般儿童带来巨大的性受害风险,属于国际社会共同严厉谴责和打击的丑恶现象。各国通常都会将对儿童色情的惩治区别于一般色情信息,给予刑罚更重的处罚。

关于儿童色情的内容在贴吧和QQ群中流传,背后都有儿童受到性侵的案例。令人气愤的是,在我国,很多人并不认为这是严重的事情。儿童色情的背后,我国的未成年人被性侵的案例日益增多,需要引起社会高度关注。

世界卫生组织在2010年做过调查,全世界18岁之前的未成年人有被性侵经历的女童大约占到20%,男童占到5%~10%。国内曾有学者对四省市3261名高中生的抽样调查发现,13.6%的受访者曾于16岁前有被性侵犯的经历。我曾经做的抽样调查发现,18岁以前有过被性侵的比例在20%左右。调查数据结果的差异与抽样方法、调查对象及对性侵的界定不同有关,但至少都能说明这一问题应该得到高度重视。

我国法律对色情信息的制作、传播、走私和贩卖都是禁止的,虽然司法解释有所涉及,但是立法层面还没有把儿童色情单列出来明确进行从重、从严处罚。例如,与成人色情不一样,国外很多国家法律规定个人观看儿童色情影片的行为就是刑事犯罪,持有更是刑事犯罪。说得再清晰一些:儿童色情在很多国家都是重罪,不仅仅包括制作、走私、贩卖、运输和传播,就是持有和浏览、阅读、观看这类所谓"个人行为"达到一定的量都是重罪。

儿童色情问题的背后,还涉及落后的文化观念。我国一些落后地区,有人认为与幼女发生性关系能治病,甚至发生公职人员对幼女下手的案例。在对儿童色情的打击上,我国应该借鉴国外儿童保护立法经验,在立法层面划出更加明确的底线与红线,进一步织密打击儿童色情信息的法网,例如应当将个人观看、持有儿童色情信息的行为,明确界定为刑事犯罪予以打击。同时,相关法律应该将惩治儿童性侵包括儿童色情单列出来,与成人性侵有所区分。

值得肯定的是,近些年来我国立法在这个方面已经有一些积极的努力。例如新近通过的《民法总则》规定,向人民法院请求保护民事权利的诉讼时效期间为三年。未成年人遭受性侵害的损害赔偿请求权的诉讼时效期间,自受害人年满十八周岁之日起计算。这一规定值得肯定。

留守女童的监护存在巨大的风险,我在与基层派出所民警的接触中发现,一些地区留守女童遭受性侵现象较为严重,比如有的农村教师、留守老人把黑手伸向了留守女童。更令人担忧的是,家长发现了这样的现象,不少选择私了。这样做的理由是,家长觉得家丑不可外扬,沉默才是最有利的选择。选择私了会产生高比例的"犯罪黑数",这也是性侵案件的特点。美国曾经有学者研究发现,强奸犯罪黑数的比例高达90%,加害人受到法律追究的比例非常低。

在某边疆省偏远地区曾经发生一起性侵儿童案件,承办检察官发现,受害女童出现较为明显的创伤后综合征,想帮助孩子接受后续心理辅导治疗,但苦于没有途径辗转找到我求助。最终我在朋友帮助下找到专业心理咨询师,并资助其前往案发地对受害女童进行后续辅导治疗。我一直有一个观点:良心和爱心是靠不住的,没有体制机制保障的儿童保护是无法持续的,也是粗浅的。完善的儿童保护机制不能光靠政府包打天下,社会力量也应该参与其中,成为保护儿童的重要环节。

早在20世纪90年代,我国台湾地区所有性侵案件中受害者年龄在18岁以下的比例就高达70%,我国大陆地区还缺乏准确的全国性调查。但我在部分县级地域的调查发现,不少地方所有性侵案件中被害人是未成年人的比例已经占到3~5成,因此儿童被性侵问题一定要高度重视。

我的调研还不是全国性的,但是参照其他国家和地区儿童被性侵的演变规律以及我国部分地区的调研可以预判,如果没有有效的防控措施,未成年人被性侵的问题仍将长期存在和愈演愈烈。

根据记者章正采写的《警惕儿童色情背后的"毒瘤"》(载《中国青年报》2017年4月12日)一文本人观点部分整理而成。

关于秦某强奸、猥亵儿童案的几点意见

基本观点：

本案适用法律错误，量刑畸轻，应予抗诉。

主要理由：

一、秦某奸淫幼女行为属于《刑法》第 236 条第 3 款第一项的奸淫幼女情节恶劣

目前尚无司法解释明确"奸淫幼女情节恶劣"的认定标准，但 2013 年《关于依法惩治性侵害未成年人犯罪的意见》(简称《性侵意见》)是认定"奸淫幼女情节恶劣"的重要依据。《性侵意见》第 25 条区分了"从重处罚"和"从严惩处"：针对未成年人实施强奸、猥亵犯罪的属于"从重处罚"，同时具有七种情形之一的属于"从严惩处"。通过判断是否具有"从严惩处"情节认定是否属于奸淫幼女"情节恶劣"，是对《刑法》第 236 条"奸淫幼女情节恶劣"的依法、合理判断，不能认为这是"将多项'从重处罚'情节简单叠加即构成'加重处罚'"。

"强奸妇女情节恶劣"与"奸淫幼女情节恶劣"的标准应当有所区别，不应适用同一标准。顶格性标准——"致使被害人重伤、死亡"属于强奸妇女的情节恶劣，认为本案这一极为恶性的性侵未成年人案件没有造成被害人重伤、死亡而认定社会危害性程度不能达到"情节恶劣"的标准是值得商榷的。

二、秦某在女生宿舍内夜间查寝时的猥亵行为构成"刑法"第 237 条第 2 款"在公共场所当众"猥亵

《性侵意见》第 23 条列举了"校园、游泳馆、儿童游乐场"这三种未成年人最容易遭受性侵的"公共场所"。"女生宿舍"属于"校园"的一部分，无论基于什么理由将校园内的集体性"女生宿舍"解释为不属于"校园"，

在逻辑上均是值得商榷的,也严重背离了儿童最大利益原则。

同时,《性侵意见》还特别强调"只要有其他多人在场,不论在场人员是否实际看到"均可以认定为在公共场所"当众"。尤其值得注意的是,"夜间查寝"还是集体宿舍的相对固定的"开放性"时间(例如熄灯或熄灯后相对确定的时间段;学生入睡快慢存在个体差异,是否入睡不是决定性因素),只会增强而不应减弱对"在公共场所当众"的认定。

三、秦某对柴某某、李某某的强奸行为足以认定"多次"

首先,被害人李某某两次陈述内容不一致的解释("第一次作证时老师在场,不敢指认")理由合理。

其次,不满十二周岁的幼女无法像成年人一样区分"猥亵"与"强奸"、奸淫幼女采用的是"接触说"。被害人已经确定地陈述了被性侵的事实,结合被告人的品行、性侵行为时的时间、空间等条件,足以认定强奸。

再次,妻子对秦某脑梗后不能勃起的说明,不能认为"足以影响对证据的判断,李某某第二次陈述指认秦某生殖器'插入'存疑"。恰恰相反,从书面材料初步判断,被告人秦某某属于对幼女有特殊偏好型恋童癖,一般情况下存在性唤起障碍,但幼女可以令其兴奋勃起。这也可解释为何秦某为人师表却持续以其幼女学生为性侵对象。

退一步说,即便无法认定李某某被强奸多次,也足以认定"两人多次"。之所以赞同"两人多次"应当较之"一人多次"量刑升格,乃是基于"质"(两名被害人)的判断,而不应是单纯"量"的叠加。包含两名被害人的多次强奸社会危害性显著大于只有一名被害人的多次强奸,无必要要求每名被害人必须分别被强奸多次。

四、性侵未成年人案件中法院裁判的"保底主义"倾向有必要通过典型案例示范性纠正,本案的抗诉意义重大。

近些年来,本人接受了多省市关于性侵未成年人疑难案件的咨询,性侵未成年人案件中法院裁判的保底主义倾向应当引起深刻警惕和反思,包括事实认定的保底主义、证据认定的保底主义、法律适用的保底主义。这种倾向畸形追求裁判的零风险,罔顾常识与良知,严重违背儿童最大利益原则,必须给予及时纠正。

2016年11月18日,提交最高人民检察院的专家论证意见。此案后经最高人民检察院检委会讨论已决定向最高人民法院提起抗诉。

发布十大典型案例是个好做法

尽管四川省属于西部省市,但是其未成年人检察工作的发展却是有机构、有特色、有创新,在全国居于先进的行列,在带动西部省市未成年人检察工作与未成年人保护水平的提高上产生了积极的示范效应。

2015年12月28日下午,四川省人民检察院发布了未成年人保护十大典型案例。我认为这种做法颇值肯定:

首先,发布十大典型案例是一种创新。尽管发布案例是一种日益常见的方式,但四川省人民检察院发布保护涉案未成年人十大典型案例是地方检察机关中的首次,也是未成年人检察工作的一大创举。

其次,发布十大典型案例是一种立场。这十大典型案例体现了四川省检察机关立足检察职能,维护未成年人权益、防控未成年人犯罪的决心与立场,也生动展示了四川省检察机关对国家亲权原则与儿童最大利益原则的坚持与信守。

再次,发布十大典型案例是一种窗口。好的理念与做法,需要有好的载体传递给公众。案例是法治教育的生动载体,也是人民群众乐于也容易理解的方式。人民群众对检察工作还存在一定的陌生性,但对未成年人检察工作则相对容易理解。透过十大案例,可以让人民进一步了解未成年人检察工作,也有助于通过未成年人检察工作熟悉和理解检察工作,树立检察机关的良好社会形象。

总之,四川省人民检察院发布十大典型案例的做法有助于将法律的温暖传递给普通公众,放大办案效果,实现未成年人检察法律效果、社会效果的有机统一,我愿为之点赞。

载2015年12月29日《法制日报》。

儿童最大利益原则与代孕子女监护权的归属

案例背景：张斌（化名）与李楠（化名）再婚，因李楠患有不孕不育疾病，两人决定以找人代孕的方式生子。他们购买卵子后由张斌提供精子，委托另一名女性代孕分娩生育，于2011年获得一对龙凤双胞胎。2014年2月，张斌因病突然离世。张斌父母将儿媳李楠诉至法院，要求取得两个孩子的监护权，获得一审法院支持。李楠不服，向上海一中院提起了上诉，案件焦点集中在李楠与代孕子女是何种关系，李楠是否享有法定监护权等问题上。

在案件二审期间，上海市一中院与上海市法学会未成年人法研究会共同召开了对本案的研讨会，本文系在研讨会上的论证发言。

谈一些基本的观点，和大家一起讨论。

一、关于本案代孕子女的法律地位及监护权的归属

第一个观点是我觉得这个案件应该换一种视角，如果不按照婚姻关系或者监护关系，我们应该如何去看待。也就是说这个案件实际上是有特殊的介入事由，改变了事实上所存在的监护关系和婚姻家庭关系，这个是需要去考虑的一个前提，也就是这种特殊的介入事由能不能足以改变既成事实的法律关系。简单地说，这个孩子已经登记了，也已经获得了相应的一种身份，这样的一种特殊介入事由足不足以改变既成事实的法律关系，我觉得应该对这个问题做出一定的思考，这是第一点。

第二点，在得出结论之前，必须要考虑的就是代孕行为应当怎么去

看,这里有一个合法性的问题。现在有关禁止代孕的法律规定实际上都是卫生部门的部门规章。作为卫生管理部门,最简单的方法就是禁止,面对着这样一种很复杂且夹杂着生物技术的社会现象,最简单的管理方法就是禁止。但是这种禁止是不是具有法律效力,我们常说"法无禁止皆可为",足不足以发生这样的法律效力,是非常值得商榷的。尤其是计生委关于代孕问题的做法,想冲破这条红线,但是最后惨败下来,有一个很重要的原因就是像刚才杨所长所讲的代孕想禁止却禁止不了,根本违背了发展的趋势,这是我们需要考虑的,也就是代孕的合法性问题。

第三点,关于代孕子女我们怎么去看。在结论作出之前首先我认为代孕子女是无辜的,应当受到社会各界的尊重,这是我们搞未成年人法者在未成年人立场上的一个基本判断,也就是说所有涉及与未成年人有关的决定和判断必须要遵循儿童最大利益原则。而且需要要提醒的是在所有法律原则的表述上很少用到具有极端性的表述方式,比如说"最大"这样的字眼,难道其他人就不用考虑了?但是儿童最大利益原则就有这个特殊性,所以从这个角度上说我认为儿童最大利益原则实际上不存在滥用,也就是在个案之中不会有滥用的余地,当然这仅是我的一个观点,不一定正确。

第四点,在这个案件中应该看到人类辅助生育技术具有发展性。我们注意到最高院1991年出台的《复函》,在当时的背景下应当说已经具有了很大的前瞻性,即对人工授精采取了视同婚生子女的这样一个立场,在当时并不存在太多反对意见。所以对于技术的判断我们需要有发展的眼光,在处理阶段性的个案时,必须要考虑到这一点。

第五点,我刚才说所有涉及未成年人利益有关的决定,都应当遵循儿童最大利益原则,对于此案儿童最大利益原则的应用大家有很多不同的理解,但是有一些结论大家还是比较认同的,比如第一个,血缘关系不是判断是否符合儿童最大利益原则的唯一因素,另外如无相反的证据,孩子应当与他的父母在一起,这里的父母包括拟制父母和血亲父母,情感和是否对孩子未来成长最有利这是判断的决定性标准,这是需要去考虑的。我们往往缺乏一种司法的先见和亲历性,刚才顾老师介绍了一些国外的做法,如试抚养和评估报告等方法来作为是否符合儿童最大利益的判断的一种依据,这是我国有所缺乏的。

基于以上五点,此案中我个人认为应当视为婚生子女,有些理由我就不再阐述了。需要说明的是，在代孕所生子女的监护权问题上，养育母亲应该具有优先性，这是我的一个不成熟的观点。

二、关于本案处理建议的进一步说明

第一，换一个视角，这个案件如果当事人不起诉，那么婚姻关系、监护关系该如何确定？孩子已经做了户籍登记并获得了相应的身份，代孕这个特殊事由足不足以改变这样一种既成事实的法律关系？

第二，在出结论之前，必须要考虑代孕合法性的问题。我们所有引用的关于禁止代孕的规定都是部门规章，作为卫生行政管理部门，最简单的方法就是禁止，但这种禁止是否具有法律效力？是不是我们所说的法无禁止皆可为？我个人认为，未来的发展代孕是禁止不了的，关于代孕行为，判决应当具有预见性，要考虑到它的合法性考量以及公共政策。

第三，关于代孕子女我们怎么去看，从未成年人立场上判断，必须要遵循儿童利益最大化原则。而且我要特别提醒，任何一个法律原则在写法上基本上不会用极端性的表述方式，比如说最大其他人就不用考虑了，但这就是儿童利益最大化原则的一个特殊性，从这个角度来说儿童利益最大化原则不存在滥用，尤其是在个案中不可能有滥用的说法。

第四，人类辅助生殖技术是有发展性的，最高院 1991 年的复函在当时已经具有了很大前瞻性，对技术问题的判断必须要有发展的眼光，尤其面对现阶段个案的时候。

第五，儿童利益最大化原则有很多理解，但有一些结论性的东西大家是比较认同的。比如说血缘关系，这不是判断是否符合儿童利益最大化原则的决定性因素，而情感以及是否对未成年人成长最有利，才是判断的决定标准。

本案个人觉得应当视为婚生子女，代孕所生子女，养育母亲具有优先性，应当认定为生母，包括父亲也是这样，相应监护权的认定也是一个顺理成章的结论。

附录：

2016 年 6 月 17 日，上海一中院作出二审判决，决定撤销一审判决，驳回张斌父母要求担任孩子监护人并进行抚养的诉讼请求，由抚养孩子的母亲李楠取得监护权。

本文系 2016 年 2 月 26 日下午,在"代孕子女法律地位及监护权问题研讨会"(上海市第一中级人民法院、上海市法学会未成年人法研究会主办)上的发言,根据录音整理。

如何破解困境儿童保护的困境

近些年来,我国频繁出现儿童受到侵害的恶性案件,引起社会的广泛关注。在对这些恶性案件的关注与反思过程中,一个常常被提出的质疑是:为什么我国有了《未成年人保护法》等儿童保护的专门法规,在民政、法院、检察院、共青团、妇联等部门也均有儿童保护机构的设置,却仍然不能给予困境儿童以及时的保护和干预,无法阻止悲剧性事件的重复性发生?

例如,2013年6月曝光的南京饿死女童案中,两名女童所处的危险境地实际上早就为辖区民警、街道、居委会、邻居等知晓,但两名女童仍可谓在"众目睽睽"之下活活饿死家中。类似的情况还很多,譬如媒体多次追踪的上海市医院内滞留儿童,这些儿童处于父母不管、民政不收、医院难顾的困境状态且相关部门也对此知晓,但这种现象却仍长期无法得到合理的解决。在一些父母侵害被监护未成年人子女案件中,儿童长期遭受来自父母的侵犯也广为人知,但却也仍然无法及时阻止悲剧性结果的发生。

比较借鉴国外对困境儿童保护的经验,要破解我国困境儿童保护的困境,急需改变的有三:

一是要转变相关职能部门的儿童保护意识。从诸多儿童受害的悲剧性事件中都可以发现一个共同的特点,那就是国家相关部门与工作人员缺乏对儿童权利的应有敬畏,缺乏国家是儿童最终监护人这样的国家亲权意识,因而在困境儿童保护中呈现出"被动""消极"甚至是"冷漠"的特征。即便面对困境儿童,也常以各种借口怠于行使职责。这与国外相关政府机构包括法院等司法机关积极、主动行使儿童保护职责形成了鲜明的对比。

二是要尽快建立对困境儿童的及时介入与干预机制。我国目前对困境儿童的保护所存在的一大硬伤是缺乏"跑第一棒"的人,也就是在发现困境儿童时的及时介入与干预责任主体缺位。在国外,通常是由儿童福利部门代表(儿童保护官或者社工)与警察来共同负担这一职责。一旦发现有儿童受害事件,儿童福利部门代表和警察都会在第一时间到达现场,前者解救困境儿童,后者对付加害人。这样的快速反应机制,应当尽快在我国建立。

三是要严格对困境儿童受害事件的追责机制。尽管《未成年人保护法》规定了保护未成年人的"共同责任原则",但在近些年来我国出现的诸多儿童受害恶性事件中鲜见相关责任部门与人员受到追究。尽管存在法律对儿童保护责任的规定不明晰的原因,但更重要的是公安、司法机关对儿童保护责任追究的重要性认识不足,甚至对法律责任的理解存在偏差。建议检察机关建立对儿童受害重大事件派员先行介入制度,人民法院对监护人失职案件、儿童保护渎职案件也应当按照儿童最大利益原则进行裁判。

为了加强对儿童的保护,党的十八届三中全会通过的《中共中央关于全面深化改革若干重大问题的决定》明确要求要"健全困境儿童分类保障制度",民政部也在 2013 年 6 月启动了适度普惠型儿童福利制度建设试点工作,2014 年 4 月又开展了第二批试点工作,由最高人民法院、最高人民检察院、公安部、民政部共同起草的《关于依法处理监护人侵害未成年人权益行为的意见》也即将出台,相信我国对困境儿童的保护状况将会得到越来越明显的改进。然而困境儿童保护的困境能否得到破解,上述三个改变能否实现,则在某种程度上具有决定性的作用。

载 2014 年 12 月 11 日《人民法院报》。

关于上海妇女儿童法律保障工作的几点思考

一、亮点工作梳理

上海市妇女儿童法律保障的可量化指标全部提前达标,并在全国居于领先地位。例如,未成年人受暴力侵害,以及杀害、强奸、伤害等刑事案件得到有效控制,家庭暴力报案数逐年减少。5岁以下儿童意外死亡率下降至0.67%。未成年犯罪人数占同期犯罪人数的比重下降至2%,低于全国4.26%的比重。

重视妇女儿童地方性立法与政策完善,形成了相对较为完善的保障妇女儿童权益的地方性法律与政策体系。例如,及时修订或者制定了《上海市未成年人保护条例》《上海市村民委员会选举办法》《上海市教育督导条例》等地方性法规,制定或者修订了《上海市流动人口计划生育工作规定》《上海市孕产妇保健工作规定》等181个政府规章和规范性文件。

妇女儿童法律保障的制度创新与特色鲜明。例如,上海不仅仅是我国未成年人司法制度的发源地,同时也一直引领着我国未成年人司法制度的创新与发展。首创的法规政策性别平等自检自审机制等特色制度,也将对我国男女平等基本国策的贯彻实施起到推动和示范作用。

二、存在的问题

早在1987年上海市即制定了我国第一个未成年人保护专门性法规——《上海市青少年保护条例》,上海市未成年人地方性立法工作长期居于全国引领地位,但最近一些年,妇女儿童地方性立法在全国的引领地位有所松懈。例如,许多省市已经制定了与上位法配套的《预防未成年人犯罪条例》,但上海市迄今未能制定。

未成年人司法一条龙机制发展不均衡,"一头一尾"发展相对滞后,即相对未成年人审判与未成年人检察工作而言,未成年人警务与未成年人司法行政工作相对滞后。

反家暴庇护救助中心在一定程度上存在未达到预期作用的现象,其实际效用有待进一步评估。

三、下一步的建议

进一步完善地方性未成年人法律体系,加快制定预防未成年人犯罪地方性法规,探索在全国率先制定地方性儿童福利条例。

进一步完善未成年人司法两条龙体系(司法一条龙、社会一条龙),推动司法一条龙的均衡发展。按照《儿童发展纲要》的要求,进一步完善公安机关、司法行政部门未成年人案件专办机制,促进未成年人警务、未成年人司法行政工作与未成年人审判、未成年人检察工作均衡发展。

在创设法规政策性别平等自检自审机制的基础上,进一步创设法规政策儿童优先自检自审机制。评估现行反家暴实践与制度,进一步形成适应本土文化与地方特色的反家暴机制。

2017年5月,作为国家妇女儿童发展纲要中期评估督导组成员对上海市的评估建议。

对于黑龙江妇女儿童与法律保障工作的几点思考

一、亮点工作梳理

妇女活动获得法律援助人数、未成年人获得法律援助人数、未成年罪犯占刑事罪犯的比例等可量化指标均提前达标。例如,未成年犯罪人数占同期犯罪人数的比重在2015年下降至2.7%,低于全国平均水平。

维护妇女儿童合法权益的地方性法规政策日益完善,侵害妇女儿童权益的犯罪行为得到有效控制,妇女儿童法律援助覆盖面持续扩大。

建立了法规政策性别平等咨询评估机制,且运行良好,效果显著。

二、存在的问题

维护妇女儿童的重要地方性法律体系建设相对滞后。例如,自2009年以来省未成年人保护条例未能及时修订,迄今尚缺乏与国家《预防未成年人犯罪法》配套的地方性法规。

妇女儿童法律保障工作不均衡。主要表现在两个方面:一是"司法一条龙机制"发展不均衡,"一头一尾"发展相对滞后,即相对审判与检察工作而言,妇女儿童警务与司法行政工作相对滞后。同时,与相对发达省市而言,妇女儿童审判与检察工作也较为滞后。二是地区差异明显,相对城市而言农村妇女儿童法律保障工作有待加强。

三、下一步的建议

及时修订妇女儿童相关法律法规,尽快启动《黑龙江省未成年人保护条例》的修订,研究制定《黑龙江省预防未成年人犯罪条例》《黑龙江省反家庭暴力条例》。

进一步完善妇女儿童司法两条龙体系(司法一条龙、社会一条龙),推动司法一条龙的均衡发展。特别建议按照《儿童发展纲要》的要求,进一步完善公安机关、司法行政部门未成年人案件专办机制,促进未成年人警务、未成年人司法行政工作与未成年人审判、未成年人检察工作均衡发展。

重视农村妇女儿童法律保障的本省特殊性研究,推进农村妇女儿童法律保障与城市妇女儿童法律保障工作的均衡发展。

在建立法规政策性别平等咨询评估机制的基础上,进一步创设法规政策儿童优先评估机制。

2017年7月,作为国家妇女儿童发展纲要中期评估督导组成员对黑龙江省的评估建议。

直面人性卑劣的制度设计

我觉得刚才吴处长作为主持人已经做了一个很好的、精炼的综述,我都同意。而且会议开到这个时候,还是那句老话,我说什么都是多余的。因为后面我们史主任还要做更重要的总结和讲话,所以我尽量简短——当然大家不要真信。

我在做总结之前,首先还是要回应一下顾教授的观点,因为我听了一整天,所有人的观点我都同意,就是顾教授从社会学的角度讲了一些非常有启发的观点,但有一两点我不同意。关于打孩子的事情,我是坚决不同意。顾教授特别提醒我们,打孩子有利于促进大脑某种物质的分泌来提高智力,我知道这个肯定是有研究的,但对这个问题我要旗帜鲜明地表示不同的意见。瑞典在20世纪70年代开始倡导对儿童暴力的零容忍,到目前为止,全世界有二十多个国家在立法中明确规定了对未成年人体罚、虐待的零容忍原则,我们也一直想推动中国对于儿童暴力的零容忍。顾教授作为著名教授来"鼓吹"打孩子可以促进智力发育,我表示不能理解。我觉得那是古代,因为没有什么其他方法可以促进孩子智力,只能打孩子。但是在现代,我们有那么多方法可以促进孩子的智力发育,所以这种陋习我觉得应该要逐步地终止。

其实由顾教授的观点,我也受到一个启发,不知道各位有没有注意到,2014年12月两高两部出台的《关于依法处理监护人侵害未成年人权益行为若干问题的意见》把监护侵害行为,排在第一位的是性侵未成年子女,性侵案件作为监护撤销的主要情形也占有非常大的比重。在此,我想请各位思考一个问题,为什么我们不能接受性侵这种监护侵害行为,但是却能够接受体罚、虐待,甚至通过体罚、虐待致未成年人重伤的行为。我迄今为止都不能理解,法院在判决中连打成重伤都可以缓刑,但是父母性侵子女、包括轻微的猥亵我们都不能接受。当我们在讨论监护侵害行为以及与监护权转移制度相互之间关系的时候,这个问题是不能回避的,我觉得这背后可能还是一些陈腐的观念在其中起着非常关键的作用,包括著名教授在内。这是我不同意的一个观点,因为我跟顾教授很熟,我们是多年的老朋友,所以我可以跟他当面提出商榷意见。

下面按照会议的议程,我做一个总结,其实也不能算是总结,就是谈一点启发和感受。我们未成年人法研究会、上海市人民检察院、上海市徐汇区人民检察院几乎是每年都召开一次,可以说是非常重型的研讨会,因为来的学者、专家、实务部门的同志都是重量级的。来参会的领导有来自团中央、中国法学会、最高检、司法部、民政部、最高法院、全国律协,还有来自北师大、复旦、华东理工、华东政法、上海政法等院校,总共将近三十位专家在这里或者发言、或者主持、或者点评,如果再加上自由发言的话,应该超过三十位了。而且,从判例研究、效果评估、实践困境、完善建议等四个方面,对未成年人监护权转移制度做了非常系统的研讨。我在此,要对所有参加会议的专家学者、实务部门的同志表示感谢。尽管有个别是被我"威逼"而来的,有个别是我"交换"而来的。当然,更多的学者和专家是基于对未成年人的关爱、爱护、爱心来参加这个会的。大家看,会议开了一整天基本上没有缺人,这在一般的法学类的学术研讨会上是罕见的,我们很多"大家"有千万个理由可以发完言就走的,但到现在还没有走。还有这么多的"大牌""大腕"都来参加,所以我要特别表示感谢!

今天听了一天之后,有一些感想,我觉得也可以算是一种共识,有以下几点同大家做一个回顾。

第一个共识就是,监护制度是未成年人保护的基础制度,而且只有我们这些从事未成年人保护的人才会把监护制度提到如此之高的高度。当然,在很多民法学者看来,未成年人监护制度只是民法研究中的一个非常细微的方面。所以,这一点是大家的一个共识。也正是因为如此,今天的研讨取得了很多成效。有两个成果,现在在我给大家通报一下。第一个成果就是有关部门初步达成一致意见,拟起草《犯罪嫌疑人、被告人未成年子女临时监护办法》,我觉得这是一个非常重大的进步。在司法实践中,仅仅是因为未成年子女无人监护而造成的很多司法困境,是一个老大难的问题,早就应该解决,而且大家都感同身受,但是迄今为止都没有解决。

我觉得今天的研讨会让大家下定了决心要把这个问题解决，这是今天很重要的一个成果。第二个成果，我们也意识到，从事未成年人法研究以及未成年人保护工作的同志，对于民法总则的起草不能视而不见，我们应当积极地参与来影响立法的进程。一旦民法总则正式通过之后，我们再来探讨未成年人保护工作中所存在的一些根基性的问题，那个时候就已经晚了。所以今天的第二项成果就是，由宋老师负责的少年司法专业委员会可能会联合团中央、民政部等，最近将会在北京专门召开一次未成年人监护制度的研讨会，并且形成相关的立法建议，提交到全国人大以及相关的决策部门做参考。我觉得这是这次研讨会非常重要的两项成果。这也源自我们通过这次研讨，对于未成年人监护制度在未成年人保护整个制度中的基础性地位所形成的共同的认识。

第二个共识也是我今天的一点感受。说实话今天的话题非常沉重，对于未成年人监护权转移制度的探讨，我觉得有一点我们没办法去回避，那就是不得不去面对人性中最卑劣的一面。因为转移监护权制度的设计，是以父母没有人性为前提的。倪司长说看到那么多父亲性侵女儿的案件，由此认识到了人性中卑劣的一面，其实，我们很早就认识到了。今天的研讨会中，我的心情很复杂，因为这次研讨会，把很多我之前直接参与过或者了解过的案例，又以非常鲜活的方式重新回放了一遍。尤其谈到"小龙"受虐案，我跟倪司长还专门去回访过这个案件。还有泰安的那个案件，还有上海的很多案例和其他地方的案例，之前我们都讨论过，现在我们再重新回顾的时候，我个人感觉有个心理冲击的过程。讨论监护权转移制度，我们确实要直面人性中最卑劣的一面，也正是因为如此，我们需要有勇气、更需要担当，还需要制度设计的精细性。其实这些问题长期存在，为什么一直到2014年的时候才通过这个《意见》来激活对监护侵害行为由法律所规定的剥夺监护权的条款。1987年《民法通则》就有规定，1991年《未成年人保护法》也已有规定，为什么直到2014年这个条款仍维持在一个"僵尸"条款的状态，这也确实是值得我们去思考的一个问题。我觉得在很大程度上是因为，以前我们对人性的卑劣没有充分的认识，而且我们无法去直视人性的卑劣。所以我觉得这是一个非常重大的变化。

第三个共识就是，我们如今讨论这个议题，可以得出一个非常欣慰的观点，那就是2014年两高两部的《意见》确实是成功地激活了《民法通则》

以及《未成年人保护法》有关剥夺监护权的僵尸条款。我们也对就监护侵害行为所产生的撤销监护权的案例进行了一个梳理，总共有45例（2016年的还未收集完）。监护权撤销事由，性侵的案件有6起，需要注意的是：因为吸毒、赌博、长期酗酒或因服刑在押等原因而无法行使或者无法正确行使监护权而被撤销监护权的案件占24.4%；因不履行监护职责达到六个月以上而被撤销监护权的案件23起，占51.1%，两者合起来是75.5%。可能我们今天讨论时更多的是关注虐待、关注性侵，但是司法实践中撤销监护权的案子主要都是因为不履行监护职责的情形。值得注意的是，很多撤销案例只是借着这种路径走完了一个转移监护权的途径，其实它是否可以真正确定为监护侵害行为，或者说其严重程度是否达到了法定的程度，我觉得是值得商榷的。第二，从时间上做了一个纵向的考察。45起案件中，2015年32起，占71%；2014年有10起（22%），可以注意到2015年是一个高峰期。第三，申请撤销的主体法律规定的是五类主体。我们做的一个梳理发现：启动的申请者中是自然人的有34件（75.6%），组织机构（主要是民政部门）占24.4%，自然人还是占主体地位。《意见》所规定的共青团、妇联等团体申请撤销的一例都没有，这是一个很有意思的地方。而且绝大多数案件还有一个有意思的地方就是，所有的申请主体，谁申请谁就担任了最后的监护人，这里面基本上存在着这样一个必然的联系。第四，45起案件中有31起（将近70%）在正式被撤销监护权之前，没有任何组织和机构对监护侵害行为进行过干预，即直接进行了监护权撤销的诉讼。这些可能都是值得我们去反思的地方，当然还有其他的发现，这里我就不展开了。一个基本的结论就是，《意见》确实激活了"僵尸"条款。第五点与大家分享的感悟就是，《意见》的出台决定性意义是，改变了公众以及相关部门的相关观念。可能大家注意到，从今天早上讨论到现在，"儿童最大利益原则"几乎挂在所有发言者的嘴边。也就是说，国家亲权这种观念已经被大家所认同，"儿童最大利益原则"已经深入人心。抚养孩子已经不再把它当成家事，而是认同它已经成为一个国事，我觉得这是一个非常重大的观念的变化。谈到这个问题，我又想发表一点感想，将近十年之前，那个时候翻译"国家亲权"理论到国内，包括阐述儿童最大利益原则的时候，是经常被批评的，那时候讲儿童最大利益原则，马上被反问："其他人的利益就不用保护了？"还有诸如违反当事人主义等等一大段理由，认为这是错的。谈国家亲权也同样如此，别人根本就不接受你的观点。甚至为争论这个问题吵架的也有，但是这种情形在后来越来越少，这就是一个非常大的观念变化。

另外一个很大的变化就是，针对监护侵害行为的未成年人保护形成了两大核心的主体：一个是民政部门，民政部门作为国家监护的形象已经被大家所认同。大家在观念中，还是认为民政部门是儿童福利的托底机构。我们非常欣慰地发现，民政部门现在迎难而上，我在此还是要为民政部门说几句好话，尽管我经常说民政部门的"坏话"。民政部门的这种担当值得我们所有人的肯定和敬佩。最近几年，倪司长给了我很多机会跟一线的民政部门的负责同志接触，我觉得他们确实苦。我印象特别深，有一次在民政部培训中心讲课，有一个站长跟我讲了一件事，他说县里面民政局局长安排他去当救助站的站长，他不愿意去，最后这个局长坐在他办公室"求"他说"兄弟你帮个忙吧"。尽管是提拔他，但是这个局长却是"求"他去做这个救助站的站长。他到了救助站后做的第一件事就是，把所有大便全部清理掉，这是他做的第一件事情。当时我在早餐厅跟他一起吃饭，我觉得这个细节确实让我感觉到，有时候我们是站着说话不腰疼的。当我们面对这个群体的时候，我觉得确实还要给予他们更多的鼓励和敬意。但是，我要说的是，造成这种局面也有民政部门自己的原因。我们国家一个非常大的不一样的地方就是监护的国家垄断性，所有的收养、寄养、抚养，国家规定只有国家才能做，其他的都是非法的，民间的收养、寄养都不允许。所以说心里苦也没办法，谁叫你垄断这个权力呢。你既然垄断了这个权力，又叫苦还不想干，我觉得那是不可能的事情。所以原来我经常批评一种观点，那就是自己做不好、不愿意做，又不想让别人做，这个我觉得就有点道德上的问题了。但是我觉得，未成年人保护制度的完善，需要一个强势的部门。民政部门必须成为一个强势的机构，在未来发展的过程之中，对此要有一个认同。就像我们看《刮痧》这部电影，福利部门的代表可以随时让每一个母亲战战兢兢，每一个父亲如履薄冰。我们的民政部门对于这种权力，一是还不具备，第二还不想要，我觉得这可能也是一个观念变化的过程。《反家暴法》出台的时候，我非常想说服民政部门接受强制带离权，因为有了这种强制带离权就意味着以后民政部门有了非常强的、类似于准警权，这是一个非常大的变化。遗憾的是我的观点最后没被接受。是不是能够从未成年人监护制度着手，我们拭目以待。

另一大核心主体是检察机关,很多转移监护权的案例都是由检察机关以检察建议的形式督促民政部门提起的剥夺监护权诉讼。在某种意义上,检察机关已经具有了"儿童保护监察官"的角色。我觉得这种定位符合检察机关作为法律监督机关的法律地位,也是检察机关探索如何在未成年人保护中找到的合理角色的重要成果。

第四个共识也是我受到的启发,监护权转移制度设计,形式上是家与国的博弈,但实质上是国家的大爱担当,让"国家母亲"名副其实。在讨论监护权转移制度设计的时候,我们已经在接受国家亲权这种观念,国家亲权的一个基本立场和主张就是,国家是孩子的最终监护人。当父母不能、不宜或者拒绝履行监护权的时候,国家有权力也有责任进行干预,直至接管监护权。以前的很多时候,经常是国家这么一个庞大的利维坦出面,跟小小的一个家庭博弈,试图一直想把孩子阻止在国门之外,让他(她)留在家庭之中。现在这种观念也在开始发生变化,我们的国家开始呈现出大爱和担当,我觉得这是非常可喜的一个进步。但是,我需要特别强调的一点是,刚才对45个案例的分析中,我们可以看到,监护权转移制度设计仍然是以监护侵害为前提,主要是强制转移,这是下一步需要研究改进的地方。我们需要建立和平转移或者自愿转移制度,也就是很多国家在儿童福利法中所规定的无伤害弃婴原则。你不想养孩子,没问题,只要你不伤害这个孩子,你可以和平地把这个孩子的监护权转移给国家,国家不跟你博弈,也不追究你遗弃罪的责任,这才是基于儿童最大利益原则的一种担当。这可能也是需要我们去思考的一个问题。

第五个启发也是我不成熟的一个想法,监护权转移始终是两害相权取其轻的不得已选择。我们可以站在任何一个立场,对这个制度设计进行不同程度的批评,但是我仍然要强调一点这是两害相权不得已的选择,这种制度没有办法。就像"小龙"案件,当时在学界我是比较少的支持这个案例判决的学者。直到我和倪司长去SOS儿童村之前,我的心都是吊着的,因为我不确定这么做了之后,这个孩子能不能比以前生活得更好。"子不嫌母贫",原来我一直认为血缘和亲情比所谓的国家监护更加的高尚、更加的靠谱,但直到我们去回访这个孩子,我才确认其实我们早就应该这么做了。因为人性是靠不住的,所有对孩子的伤害都是在爱的名义下进行的,这是我们制度设计的基础。

监护权转移制度还需要做一些完善,有三个建议:

第一个建议是要跨前一步,也就是要完善监护干预制度,比如监护指导、监护支持、监护监督、监护选任、监护处罚等等,必须要跨前一步,这个可能比监护权转移制度设计更重要。

第二个建议是后退一步,也就是国家要把一定空间让出来,让给社会组织、让给民间,还是要给民间社会一个信任。否则的话只能叫苦,这个可能要后退一步。

第三个建议就是要步步精心,整个监护制度设计的每一个环节,都要儿童最大利益原则为指导进行精细化的制度设计,因为时间关系我就不展开了。

最后,我也想谈一点不成熟的感想,因为最近一段时间我跑了很多地方,确实有很多感想。我觉得我们谈儿童最大利益原则,有的时候是个非常空的原则,但是儿童最大利益原则落到实质上也就是一个字,就是"爱",或者说是一种情感。但是我特别注意到,最近一些年我去的一些地方,包括我接触到一些所谓的儿童慈善家,我的感慨非常多。第一个感慨就是,天使的另一面往往就是魔鬼,我们一定要警惕一切慈善家,警惕一切让你感动的人和机构,所有在做制度设计的人必须要深刻认识到这一点。一些慈善机构可以让你感动得落泪,但其背后存在的很多问题需要我们去直视。还有很多所谓的慈善家,其背后伪善的一面可能是我们无法去认识到的。很多时候我们需要去反思,在整个制度设计中,只要是无法形成自然情感的以及自然人伦之爱的机构和制度设计都需要去反思。比如说我就很反对,让父母所在单位、居(村)委会作为监护人,因为一个机构没办法形成真正的自然情感,单位、居村委会可以成为监护监督人,但不宜成为监护人。另外我还要强调的是,尽管血缘是爱的基础,我们要有容错率、要有悔改期,但是血缘也是靠不住的,我们一定要有立场。就像对于性侵实行一票否决,无论多严重的性侵都认为要剥夺监护权,那为什么还要去容忍虐待,甚至非常残忍的虐待行为?还有很重要的一点,我们必须要有完善的监护监督与评估机制。

我们今天讨论的是一个非常沉重的话题,尤其是很多个案的探讨,说实话,让我在整个这一天有些坐立不安。但是,也正是因为如此,我们需要超越人性,来展示真正的人类的大爱。在某种意义上,这既是制度的升华,也是我们每一位参与者的升华。谢谢大家!

2016年8月6日,在"未成年人监护权转移制度研讨会上"的总结发言(上海市人民检察院、上海市法学会未成年人法研究会、上海市徐汇区人民检察院主办),研究生刘昊根据录音整理。

第二辑

宽容而不纵容熊孩子

老师能否惩戒"熊孩子"

避免孩子出现行为偏差有三道基本防线,第一道防线是父母,第二道防线是学校,最后一道防线才是司法。

近日,山东青岛出台了一部中小学校管理办法,规定中小学校有权对影响教育教学秩序的学生进行"适当惩戒",迅速引起社会各界的关注和讨论。争论的焦点在于,中小学和教师是否应该拥有"惩戒权",如何进行惩戒?对那些存在问题的未成年人,法律又该持何种态度?

不怕父母怕老师,曾是很多人的记忆。在传统观念中,教师享有很高的权威,惩戒学生是天经地义,比如罚站、面壁等,学生接受,家长也认可。然而随着社会的发展,人们权利意识不断加强,家长对教师惩戒行为的容忍度越来越低,惩戒顽劣学生变成了很微妙的问题。现行法律对教师惩戒权没有明确规定,对禁止体罚、虐待未成年学生等则有着明确要求。而惩戒学生往往涉及对学生人身权利的一些限制,是否允许、边界在哪里,法律并没有明确回应,一定程度导致现在的老师对顽劣学生不敢管、不愿管。

中小学校和教师管教顽劣学生功能的弱化,是近些年来学生欺凌和暴力接连发生的原因之一。由于学校和老师这一"缓冲区"部分失效,呼吁公安、司法机关介入和严惩顽劣学生自然也就呼声越来越高,比如建议降低刑事责任年龄和行政处罚年龄等。一些地方高调宣传值得商榷的校园暴力重判个案,强调公安、司法机关要积极介入并重罚的意见开始出现在一些政策文件之中。《治安管理处罚法》修订公开征求意见稿中,也提出了降低未成年人行政拘留执行年龄的方案。

管教孩子,避免他们出现行为偏差有三道基本防线,第一道防线是父母,第二道防线是学校,最后一道防线才是司法。在当代社会,由于流动、留守等原因,一些家长监护未成年子女的功能在弱化。如果学校这一道防线也不夯实,那就只能期待司法变成"超级父母"了,而这是司法不能承受之重。用刑事处罚和行政处罚去对付"熊孩子"无异饮鸩止渴。最好的方法,一方面是强化家长监护责任,另一方面则是强化学校管教功能,让孩子在学校就能被管好,不让问题"出校园"。实现这一点的前提,就是教师有权威,有必要的约束与惩戒手段。

　　目前,包括美国、英国、韩国、新加坡等在内的很多国家法律均明确赋予了教师惩戒权。例如,美国约有20个州允许老师惩戒学生,仅2007年一年就有22.3万中小学生被依法惩戒。英国在2006年颁布的《教育与督学法》也明确赋予教师惩戒学生的权力,包括允许打手心等。值得注意的是,这些国家法律在赋权的同时,也对惩戒的条件、方式、工具、次数、男女生差异、程序等进行了明确规定,以避免教师滥用惩戒。

　　对于中国来说,类似的做法是否可行,依然需要讨论。山东青岛的办法,只是把长期停留在理论争议层面的教师惩戒权正式提了出来。需要强调的是,赋予教师惩戒权绝不能等同于允许体罚,更不能等同于允许针对学生的暴力。教师惩戒涉及对学生权利的限制,涉及学生的一些基本权利比如人格、人身自由等问题,不是地方规章能够解决的,需要在国家法律层面进行明确和规范,尤其是要明确惩戒的边界,从而让教师有底气、学生能服气。

载2017年2月28日《人民日报》。

从教刑并重走向以教代刑

我国历来重视未成年人保护,并取得了巨大的成就,在司法领域更是如此。但是,随着社会经济高速发展,传统家庭结构、社会结构及其功能在发生变化,未成年人保护领域也出现了许多新问题,这些问题也反映在少年司法中。近日,民主与法制社记者就此专访了上海政法学院刑事司法学院院长姚建龙教授。

记者:目前中国的少年司法的状况如何?

姚建龙:目前中国的少年司法就像是"戴着锁链跳舞"。

外部锁链是我国没有独立的少年法,指导少年司法运作的是以理性成年人为假设对象而制定的"成人法",这在法律适用上不利于最大化地保护儿童利益。

内部锁链是以成人案件为标准设计的评价考核体系,这种主要以量为基点,侧重考核结案数和人均办案数的评判标准,忽视了少年司法个别化、无法批量生产的特殊性。

中国少年司法和一些发达国家相比还存在差距。目前世界上很多国家对未成年人的保护和案件审理都有专门的、综合性的法典进行规范,而中国仍将成年人案件和未成年人案件的相关规定统一到相同的法典中,这注定会造成对未成年人权益保护的漠视与偏离。

记者:您如何看待未成年人犯罪?

姚建龙:未成年人犯罪不是"恶",而是"错",这既是"事实"也是一种"观念"。未成年人心智上还未成熟,其思想、观念还未定型,法律应该为他们提供更多教育改正的机会。

今天的孩子日益"非儿童化",日益在远离成人社会关于孩子是天真的、纯洁的、顽皮的等美好形象的传统定位,就连未成年人的违法犯罪行为,也感觉日益被成人化了。

未成年人由其生理和心理特点所决定,既有容易被影响被诱惑而走上犯罪道路的一面,又有可塑性大容易教育改造的一面。

大量未成年人因不良家庭教育、学习压力及青春期特点等,存在不同程度的心理问题导致涉嫌犯罪的情况较多。其中程度较严重的在得不到有效疏导的情况下,常常离家出走游荡社会,因而涉嫌盗窃、抢劫、参与聚众斗殴,或走上报复性犯罪,甚至只是实施游戏性犯罪。由于社会传统观念多将心理层面的疾患视为个体原因,对未成年人心理问题的关注还很不够,有关部门应将未成年人心理健康作为社会问题加以重视。

记者:我国在未成年人犯罪预防方面面临什么困境?

姚建龙:目前,我国在未成年人犯罪预防方面存在两个困局。

一个我称其为"养猪困局",就是对于一些因为年龄较低或犯罪程度较轻的一些未成年人,我国还缺乏一个完善的干预机制和有效的干预措施,因而只能"养大了再打""养肥了再杀"。从预防犯罪角度来说,这是一个重大的缺失。

另一个我称之为"逗鼠困局"。我国目前只有刑罚这样一种单一性惩处措施,缺乏"以教代刑"的中间措施和环节——在国外一般叫"保护处分措施"。这就造成司法机关在处理未成年人犯罪案件时,要么处以刑罚要么就只能一放了之。由此造成的一个明显问题是,尽管我国相关法律规定了教育、感化、挽救方针和教育为主惩罚为辅原则,新刑事诉讼法也增设了未成年人刑事案件特别程序,但是绝大多数进入司法程序的涉罪未成年人,在经过一系列"温情"的特别程序后,最终仍只能被处以刑罚,这和小猫逗完老鼠后仍一口吞掉没什么区别。

记者:在涉及未成年人犯罪时,我国现行的法律法规中还有哪些是可以改进和补充的?

姚建龙:整体来说,目前我国《刑法》中还缺乏对未成年人保护的顶层设计,一些侵害未成年人权益的内容还不完善。尽管在每次刑法修正案中,都有一些涉及未成年人的条款,但是并没有系统性地考虑如何加强对未成年人的保护。

团中央已向全国人大提出在《刑法》中增设未成年人专篇的立法建议。刑诉法中已经有了程序专章,铁轨已经铺好了,但是火车一直没有,我觉得应该把它做完。它的核心就是解决一个难题,我们国家刑法的"养猪困局"以及"逗鼠困局"两个问题。

我还建议《刑法》增设未成年人专门修正案,以附编的形式增加未成年人刑法,因为它的条文比较多,穿插在任何地方都不太恰当。其内容可以包括两大类:一个是未成年人犯罪及其处置,另一个是侵害未成年人犯罪的惩治。

另外,学界对于修订《预防未成年人犯罪法》的呼声不断,我希望《预防未成年人犯罪法》的修订也能尽快提上日程。

记者:在司法实践中,如何才能使少年司法更好发挥作用?

姚建龙:司法在整个未成年人保护中是最后一道防线,十分重要。建议可以设立专门的、跨行政区划的少年法院,可以在部分有条件的地区先行先试,促进少年司法制度的进步,提高未成年人保护水平。

国外大多设有专门的、独立的少年审判机构,在我国,少年法庭目前还是设立在普通法院中,应当尽快建立专门的少年法院或者家庭法院。这就好比专门的儿科和专门的儿童医院,小孩生病了都会到专门的医院去看。未成年人犯罪也是一样的道理,孩子生病了,也需要有专门的力量来进行保护,要有专业的机构、专业的人员、专业的程序、专业的方法和专业的立法来保护。

我国少年司法具有"强检察,弱法院"的特点,刑事化色彩仍非常重。建议借鉴别国"危机干预"的做法,将虐待、失教、失养等易造成未成年人堕落和犯罪的事件以及与未成年人犯罪关系最大的"家事案件"纳入少年审判机构的受案范围中来。需要注意的是,这一建议只是有限度地扩充少年司法的干预范围,不会改变少年司法制度为未成年人犯罪预防的基本制度这一格局。

记者:对犯罪的未成年人来说,哪些制度和措施能够最大限度体现少年司法制度的温暖?

姚建龙:少年司法制度是冷漠的司法制度中显现人性之光的绿洲。在这个领域我们能感受到人性的温暖,也能感受到司法的温度,同时也能感受到我们作为这一领域的关注者的责任感和使命感。

对犯罪的未成年人采取教育、感化、挽救的方针以及坚持教育为主、惩罚为辅的原则写入了刑事诉讼法修正案,这是一个很好的开端,但对未成年人犯罪的处理不能仅仅停留于此,国家和社会应该更加努力,争取从

"教刑并重"走向"以教代刑"。

犯罪记录封存制度能消除未成年人犯罪的前科效应,让一时失足的未成年人免受社会排斥,顺利回归社会。这一制度的建立,一改司法冰冷的面庞,不仅将温暖传递给了失足孩子,同时也是对未成年人成长规律的尊重,是司法智慧的体现。

针对预防进行的法治宣传教育活动,目前存在着忽视未成年人"天性"的问题——把未成年人当作成年人进行教育。宣传教育手段也存在"非儿童化"、教育形式单一、宣传材料的内容过于成人化、传统的"讲读传诵""灌输式"方法等问题。这种法治宣传和普及的实际效果很可能与预期效果背道而驰,把未成年人当作成年人进行法治宣传教育也使他们很难真正理解法律的内容。

本文由《民主与法制时报》记者李卓谦、实习生张玲玲采写,载《民主与法制时报》2015年6月5日。

应对校园欺凌,刑法要保持谦抑

近年来,频频见诸媒体的校园暴力事件引发了全社会的关注。通过完善法律法规、加强法治教育等法治手段予以治理,成为人们的共识。在公众普遍的不满与愤怒之下,有一种声音很有市场,即主张降低刑事责任年龄,以动用刑罚严惩校园欺凌者。对这一主张,需要认真辨析。

客观地说,当前公众对校园欺凌现象的焦虑,某种程度上因为过度关注而被夸大了。西方发达国家校园欺凌的发生率一般均在80%以上,相较而言,我国的校园欺凌发生率总体上还是比较低的。根据笔者今年对全国29个县104825名中小学生的抽样调查发现,校园欺凌发生率为33.36%,其中经常被欺凌的比例为4.7%,偶尔被欺凌的比例为28.66%,远低于西方发达国家。当然,超过30%的校园欺凌发生率仍然是值得警惕的。

然而,试图通过降低刑事责任年龄来遏制校园暴力,总体上是非理性的,也需要予以反思。在我国,以14周岁为刑事责任最低年龄不是"拍脑袋"想出来的,而是刑法发展与进步的结果。提高而不是降低刑事责任年龄,是从我国近代第一部刑法典至今,百余年来刑法改革的重要内容。中华人民共和国成立后,1979年第一部刑法典便将刑事责任年龄确定为14周岁,1997年刑法典则进一步将已满14周岁不满16周岁之人负刑事责任的犯罪范围限定为故意杀人等八类。如果以今天生活条件好、青少年发育早作为降低刑事责任年龄的理论基础,并主张降低刑事责任年龄,在逻辑上是站不住脚的。

尤其需要注意的是,一个人是否成熟,除了生理的标准,还有心理和社会的标准。现在的孩子尽管生理发育提前了,但心理发育却并未能同步提前。尽管校园欺凌"可恶",但必须指出的是,这种孩子之间的互相欺凌乃至实施其他不良行为,在某种程度上也是"成长中"的现象。大部分未成年人在度过青春期后,并不会把不良行为带入成年期,而会"不治自愈"。从这个角度看,降低刑事责任年龄的主张也是违背未成年人成长规律的。对未成年人的不良行为包括欺凌行为,应当保持必要的宽容和"容错率",尤其是刑法的干预要保留必要的"谦抑"。

面对校园欺凌现象频发,要更多反思家长、学校、社会乃至国家的责任,并进行相应的制度完善。首先,要坚持宽容而不纵容的刑事政策,一方面完善未成年人不良行为的早期干预制度,另一方面,对于未达到刑事责任年龄而不予刑事处罚的低龄未成年人,要有"以教代刑"的教育措施,绝不能一放了之。为此,除了要考虑完善和激活法律已有规定的责令父母管教、工读教育、收容教养等非刑罚措施外,还要考虑设计更加完善、系统且适合未成年人身心特点的教育性措施。

"熊孩子"的产生与父母的失职密切相关,对于失职的父母要有必要的约束与教育措施。一方面要完善家庭教育指导制度,另一方面可以借鉴国外强制亲职教育制度,对放任未成年人违法犯罪的父母进行强制亲职教育,教他们怎么做父母,直至给予必要的处罚。学校也要切实履行好对学生的教育、管理责任,尤其是法治教育的责任,要教育学生尊重生命,树立行为底线意识。社会各界也要营造未成年人成长的良好环境,例如对于网络上随处可见、肆意传播的校园欺凌视频,有关部门不应坐视不管。

载 2016 年 6 月 14 日《人民日报》。

应对校园欺凌更需各负其职 综合防治
——解读《关于防治中小学生欺凌和暴力的指导意见》

距国务院教育督导委员会办公室印发《关于开展校园欺凌专项治理的通知》(以下简称《通知》)仅仅过去四个月,教育部联合中央综治办、最高人民法院、最高人民检察院、公安部、民政部、司法部、共青团中央、全国妇联等中央部门针对校园欺凌问题再次出手,以"豪华阵容"联合发布了《关于防治中小学生欺凌和暴力的指导意见》(以下简称《指导意见》)。与5月份的《通知》不同的是,此次联合发布的《指导意见》从"积极有效预防学生欺凌和暴力""依法依规处置学生欺凌和暴力事件""切实形成防治学生欺凌和暴力的工作合力"三个方面对于防治中小学生欺凌和暴力提出了更加专业、细致、针对性和可操作性的要求。

《指导意见》直面校园欺凌现象,明确指出"由于在落实主体责任、健全制度措施、实施教育惩戒、形成工作合力等方面还存在薄弱环节,少数地方学生之间欺凌和暴力问题仍时有发生,损害了学生身心健康,造成了不良社会影响",为了全面贯彻党的教育方针,落实立德树人根本任务,各有关部门要切实防治学生欺凌和暴力事件的发生。值得注意的是,《指导意见》采用了"中小学生欺凌和暴力"的提法,这一方面突出了对暴力性校园欺凌的特别关注,另一方面也将中小学生实施的其他暴力行为也纳入了防治的视野之中。

学生欺凌和暴力问题是各国所普遍面临的共同难题,各国也均有其防治的做法和经验。在预防青少年违法犯罪与社会治安管理的长期实践中,我国形成了综合治理的经验,这一经验具有强调跨部门协作及治理手段多样性等特点,有"东方智慧"的美誉。综观《指导意见》的内容,体现了从现行法律、政策与实际出发,明确各方职责,综合防治的基本思路。因循这一思路,可以将《指导意见》的核心内容概括为以下几个方面:

1. 建立政府统一领导、相关部门齐抓共管、学校家庭社会三位一体的防治工作机制。

《指导意见》明确,教育、综治、人民法院、人民检察院、公安、民政、司法、共青团、妇联等部门组织,应成立防治学生欺凌和暴力工作领导小组,明确任务分工,强化工作职责,完善防治办法,加强考核检查,健全工作机制。为了确保三位一体防治机制的有效运作,《指导意见》还要求建立学校、家庭、社区、公安、司法、媒体等各方面沟通协作机制,畅通信息共享渠道。

2. 学生不是防治的对象而是主体,应当增强学生对校园欺凌与暴力的免疫力。

《指导意见》提出要切实加强中小学生思想道德教育、法治教育和心理健康教育,通过教育等方式提高学生对欺凌和暴力行为严重危害性的认识,增强自我保护意识和能力,自觉遵守校规校纪,做到不实施欺凌和暴力行为。同时还要求依托各地12355青少年服务台,开设自护教育热线,组织专业社工、公益律师、志愿者开展有针对性的自护教育、心理辅导和法律咨询。

3. 家长在防治学生欺凌与暴力中具有不可推卸的责任。

学生欺凌和暴力的发生根源通常在于家庭,为此《指导意见》明确指出,管教孩子是家长的法定监护职责,应当依法落实监护责任,避免放任不管、缺教少护、教而不当;家长要注重家风建设,加强对孩子的管教,注重孩子思想品德教育和良好行为习惯培养,从源头上预防学生欺凌和暴力行为发生。为了帮助与督促监护人履职,《指导意见》一方面要求要密切家校沟通,通过家访、家长会、家长学校等途径,帮助家长了解防治学生欺凌和暴力知识,增强监护责任意识,提高防治能力。另一方面则强调要落实监护人责任追究制度,包括根据民事法律追究其监护人的法律责任和经济责任以及由公安机关依法对监护人予以处理。

4. 中小学校要建立防治学生欺凌和暴力工作制度,将其纳入学校安全工作统筹考虑,作为加强平安文明校园建设的重要内容。

《指导意见》对于中小学校在防治学生欺凌和暴力中的责任作出了较

为具体的要求,其要点有七:一是明确了责任主体——校长是学校防治学生欺凌和暴力的第一责任人,分管法治教育副校长和班主任是直接责任人。二是要求健全应急处置预案,建立早期预警、事中处理及事后干预等机制。三是要求积极有效预防学生欺凌和暴力,认真开展预防欺凌和暴力专题教育。四是要求研制学校防治学生欺凌和暴力的指导手册,全面加强教职工特别是班主任专题培训,提高教职工有效防治学生欺凌和暴力的责任意识和能力水平,充分调动全体教职工的积极性,明确相关岗位职责,将学校防治学生欺凌和暴力的各项工作落实到每个管理环节、每位教职工。五是建立中小学生欺凌和暴力事件及时报告制度。发现学生遭受欺凌和暴力,学校和家长要及时相互通知,对严重的欺凌和暴力事件,要向上级教育主管部门报告,并迅速联络公安机关介入处置。六是依法依规处置学生欺凌和暴力事件,对实施欺凌和暴力学生及时采取批评教育、警示谈话、将表现记入学生综合素质评价,直至转入专门学校等措施。七是要求对当事学生实施科学有效的追踪辅导,在欺凌和暴力事件妥善处置后,要持续对当事人(包括对实施欺凌和暴力的学生、遭受欺凌和暴力的学生及其家人)追踪观察和辅导教育。

5. 各级综治组织要强化学校周边综合治理。

学校周边治安综合治理是各级综治组织的重要职能,中央综治委为此还专设了校园及周边治安治理专项组负责此项工作。针对学生欺凌和暴力与学校周边环境的密切关系,《指导意见》要求加大新形势下群防群治工作力度,实现人防、物防、技防在基层综治中心的深度融合,动员社会各方面力量做好校园周边地区安全防范工作,把学校周边作为社会治安重点地区排查整治工作的重点,加强组织部署和检查考核。值得注意的是,《指导意见》还特别指出要对中小学生欺凌和暴力问题突出的地区和单位,根据《中共中央办公厅、国务院办公厅关于印发〈健全落实社会治安综合治理领导责任制规定〉的通知》要求,通过通报、约谈、挂牌督办、一票否决等方式进行综治领导责任督导和追究。

6. 公安机关要加强校园警务工作。

公安机关因其权威性和专业性,在防治学生欺凌和暴力中具有独特和不可替代的作用。《指导意见》要求公安机关在治安情况复杂、问题较多的学校周边设置警务室或治安岗亭,密切与学校的沟通协作,积极配合学校排查发现学生欺凌和暴力隐患苗头,并及时预防处置;加强学生上下学重要时段、学生途经重点路段的巡逻防控和治安盘查,对发现的苗头性、倾向性欺凌和暴力问题,要采取相应防范措施并通知学校和家长,及时干预,震慑犯罪。

7. 各相关部门要建立配套衔接机制,依法依规处置学生欺凌和暴力事件。

针对法律纵容学生欺凌和暴力的误解,《指导意见》体现了"宽容而不纵容"原则,强调"对实施欺凌和暴力的中小学生必须依法依规采取适当的矫治措施予以教育惩戒,既做到真情关爱、真诚帮助,力促学生内心感化、行为转化,又充分发挥教育惩戒措施的威慑作用"。对实施欺凌和暴力的学生,学校、公安机关、检察机关、人民法院等要配套衔接采取包括及时报告、批评教育、警示谈话、警示教育、将表现记入学生综合素质评价、转入专门学校、责令监护人严加管教、收容教养,直至追究刑事责任等措施。《指导意见》特别强调,对性质和情节恶劣、手段残忍、后果严重的欺凌和暴力事件,必须坚决依法惩处;对校外成年人教唆、胁迫、诱骗、利用在校中小学生违法犯罪行为,必须依法从重惩处。

8. 媒体要避免过度渲染报道学生欺凌和暴力事件细节。

针对目前客观存在的过度报道和传播学生欺凌和暴力事件现象,《指导意见》强调要认真做好学生欺凌和暴力典型事件通报工作,既要充分发挥警示教育作用,又要注意不过分渲染事件细节;要防止泄露有关学生个人及其家庭的信息,特别要防止网络传播等因素导致事态蔓延,造成恶劣社会影响,使受害学生再次受到伤害;要避免学生欺凌和暴力通过网络新媒体扩散演变为网络欺凌,消除暴力文化的负面影响。

保护未成年学生是全社会的共同责任,而非学校一家之责。只有包括学生、家长在内的各相关部门与主体的共同参与,通力协作,标本兼治,才能有效防治学生欺凌和暴力这一世界各国共同体面对的难题,而这也正是《指导意见》的"良苦用心"与核心内容。

载教育部门户网站,部分内容以"建立政府学校家庭综合防治工作机制"为题,发表于《中国教育报》2016 年 11 月 14 日。

谈中关村二小校园欺凌事件

我受教育部政策法规司委托承担的"学校安全风险防控研究"项目课题组,在2016年4月至6月对全国29个县104825名中小学生的抽样调查发现:校园欺凌发生率为33.36%,其中经常被欺凌的比例为4.7%,偶尔被欺凌的比例为28.66%。这一调查表明,高达1/3的中小学生遭受了校园欺凌。

中关村二小校园欺凌事件给整个社会带来了一次讨论,思考不是坏事,可以让整个社会对更多校园欺凌现象予以更多关注。

界定校园欺凌应考虑被欺凌孩子的感受

严格来讲,我国在法律层面上并没有"欺凌"这个词。不过,2016年4月,国务院教育督导委员会办公室向各地印发《关于开展校园欺凌专项治理的通知》(以下简称《通知》),第一次对校园欺凌有了明确界定:发生在学生之间,蓄意或恶意通过肢体、语言及网络等手段,实施欺负、侮辱造成伤害的行为。这可以被视作国家层面的权威界定。

根据《通知》,校园欺凌具有欺凌行为发生于学生之间的特点,除了加害人是学生外,受害人也是学生;校园欺凌的方式是多样的,不只限于身体暴力,还包括语言暴力、性暴力,以及孤立、歧视等;从发生场所来看,大部分典型的校园欺凌事实上是发生在校外,从这个角度看,校园欺凌更准确的表述应为"学生欺凌"。

《通知》一改之前对校园暴力避讳的态度,而是直面校园欺凌的治理问题,这反映出国家对校园欺凌严重性的认识。

在法学界学术领域,对校园欺凌的共识与之基本一致,其中包含5个要素:一是发生在学生之间;二是故意,也就排除了过失或意外造成的情况;三是"欺"的行为,即以大欺小、以强凌弱、以多欺少等,强调"强对弱"的态势;四是行为方式不限于暴力;第五点在法学界有些争议,那就是"怎样算受到伤害"。在我看来,关键不是验伤或一些常见的成年人标准,应更注重考虑被欺凌未成年人的主观感受。在美国,"让被害人实施违背其意愿的行为",也可被认定为校园欺凌中的"伤害"。

中关村二小事件学生行为不是典型校园欺凌

这次中关村二小事件我个人认为从受害人角度看可以界定为校园欺凌,但并不是典型的校园欺凌行为。我们在关注这一事件的同时也要关注那些典型的校园欺凌。

校园欺凌在某种程度上属于孩子成长中的现象,尤其是对于那些处在青春期的孩子而言是突出自己存在感和成年人意识的一种表现形式。从国家层面来说,应该更加关注那些典型的校园欺凌现象以及最易实施校园欺凌的学生比如初中、高中阶段的学生。

此次中关村二小事件的几位涉事学生年龄都在 10 岁左右,在这个年龄段的他们一般来说还没有真正意义上的"欺凌"心理而更多的是打闹行为,但这件事给整个社会带来一次对校园欺凌的集中讨论、思考不是坏事,可以让整个社会对校园欺凌现象予以更多关注。

从学校管理的角度看　中关村二小可以认定学生行为的性质

单从中关村二小目前披露的事件情节来看,他们所给出的"不构成欺凌或暴力"的判断,也并不为过。目前大家争议最大的问题在于由学校来"判断"是否有足够的信服力。一般来说,从欺凌的后果来看,其性质基本上可以分为违纪、违法、刑事犯罪三类。而不同的性质就需要由不同的主体做出判断。换句话说,学校只能对违纪行为做出界定并给予相应处分,而一旦上升为有违治安管理的行为或触犯了刑法,那就必须由公安、司法机关来对这些欺凌行为做法律判断了。

即便像中关村二小那样对发生的问题做了调查并给出了结论,当事家长如果不接受,还可以要求学校的上级主管机关做出裁决,即走行政复议程序。

学校鸵鸟政策不可取

一些学校的"鸵鸟政策"和"弱势"地位也在无形中纵容了校园欺凌现象。我在十几年前就做过一个校园暴力现象的调查研究,学校一听你是来做这个研究就根本不会接待你,基本回应都是"我们这里没有校园暴力"。学校都认为如果他们承认存在校园暴力的话会对自身的管理和声誉产生不好的影响,所以校方基本都选择避而不谈,我把校方这种态度称为"鸵鸟政策"。

而从另一个角度看,因为明确禁止教师体罚学生,现在大部分学校的权威性都大打折扣,导致许多学校老师遇到事能推则推,校方现在这种有些弱势的尴尬处境也值得我们认真思考。

国外对于学校欺凌往往都有相关的立法,学校把欺凌问题当成一个非常重大的问题来看待,包括发生事件之后如何去处理,但是我们国家现在对类似事件的处理还是不完善的。

法律应对校园欺凌存在空白地带　但刑法应保持谦抑

一个尴尬的现状是,在公众广泛关注的校园欺凌事件中,一般都同时有施暴者拍摄施暴过程并肆意通过网络广泛传播的行为。这种"炫暴"行为,一方面是青少年心理与行为特点的体现,另一方面也是对法律的"蔑视"与公然"挑战"。

而现行法律制度的确在治理校园欺凌现象中存在空白地带。根据《刑法》第二百三十四条及相关司法解释的规定,故意伤害他人的必须达到"轻伤"以上后果才可按照故意伤害罪追究刑事责任。如果是已满十四周岁不满十六周岁的人故意伤害他人的,还必须达到"重伤"的后果,才承担故意伤害罪的刑事责任。

很多看上去很恶劣的故意伤害他人的校园欺凌行为,尽管在"性质上"属于故意伤害他人,但伤残鉴定往往达不到轻伤或者重伤的"量"的要求,因此无法按照故意伤害罪追究刑事责任。

由于欺凌发生在学生间,解决问题的办法在任何情况下都不应脱离校园。法律,特别是刑法,在面对这一问题时,应保持谦抑性原则。应该考虑到,双方都是未成年人,如果用不恰当的方式解决问题,两个错误加在一起,不会等于"对"。针对社会上一些诸如"对恶性校园欺凌的惩罚太轻,刑法应为此降低惩罚年龄门槛"的舆论,应当谨慎。

宽容而不纵容　完善中间性干预措施

不能"一放了之",也不能一出事就用刑法处罚,我们的顶层制度需要更好地完善,通过完善少年司法制度增加中间性干预措施与制度找到一个解决问题的中间地带。适用刑罚这一最为严厉的处罚措施,将给违法的青少年贴上"犯罪人"的标签,给其一生的成长造成无可挽回的影响。

为了避免"用药过猛",中外法律都有"以教代刑"的制度设计以尽量避免刑罚的适用。"以教代刑"即对符合条件的涉罪未成年人,用教育性的非刑罚措施——保护处分来替代刑罚。

建议应完善中间性干预措施与制度,也即完善少年司法制度。具体而言应从以下几个方面着手:一是改造责令父母管教措施。可以借鉴近代刑事立法的经验,对于责令父母管教措施增加保证金,同时对于责令父母管教这一措施的实施规定一至三年的期限。二是废除收容教养措施,同时改革工读教育措施,具体建议是招生的强制化、决定的司法化。招生的强制化即改志愿招生为可以强制有严重不良行为(包括校园欺凌)行为的未成年人送工读学校进行教育。决定的司法化,即应当由人民法院(少年法庭)通过司法程序来决定将有严重不良行为的未成年人送工读学校接受专门教育。三是增加新的中间性干预措施。例如增加假日生活辅导、社会服务、保护管束、禁闭等。

赋予教师惩戒权,并明确惩戒权行使的边界与程序

建议通过完善《义务教育法》等相关法律,赋予教师惩戒权,并明确惩戒权行使的边界与程序,这将有助于将绝大多数校园欺凌行为留在校园内处置。

同时,还应当完善学校纪律处分权,可以考虑校纪处分与工读教育之间的衔接关系,以增强校纪处分的刚性。

面对校园欺凌,家长和校方应是合作者而非对立者的角色

家长和校方之间应该是一个合作者的关系,而不是一个对立者的角色。如果家庭教育存在问题,却将教育欺凌者的责任完全推给学校,这既不合理也往往是无效的。

除了引入强制亲职教育制度,更应该建立家校衔接机制。应当进一步发挥学校的家庭教育指导功能,避免家长学校流于形式;同时应当发挥家委会等家长组织在校园欺凌防治中不可替代的作用。此外,还应当建立家庭与学校协力机制,共同对欺凌者与被欺凌者进行教育、辅导与救助。

根据《解放日报》《新民晚报》、澎湃新闻、上海电视台新闻透视栏目等相关报道采访发表的观点整理。

对校园暴力的冷思考

前段时间中国媒体对美国法院处理留学生凌虐事件的报道,认为美国的处理方式是对中国未成年人司法体系的一个"打脸"或者教育。媒体认为,如果同样的事件发生在中国,顶多教育释放,然而这是一个错误的报道。案件中两位未满18周岁的未成年人被判进入属于美国非刑事司法程序的"少年营",而在中国,这两位已经年满16周岁的未成年人肯定会进入犯罪评价体系,被定罪量刑。现在在未成年人犯罪领域盛行"司法纵容论",认为《未成年人保护法》更倾向于对未成年犯罪人的一种保护,认为应当严惩未成年人严重危害社会的行为,这种观点应当警惕。

一、校园暴力如何成为公众议题?

中国的校园暴力与国外的区别,国外多仅指校园欺凌,而在我国的内涵则要丰富得多,至少包括以下几种类型:

1. "校园欺凌":2009年南湖职业技校的"熊姐"暴力事件,引发了网友的广泛关注,也第一次在网站开始大规模的"人肉"搜索,甚至后期网友组织在学校门前进行"屠熊行动"。此次事件广泛引起公众对于校园暴力的关注。

2. "外侵型校园暴力":2010年福建南平某幼儿园发生外来人员砍伤学生的事件,多名学生受害,从此"外侵型校园暴力"也开始进入公众关注的视野。

3. "师源型校园暴力":2013年海南校长带小学少女开房事件,该事件一经披露就掀起轩然大波,此后教师性侵学生案件普遍受到关注。

4. "伤师型校园暴力":特指学生侵犯教师的暴力行为,以湖南邵乡留守儿童杀师案为代表。

针对该类案件,笔者认为媒体应当禁止报道,因为暴力具有很强的传染性,如果该类案件甚嚣尘上,那么许多少年可能争相模仿。

二、校园暴力严重是建构还是客观存在的?

"校园暴力"一词具有很强的建构色彩,是从成年人的角度去看待少年的一种越界行为。外国学者有一种"漂移理论",即青春期少年往往在边界线的周围漂移,很容易做一些触犯底线的事情。青春期干一些坏事很正常,有时候也很浪漫。少年越轨有一种"自愈"的能力,对于这种越轨行为的关注和处理手段很重要。我们应当用孩子的视角来看待这些问题,而不应强加一些成年人自我建构的观点。

三、"养猪困局"

曾经出现的广西恶童事件、重庆女孩摔童案等等,都反映一个问题:目前的制度设计对于14周岁以下的未成年人严重危害社会的行为,一方面不能用刑罚加以处罚,另一方面责令父母严加管教、工读教育等方式又处于失灵状态,只能等其年满14周岁或16周岁再次危害社会时再加以处罚。我形象地称这种状况为"养猪",将猪养大后再打,养大后再杀。

四、是否应当降低刑事责任年龄

面对如上的"养猪困局",有人提出降低刑事责任年龄,但是刑事责任年龄降低存在许多问题:(1)不具有可操作性:究竟刑事责任年龄是该降至13岁,还是12岁,这种法律的改变不具有可操作性。(2)无效性:通过降低刑事责任年龄,无法预防、遏制犯罪,同时会阻断青少年的"自愈"。对于青少年的越轨行为,不应当过早地给他贴上标签,这不利于其后很好地回归校园与社会。(3)刑事责任年龄具有提高的历史惯性:沈家本《大清新刑律》在订立初期,原想刑事责任年龄定在16周岁,经征询意见后最终定为12周岁,其后民国的新刑法又将刑事责任年龄改为13周岁和14周岁。(4)联合国的公约中规定:刑事责任年龄不应当过低。各个国家刑事责任年龄也有逐年提高的趋势,且针对接近界限的成年人也效仿未成年人来处理。

五、对校园暴力的对策

针对青少年校园暴力或者其他危害社会的行为,应当采用"宽容而不纵容"的政策。首先,对于未成年人宽容的政策是人类共同的价值追求。其次,不纵容。通过"以教代刑"的多样化的处置方式来教育改造,采取非监禁性或者非刑罚性的保护处分措施来处理。最后,建立独立的少年司法制度。孩子的病应当用孩子的药来医,应当设置配套的儿童医院。面对青少年的暴力危害行为,应当摆脱情绪化的影响,尽量理性对待。

本文系2016年在杭州师范大学法学院、鲁东大学、华东政法大学、上海团市委等地讲座的提纲性内容,由华东政法大学学生乔磊、赵雪梅、朱钰婷等记录整理。

工读学校的悖论与改革的方向

我对工读学校的认识有一个发展变化的过程。我曾经写过好几篇小文章,包括好几篇论文我没有公开发表,我觉得工读学校有很多基础性的问题直到今天还是没有得到合理的解决,而且对工读学校的看法、立场不一样、视角不一样,感受也是不一样的,对工读学校未来改革的判断也会不一样。

在很长一段时间,我对工读学校是持反对、保留意见的,这也是源于我自己的一个经历,因为我小时候是很不乖的,如果按照工读学校的招生办法,我当年肯定进去了,进去就没有我现在这个样子了。所以对工读学校的看法我们有时候还是要看看其他人怎么说,尤其是工读学校招生的对象,看看这些孩子怎么说。工读学校的学生曾经一度被捧上天,什么坏孩子进去,好孩子出来,甚至电视台也拍过很多关于他们的新闻纪录片,但是在多年后的今天,舆论突然有一个很大的转变,我们该如何去评价它呢?对工读学校的评价,很多时候要有一种多重的视角和理性的观点。

一、几个不成熟的观点

基于理性的思路,下面我谈几点不成熟的观点:

第一,我们可能仍然要去面对一个问题,那就是工读学校存在悖论。

这么多年,我一直在观察,首先工读学校的社会需求是毫无疑问的,未成年人犯罪防控所面临的这种养大了再打、养肥了再杀的这种情况,必须要有一个机制来解决,但是同时我们要考虑工读学校能否可以承受。其次还有一个很有意思的地方,工读学校的效果被认为是非常好的,我们可以举出很多的实例来,但是你会发现另外一个悖论,那就是招生困难。

希望送进去的送不进去，而且即便是对工读学校招生做了"技术调整"之后，还是令人有一种法律风险的担忧。那么再来看内部，工读学校在教育系统内部刷不出存在感，因为它是放在普通教育系统内部来进行评价的，它就显得很突兀，所以这个可能是我们需要去考虑的问题：无论工读学校要怎样去改革，这些悖论都要去解决。

我曾经到某一个具有工读学校性质的地方去调研，结果当地的领导告诉我，为了迎接你们这个调研组，我们紧急通知公安多抓了几个小孩进来，因为"学生"太少了。当时我很难受，因为我们的到来，导致很多小孩被紧急抓了进来，这就是"填满"工读学校效应。如果工读学校跟社会需求之间的对接并没有一个科学合理的设计，它的存在再加上如果有强制性的程序设计，最后就容易变成按指标抓人。所以我一直有一个担忧，就是工读学校绝对不能成为专门针对未成年人的类似"劳动教养"的一个设施。面对这样一些悖论，在法律没改之时实践中是怎么操作的？实践中有两个很有意思的应对，一个是各个地方的招生程序的实际强制化；第二个是管理的两个极端化：其一就是完全变成监狱化的矫正机构，至少是类同于劳动教养措施，其二就是完全普通教育化，即工读学校教育跟普通教育没有太大区别或者跟职业教育学校没有区别。这两种极端是各地实践中应对工读教育发展困境的时候做出的不同改革，都是为了解决一个生存问题、存在感的问题。那么对此应该如何去评价，我觉得我们可能需要再做进一步的理性思考。

第二，为什么工读学校存在这样一些问题和悖论，很多人分析它的原因归结点在于法律不给力，法律不健全。

从1987年的"工读教育办法"到1999年的《预防未成年人犯罪法》，其实有一个很大的变化就是1999年的这个法律实际上是对1987年的办法做了一个强有力的约束，把它的招生对象明确化了，招生程序固定化了，并且对审批机构做了限定。那么怎么去评价1999年的这个法律，尤其是它仍然坚持了类似自愿招生申请审批程序，你必须申请，我才能审批。我曾经对这个招生办法也是批评的，但是后来我又想，这可能是制度设计者也就是立法者的高明所在，让公权与私权博弈之后，都认同的孩子进去，这也许给了有严重不良行为未成年人一个更有利的保障，当然我只是说这是一种可能的视角。

成年人的制度设计如何合理地与未成年人青春期的这些特点有一个

合理的衔接,不走两个极端,这可能是我们需要去考量的。所以现在实践中,有很多的改革,造成了现在工读学校的多元化,各界对工读学校的评价也都不一样。我到很多专门学校去调研过,包括和那些孩子同吃同住切身地从他们的角度去感受。我看到他们在课桌的最里面写的东西,都只是写一句话"我还有几天出去"。还有到凌晨两三点钟,我去看这些孩子的生存状况,基本上都躺在地上,盖着棉被,不睡床上,当然还有一些情况我不愿意说。其实那次调研我写了A、B版两个报告,B版到现在都没有公开,仅供内部参考。

可能有一些观点是我纯粹从学者的角度去看的。工读学校如何去评价?首先其未来的发展肯定是光明的,工读学校必须改革,必须服从社会管理的需求,但是工读学校怎么改可能还需要做更加理性的思考。包括现在主管单位的多元,很多地方工读学校变为政法委的内部机构、下属事业单位,有的变成司法局的下设机构,有的还留在学校,招生程序有的变成强制程序,有的自愿化,还有招生对象也大大扩充了。这种多元化为工读学校未来的改革确实提供了很好的参考,但是也还需要作进一步的理性的思考。

二、关于改革工读学校的建议

第一,工读学校未来的性质定位应当是保护处分。

保护处分,我不详细讲了,因为我有一本书是专门谈这个问题的。总体上保护处分可以总结为八个字:"以教代刑,提前干预"。工读教育应该成为刑罚的替代措施,已经犯罪的,用工读教育去替代刑罚的处罚,这就叫以教代刑;有些孩子仅仅还是严重不良行为,为了防止你犯罪,可以进行提前干预,这就是保护处分。

第二,工读教育的决定程序必须司法化。

即走正当法律程序,否则无法做好。工读教育要适应全面建设法治社会的需求,这一点是必需的。世界上几乎所有的国家,对于长期剥夺或者限制人身自由的强制措施都是由法院来进行裁决的。

第三,工读学校要分级。

我们发现工读学校不分级,杀人的和不服老师管教的放在一起,我都看到过。一定要分级,比如日本的少年院,包括初等、中等、高等和医疗少年院,我觉得我国的工读学校也可以做类似的分级。那么同时的配套改革,我主张废除收容教养,羁押性保护处分措施必须单一化。具有限制人身自由的保护处分措施,世界各个国家一般都是单一化的,就是一种措施,存在多种剥夺人身自由的保护处分措施不是太恰当。收容教养的一些对象可以通过对工读学校分级后纳入矫正,如果工读学校改得好的话,收容教养是没必要存在的。

第四,恰当处理教育与矫正的衔接。

这个我还没有完全想好,因为现在的问题主要在于,工读学校应该是矫正教育的一个组成部分,而且这也是我们现在制度改革的一个期待。但是现在它是属于普通教育的一个组成部分,所以在教育系统内刷不出存在感,矫正制度的很多优惠政策又享受不到,但实际做的又是矫正体系所做的事情。

我曾经去台湾考察,主题就是"教育与矫正的衔接"。当时在台湾的一个中学,校长都是普通学校的校长聘过来的,副校长是矫正署派的,整个的一个体制,它按照学校管理模式,大的方向、经费的下拨全部是按照矫正机构来进行保障。我觉得如何处理教育与矫正的衔接,而不会出现完全的类似于监狱的矫正机构,不混同于普通教育与职业教育,这是我们需要进一步思考的一个问题。

本文系 2016 年 11 月 19 日在"社会治理创新背景下专门学校发展之路研讨会"(北师大刑事法律科学研究院、上海市教委主办)上的发言。尹娜娜根据录音整理。

在美留学生凌虐案：
中国究竟应当借鉴什么？

2015年3月27日和30日，在美国就读高中的十余名中国留学生，因琐事凌虐了两名女同学。案发后，6名嫌疑人被逮捕，其中多人参与了这两起凌虐事件，另有多名嫌疑人潜逃并被警方通缉，试图贿赂受害人撤销起诉的一名家长也被逮捕。此案的最终判决将在2016年2月17日作出。

由于国内校园暴力事件频发，此案在国内引起了媒体与公众的极大兴趣，诸多媒体报道与评论文章纷纷以此案作为抨击或者反思中国法律漏洞的参照并且大发感慨。至少早在2015年5月份，凌虐案件中的被告人（无论成年还是未成年）就早已经被国内媒体宣判终身监禁，媒体还特别强调被告人是"小留学生"，并且声称美国人在教中国孩子如何做人。

这样的视角的确容易引起国内公众的共鸣。因为近些年来，国内发生了大量恶性青少年欺凌事件，一些凌虐视频还在网上传播，不少案件中的施暴者确实并未受到刑法的惩罚，而是"教育释放"后不了了之。一时之间，舆论纷纷以此案为"说头"，主张对未成年人犯罪严罚的呼声高涨，《未成年人保护法》甚至被抨击为"未成年犯罪人保护法"。

然而，在美留学生凌虐案对被告人的处理真的像国内舆论所感慨的那样吗？

根据美国媒体披露的信息，翟云瑶等十余名留学生聚众在公园附近对受害人进行了长达数小时的凌虐，凌虐内容包括拳打脚踢，剪头发，逼迫吃沙子和头发，脱光衣服用香烟头烫乳房等。连一名被告人的代理律师都称，这是他从业18年来遇到的极为罕见的凌虐案件。被逮捕的6名被告人中,三名为已满 18 周岁的成年人:翟云瑶、杨玉菡、张鑫磊。另三名被告人为未成年人,其中一名案发时 16 岁(女),一名案发时 17 岁(男)。

先看成年被告人的处理。三名已满 18 周岁的成年被告人是翟云瑶、杨玉菡、张鑫磊,他们是在刑事法庭适用刑事司法程序审理的,在接受检察官的认罪减刑协议后于 2016 年 1 月 5 日分别被判处 13 年、10 年、6 年监禁,并将在刑满后驱逐出境。值得注意的是,三人在宣判之前每羁押一日折抵刑期两日(在我国是每羁押一日折抵刑期一日)。另外,由于加州的监狱人满为患,正式宣判的刑期还可以打七五折。也就是说翟云瑶的实际刑期将不满 8 年,杨玉菡不到 5 年,张鑫磊大约为 3 年多。

再来看三名未成年被告人的处理。由于三名被告人是未成年人,其身份信息是保密的,姓名、影像等都没有披露。仅仅可以获知的信息是,三名未成年被告人走的是与三名成年被告人完全不同的少年司法程序:他们并没有在普通刑事法院审理,而是由少年法院(juvenile court)作为"罪错少年"(不是刑事犯)审理,并且已经在 2015 年就审结完毕。其中 16 岁的女性未成年被告人在 2015 年 5 月 14 日承认参与了 3 月 27 日的凌虐行为,并且承认实施了可能导致严重身体伤害的攻击行为。这名 16 岁的女性未成年被告人在同一天被判入少年训练营(juvenile camp,有些类似我国的工读学校)九个月。另一名 17 岁的男性未成年被告人承认参与了 3 月 27 日和 30 日的两起凌虐事件,其行为包括携带致命性武器及传递烟蒂给施暴人。尽管少年法院对于是否要将该少年"踢出"少年司法体系当做成年人处罚进行了激烈争议,但最终这名少年仍被留在了少年司法体系中处理,并于 2015 年 6 月 25 日被判入少年训练营九个月。

如果这个案件发生在中国,由于被告人均已经年满 16 周岁,即便没有造成被害人重伤或者轻伤,仅凭非法拘禁被害人数小时和聚众侮辱妇女的情节,被告人也将以非法拘禁罪和强制侮辱罪两罪并罚,量刑很可能在 5 年至 15 年有期徒刑之间。如果造成被害人重伤的后果,则还可能构成故意伤害罪,最高刑期是死刑,这可比美国终身监禁的最高刑吓人多了。也就是说,三名成年被告人的可能刑罚基本上可以肯定的是绝不会比美国轻。那么,在美国已经处理的两名未成年被告人呢?

由于我国对未成年人犯罪的处理并没有像美国那样由独立的少年司法体系进行,虽然在形式上也有未检部门和少年法庭,但只要达到刑事责任年龄,就要承担刑事责任,和成年人一样适用基本一致的刑事诉讼程序,根据同样的刑法定罪量刑。类似于在美国被少年法院裁定放弃管辖权"踢出"少年司法体系,当做成年人惩罚。也就是说,那两名均年满16周岁的未成年被告人在国内判个几年有期徒刑是铁板钉钉的事情,绝不可能像在美国那样由独立的少年司法体系处理并且适用保护与教育性的非刑罚措施(一般也被称为保护处分措施)。这样的分析,可能会让之前大发感慨的国内媒体大跌眼镜。

国内媒体对于在美留学生凌虐一案有意无意地偏颇性报道值得反思,但为什么这样的偏颇竟会引起如此大的共鸣呢?美国司法制度对青少年犯罪案件的处理究竟有哪些值得我国借鉴呢?

近些年来国内发生的大量校园暴力与青少年欺凌事件之所以会引起媒体的强烈质疑,一个关键性的原因是这些案件的施暴者年龄没有达到刑法所规定的刑事责任年龄,或者因为危害后果没有达到造成被害人轻伤或者重伤等严重后果,因此尽管情节恶劣但却无法适用《刑法》给予刑罚处罚。与此同时,由于我国现行法律缺乏对于有严重不良行为未成年人的有效干预措施,因此只能"养大了再打"(行为恶性程度达到刑法规定的标准再惩罚)、"养肥了再杀"(年龄达到刑法规定的刑事责任年龄再惩罚),不久前刚刚发生的广西19岁男子韦某疑涉多起杀童案就是典型的例子。另一个亟须破解的制度设计硬伤是对于那些达到刑事责任年龄未成年人犯罪处理的"逗鼠困局"——法律规定要坚持"教育、感化、挽救",但是却缺乏"以教代刑"的制度设计而只能动用刑罚惩罚。

美国对于留学生凌虐案的处理,为我国如何破解"养猪困局"和"逗鼠困局"提供了可资借鉴的经验。不过,这些经验绝不是简单的主张对于未成年人犯罪进行"严打"。

首先,孩子的问题应当用不同于成年人的方法处理,应当建立独立的少年司法制度处理未成年人犯罪,而不能用对付成年人犯罪的刑事司法制度处理未成年人犯罪。也就是孩子的病要由专门的儿科,用儿科理论、方法和药物治疗。美国是世界上最早建立独立少年司法制度的国家,早在1899年就在伊利诺伊州建立了世界上第一个少年法院。尽管近些年来我国少年司法制度建设日益受到重视,但总体上看仍然属于"小儿酌减"模式,远还没有从成人刑事司法体系中独立出来,这种状况急需改变。

其次,对于未成年人犯罪应当坚持"宽容而不纵容"的刑事政策。具体而言有三点应当注意：一是应当坚持"教育、感化、挽救"方针。二是在坚持宽容的同时，还应当下大力气建立防止纵容的机制，破解我国现行制度设计的"养猪困局"。可以借鉴美国的经验建立"以教代刑"的保护处分措施体系，对于那些未达到刑事责任年龄但实施了严重危害社会行为的未成年人，或者虽然未造成严重危害后果但行为恶劣的未成年人，设计非刑罚的教育性措施（保护处分）进行干预，而绝不能"一放了之"。三是对于未成年人犯罪不能"一罚了之"，也应当坚持"以教代刑"，即用保护处分措施替代刑罚，以尽量避免刑罚的适用。

再次，基于社会防卫的考虑，在独立的少年司法制度与普通刑事司法制度之间可以借鉴美国的"恶意补足年龄规则"建立转换的通道。具体而言，对于个别极度恶劣的未成年犯，可以适用"恶意补足年龄规则"踢出少年司法体系，当做成年人由普通刑事法庭适用普通刑法和刑事诉讼法进行惩罚，以此确保少年司法制度的"保护主义"理念不被破坏，同时也是为了维护社会公共安全。当然，由于我国还没有建立独立的少年司法制度以及具有重刑主义的传统，这样的制度设计应当极为慎重，并须进行严格的限制。

对于未成年人犯罪简单地主张惩罚，甚至认为应当降低刑事责任年龄以将低龄未成年人也纳入刑罚处罚的对象，是一种非理性和草率的想法。如果惩罚有效，也就不会有未成年人犯罪这一严重社会问题的存在了。防控未成年人犯罪是一个系统工程，也是费心、费力、费钱的事情，但这样的投入是值得的也是必要的。

致谢与说明：国内媒体对于该案的报道与美国媒体的报道多有出入，笔者委托了在美国访学的前法官朋友乐宇歆核实相关信息，并且通过她联系上了美国洛杉矶时报报道该案的记者确认案件相关情况，但仍有很多具体信息无法明晰。特此对乐宇歆的协助表示感谢，但如果本文有不准确之处的责任由本人承担。

载《文汇报》2016 年 1 月 29 日。

警惕留美学生被判
终身监禁假新闻的刻意传播

近日《两名中国留学生在美国被判终身监禁》一文经某权威法制报纸微信公众号刊出后再次在互联网上广为传播。尽管该文用了"最终,美检方作出判决,两名主犯被判终身监禁"这样明显存在专业错误的表述,但仍然不妨碍广大网友们信以为真,并发起了新一轮对中国未成年人法律与司法太过宽容的感慨和抨击。

这起时不时被拿出来反衬和抨击中国未成年人法律和司法太过宽容的案子实际已是两年前的旧案了,其基本案情是2015年3月27日和30日,在美国就读高中的十余名中国留学生因琐事凌虐了两名女同学,案发后6名嫌疑人被捕。

诡异的是,尽管该案的最终判决直到案发近一年后才做出,但这起案件中的嫌疑人至少早在2015年5月就被中国媒体"集体宣判"了终身监禁,这一虚构的终身监禁判决成功引发了国内舆论对中国未成年人法律与司法太过宽容的第一轮感慨和抨击。

2016年2月此案在美国被正式宣判,三名被告翟云瑶、杨玉菡、张鑫磊分别被判13年、10年和6年监禁。国内舆论发现没有一人被判终身监禁,又转而以"中国留学生在美凌虐同学被重判"的思路宣扬此案,还煞有介事地举出一些国内校园欺凌施暴者没有追究刑事责任的案例作为对比,由此引发国内舆论对中国未成年人法律与司法太过宽容的第二轮感慨和抨击。

然而,实际情况是,三名走刑事司法程序被定罪量刑的被告人均为年满18周岁的成年人,而三名未成年被告人(其中两名可以确定案发时为

16 周岁和 17 周岁)的行为没有被认定为刑事犯罪(crime)而是被视为罪错(delinquency),更谈不上定罪量刑,说白了也就是都没有被追究刑事责任。对他们的审理走的是完全与成年被告人不同的少年司法保护程序,处理最重的也只是由少年法院判决送少年训练营九个月——类似于我国的专门学校(工读学校),而且执行完后也不用驱逐出境。由于未成年,他们的身份信息保密,姓名、影像等都没有被披露。你看到的被告人姓名、照片、视频,都是成年被告人。

早在 2016 年 1 月,笔者就曾经专门撰文指出,如果此案发生在中国,不但三名成年被告人的量刑不会比美国判得轻,已满 16 周岁的未成年被告人也绝对不可能不作为犯罪处理,被定罪判个几年有期徒刑是铁板钉钉的事情。送工读学校九个月,想都别想。

如果说这起轰动中美的留学生凌虐案对我国有什么启示的话,你能够通过对比得出的结论只能是:(1)我国法律的报应主义色彩浓厚,现行法律和司法对未成年人犯罪的惩罚太重而不是太轻。(2)我国还没有建立独立的少年司法制度,仍然把未成年人罪错当做成年犯罪一样处理,亟待加快改革。(3)我国儿童观落后,未成年人特殊优先保护意识还远远没有确立,迷恋重刑的社会戾气值得警惕和反思。

在学生欺凌与暴力现象被各界高度关注的背景下,严罚未成年人违法犯罪的呼吁已然成为新的共识甚至是"政治正确"。一些地方开始高调宣传包含值得商榷的校园暴力重判个案,《治安管理处罚法》修订征求意见稿已然将行政拘留执行年龄从 16 周岁降至 14 周岁并获得一片叫好,突出强调重罚的意见开始出现在一些政策文件之中,降低刑事责任年龄也已成为一种强有力的声音,而任何理性质疑这种严罚主义倾向的声音都会遭到"板砖一片",甚至是人身攻击。笔者注意到,这一被刻意传播的"以美非中"假新闻在其中发挥了重要的推波助澜作用,并一度低估了这一假新闻对于改变一般公众、法律专业人士、政策制定者少年司法观念所产生的负面影响。

自 1984 年上海市长宁区人民法院建立第一个少年法庭以来,我国出台了《未成年人保护法》《预防未成年人犯罪法》等未成年人专门法典,建立了少年法庭、未成年人检察机构等少年司法专门机构,确立了处理未成年人违法犯罪坚持"教育、感化、挽救方针""教育为主,惩罚为辅原则"的基本指导思想,未成年人犯罪严重化的趋势得到了有效遏制,少年司法改革在艰难中取得了来之不易的进步。尽管独立少年司法制度的建立还任重道远,但三十余年来少年司法改革的基本方向是正确的。

我国目前少年司法改革最主要的挑战是进一步努力建立具有"以教代刑""宽容而不纵容"特点的独立少年司法制度,而不是纠正所谓"太过宽容"的偏差倒退走向严罚主义。在这样的背景下,尤其需要警惕此类刻意传播假新闻的干扰。

载《人民法院报》,原标题为"警惕'留美学生被判终身监禁'假新闻的干扰",刊载时略有删节。

低龄未成年人恶性案件频发的反思与应对

近来,低龄未成年人恶性案件频发引发社会各界的广泛关注。一些案件的手段之残忍,恶性程度之深,令人发指。但是,此类案件的共同特征是,多由未达到刑事责任年龄的低龄未成年人所为,一旦被媒体曝光后,都出现了无法按照刑法处罚而基本只能一放了之的"困境"。最典型的是2013年发生的重庆10岁女孩摔童案,尽管女孩暴行令人发指,但因为未达到刑事责任年龄而未受到任何惩罚,也未进行必要的行为矫治和干预。而在最近连续发生的多起未成年人施暴案,例如浙江庆元初中生殴打一名小学生、福建南安两名中学女生殴打另一名女生、广西北海七名女生踢打另一名小学生等,均只是批评教育后即予以了释放。

面对如此严重的罪行,法律却无法给予惩罚而只能一放了之,这种落差引起了公众的强烈反应。不久前,中国留学生施虐同胞在美国面临多项罪名指控并可能处以所谓终身监禁刑罚的事件,再次引起国内对我国低龄未成年人犯罪防治缺陷的反思与不满。

一、尴尬的现状

我国刑法规定了刑事责任年龄制度,将刑事责任年龄划分为三个基本阶段:一是完全不负刑事责任年龄阶段,即不满14周岁的未成年人无论实施多么严重危害社会的行为均不负刑事责任;二是相对负刑事责任年龄阶段,即已满14周岁不满十六周岁的未成年人,只对故意杀人、故意伤害致人重伤死亡等八类犯罪承担刑事责任,三是完全负刑事责任年龄阶段,即已满16周岁的人对一切犯罪承担刑事责任,但是不满18周岁的应当从轻或减轻处罚。

近期引起公众焦虑与不满的主要针对的是低龄未成年人恶性犯罪，他们虽然实施了严重危害社会的行为，但因为不满16周岁而不负刑事责任——《预防未成年人犯罪法》称之为有严重不良行为的未成年人。

公众的焦虑并非没有道理，因为这些实施了令人发指恶行的未成年人既不能给予刑罚处罚，也实际没有刑罚替代性措施可以管束。尽管《刑法》和《预防未成年人犯罪法》规定了三种措施，但这些措施基本处于"空转"状态。

《刑法》第十六条第四款规定，对于因为不满16周岁不予刑事处罚的未成年人，责令他的家长或者监护人加以管教，在必要时，也可以由政府收容教养。所谓责令父母加以管教的悖论是，如果父母能够管教得好"熊孩子"，也就不会有严重不良行为了。而收容教养措施在劳教制度废止之后，也实际名存实亡，因为收容教养的执行场所已经不复存在。现状是，大部分省市基本不再适用收容教养措施，少数仍在适用收容教养措施的省市，也在适用程序及执行场所等方面遭到了"合法性"的严重质疑。

《预防未成年人犯罪法》规定，对有严重不良行为的未成年人可以采取工读教育送专门学校（工读学校）矫治。但是，《预防未成年人犯罪法》所规定的工读教育措施并非强制性的，而是"申请"适用，即需要"由其父母或者其他监护人，或者原所在学校提出申请，经教育行政部门批准"。由于工读学校的标签效应及实际所具有的限制人身自由性，除非极为特殊情况，监护人并不会主动申请将孩子送入专门学校。

也就是说，在现行法律制度下，对于实施了严重危害社会行为的低龄未成年人，实际状况是既不处罚也不教育，而是一放了之。其结果是堕入"养猪困局"，即只能"养肥了再杀"——等低龄未成年人达到了刑事责任年龄，或者行为的社会危害性达到了可以予以刑罚处罚的程度，才动用刑罚进行惩罚。

这的确是一个尴尬的状况。

二、降低刑事责任年龄为什么不靠谱

针对这样的困境，有一种强有力的观点主张降低刑事责任年龄，以让这些"恶少"能够受到刑罚的处罚。这种观点认为由于当代社会的生活条件好，未成年人的发育更早，未成年人犯罪出现了低龄化趋势，目前的刑事责任年龄规定得过低，放任了未成年人犯罪，故而应当提高。其实这种观点的核心主张是，希望能动用刑罚惩罚有严重危害社会行为的低龄未成年人。

实际上，关于刑事责任年龄应不应当降低，已经争论了30余年。但是，降低刑事责任年龄的观点虽然经常会在一些低龄未成年人犯罪恶性案件发生后被提出来，但这一主张始终只是一种"观点"，而并没有被立法所接受。相反，就我国的刑法改革而言，自1979年刑法正式确立新中国的刑事责任年龄制度后，刑事责任年龄不但没有降低反而实际有所提高。例如，1997年刑法修改时，将已满14周岁不满16周岁的未成年人所应当负刑事责任的范围进行了明确限制，即规定其只对八类刑事犯罪承担刑事责任。

如果拉长视野还会发现，提高刑事责任年龄而非降低刑事责任年龄才是刑法改革的趋势。早在清末，沈家本在主持制定我国第一部近代意义上的刑法典《大清新刑律》时，就曾经建议将刑事责任年龄设定为16周岁。由于刑法草案在征求意见时受到了强烈反对，因而《大清新刑律》最终将刑事责任年龄确立为12周岁。但是，逐步提高刑事责任年龄到沈家本的建议年龄始终是近代以来我国刑法改革的重要方向。1928年民国旧刑法将刑事责任年龄从12周岁提高到了13周岁，1935年民国新刑法进一步将刑事责任年龄从13周岁提高到了14周岁。新中国第一部刑法典——1979年刑法将刑事责任最低年龄确立为14周岁，但在1997年刑法修订时，将已满14周岁不满16周岁的未成年人负刑事责任的范围明确限定为八类犯罪，已经较为接近沈家本关于刑事责任年龄设定为16周岁的设想。

从另一个角度看，将刑事责任起点年龄定为14周岁经历了近百年的演变。以14周岁为刑事责任起点年龄体现了未成年人保护的刑事政策，也考虑到了未成年人身心发育状况，应当说这一年龄是经历了实践检验，适合我国国情，并能为公众所接受的适中年龄。同时这一年龄起点也与各国刑法规定趋于一致，并符合联合国少年司法准则的精神。联合国少年司法最低限度标准规则（北京规则）明确要求各国在承认少年负有刑事责任的年龄这一概念的法律制度中，该年龄的起点不应规定得太低，应考虑到情绪和心智成熟的实际情况。可见，仅仅因为低龄未成年人犯罪的个案而主张降低刑事责任年龄，可以成为观点，但绝不会被立法所草率接受。

主张降低刑事责任年龄的观点试图通过动用刑罚的方式来遏制低龄未成年人严重危害社会的行为,这很可能不但达不到预期的目的还可能产生相反的结果。犯罪学研究表明,刑罚是一种强烈的标签,经过刑罚处罚的未成年人更容易堕入犯罪深渊,成为惯犯、累犯等恶性犯罪人。而真正对社会安全构成重大威胁的,恰恰是犯罪生涯开始于童年期的恶性犯罪人。

与成年人犯罪不同,未成年人犯罪更是一种"错",而不是"恶"。这不仅仅是孩子的错,还是家庭、学校、社会和国家的错。既然是错,就应当给予改正的机会。既然家庭、学校、社会和国家也有责任,就应当积极作为以弥补其失职行为,而不是简单地将未成年人"一罚了之"。

做一个类比,用刑罚的方法对付低龄未成年人犯罪,实际上是用成年人的药治孩子的病。孩子生了病,不应当用"小儿药量酌减"的方式治,而是应当在专门的儿童医院,由儿科医生用儿科的诊治方法,用专门的儿童药品进行治疗。也就是说,对于未成年人犯罪,应当由专门的少年司法制度来防治,而不能由普通的刑事司法制度当做缩小的成年人来惩罚。

这也是各国在治理未成年人犯罪上的基本经验与共识。

三、建立和完善"宽容而不纵容"的少年司法制度

少年司法制度的基本价值取向是"宽容而不纵容":一方面主张对未成年人犯罪尽量避免按照成年人的方式动用刑罚进行简单的惩罚,另一方面主张设计完善的刑罚替代措施进行干预和矫治,避免一放了之堕入"养猪困局"。

为了实现"宽容而不纵容"的价值追求,少年司法制度的基本主张是"五个特殊",即主张制定特殊的立法(少年法)、由特殊的机构(少年法院等)、特殊的人员(专业性的少年司法人员)、适用特殊的程序(特别程序)、采用特殊的方法和处遇(替代刑罚的保护处分措施)"治疗"而非"惩罚"未成年人。这"五个特殊"即独立少年司法制度的基本构成,其显著区别于处理成年人犯罪的普通刑事司法制度。简单地说,就是用充分尊重孩子身心特点的方式处理孩子的问题。

在少年司法理论看来,未成年人犯罪是因为其成长的需求没有得到满足或者没有得到正确满足的结果,少年司法制度的运作特点即在于发

现未成年人健康成长的需求,并给予恰当的对待和满足,以矫治该未成年人促使其回归社会和健康成长。

尤其值得进一步探讨的是具有"以教代刑"特点的保护处分措施,这种措施主要是以开放式社区为执行载体,只有在极罕见情况下才会限制人身自由且在福利性设施中执行。保护处分形式多样以适应不同"熊孩子"的矫治需求,常见的有训诫、保护管束、社区服务、赔礼道歉、和解、假日生活辅导等。

由于少年司理论认为"熊孩子"的产生与家庭、学校、社会,尤其是监护人的失职密切相关,因此少年司法强调对于失职的监护人应当采取相应的约束与矫治措施,而不是仅仅矫治未成年人。例如,很多国家的少年法规定,对未成年人犯罪负有监护失职责任的父母,可以强制进行亲职教育,甚至给予处罚。

宽容而不纵容的价值取向还有一个主张,即对极度恶性的未成年人犯罪可以按照"恶意补足年龄"的规则,将"恶少"排斥出少年司法而交给普通刑事司法按照成年人进行处罚。这样的制度设计在国外通常是通过"弃权"程序来实现的,即少年法院(或其他形式的少年审判机构)如果判定未成年人的罪行极度严重,其恶性程度表明除了年龄外其与成年人无异甚至有过之而无不及,则可以启动弃权程序把这样的恶性未成年人丢出去,一旦被"丢出"少年司法,这一恶性未成年人将被当做成年人来对待,适用成年人的刑法、刑事诉讼法进行处理,也可以被判处成年人的刑罚。这样的制度设计是为了保障少年司法的"纯洁性",也是在社会保护和未成年人保护之间平衡的制度设计。但是,必须指出的是,这种情况的发生是罕见的,绝大多数实施了危害社会行为的未成年人均是在少年司法体系中处理,避免刑罚惩罚始终是少年司法制度的基本立场。

面对频发的低龄未成年人犯罪案件,完善我国少年司法制度才是正道。迷信刑罚,主张降低刑事责任年龄不过是饮鸩止渴。低龄未成年人恶性犯罪案件暴露出我国少年司法制度建设的严重滞后,对此应当引起充分的重视。

载《方圆》2015年第16期,刊载时标题为"对低龄犯罪少年是教还是罚"。

女版林森浩背后的情与法

案件简况：现年29岁的女护士王琳（化名）是上海市第六医院的护士，她与男友李明（化名）是同事。就在两人谈婚论嫁之时，双方因为婚房装修、送嫁妆等事宜产生分歧，并因此推迟婚期。一次，李明留宿琳琳家，王琳翻阅对方手机，发现男友还在和其他女性联系，怀疑对方不忠，趁李明不备在水中掺入安眠药，对熟睡中的李明注射胰岛素，导致对方死亡。

本案有两个点，即家庭矛盾与纠纷。本案和一般的家庭矛盾有关系但也有所不同，因为涉案人的关系还是恋爱关系，不是纯粹的家庭关系。所以，被告人一直没有融入被害人的家庭，因此，从家庭矛盾上来说能讨论的较为局限。

本案最有话题性和值得关注的点是：被告人的身份以及她实施犯罪的手段。被告人是一名护士，作为一名医护人员，其专业教育从小灌输的思想是救人而非害人，其中也包括针管的用途。所以，冷血无情的杀人犯和救死扶伤的医生之间产生了巨大的落差。一个医护人员利用其专业技术来杀人具有强烈的震撼效果，包括我身边的医生朋友也觉得十分惋惜，因为他们无法理解一个接受了多年医学伦理教育的人，仅仅是因为感情纠葛便违背医学伦理利用自己的专业杀人。这个角度，正是我们学界和舆论界所最为关心的。

从原因的角度来说，案情本身其实没有特别需要斟酌的地方。当女方在面临谈婚论嫁时，自身已经有非常多的情感投入，但突如其来的问题让她无法继续她的幻想与对未来的憧憬，在此情况下，她产生了故意杀人的动机并付诸行动。就案件本身来说，具有一定程度激情犯罪的特点，但总的来说还是一个蓄谋已久的故意杀人,简单来说就是因爱生恨。

值得反思的是,作为医护人员怎么会利用专业手段剥夺他人生命?这个案子可能成为对于医疗行业的一种警诫!

载《律新社 balabala》第十期:问世间情为何物?"女版林森浩事件"背后的情与法,2016 年 2 月 24 日。

吴天贵冤案背后的观念冲突与制度困境

案情简介：1995年出生的吴天贵（化名）是广西壮族自治区环江毛南族自治县龙岩乡某村人，2010年夏，他因酒后入室盗窃被主人发现，持刀威胁主人后逃走，被判处有期徒刑。他和父亲不断申诉，先是经检察机关提出再审建议后法院再审改判，而后经检察机关抗诉，再次再审，被改判无罪。

吴天贵冤案并不复杂，事实清楚，证据确凿，法律适用原本也不应当有争议。因为对于相对负刑事责任年龄的未成年人不构成转化为抢，在理论界并无太大的争议，司法解释也已经有明确的规定。然而，就是这么一个原本不应当有争议的案件，竟然经历了4年多的时间才经由广西壮族自治区检察院抗诉才得以改判无罪，个中原因颇值深思。在我看来，此案至少有以下几点警示：

首先，对于未成年人犯罪应当进一步革除报应主义的传统观念，坚持教育、感化、挽救。《未成年人保护法》《预防未成年人犯罪法》《刑事诉讼法》等法律明确规定，对于未成年人犯罪应当坚持教育、感化、挽救方针，教育为主、惩罚为辅的原则，强调教育为先。《刑法》也严格规定了刑事责任年龄制度，划定了未成年人承担刑事责任的年龄。然而，在司法实践中，仍然存在司法机关试图将具有严重社会危险性但是未达到刑事责任年龄的未成年人纳入刑罚惩罚对象的冲动，吴天贵冤案就是一个典型的例子，也是本案的一大警示。

其次，检察机关应当协调好国家公诉人与国家监护人之间的角色冲突,加强未成年人检察建设。尽管吴天贵冤案是经广西壮族自治区人民检察院抗诉后改判无罪,但一个不容忽视的细节是,吴天贵之所以被冤判,恰恰是因为珠江检察院以吴天贵犯(转化型)抢劫罪提起的公诉。同时,在吴天贵及其法定代理人第一次申诉成功,广西壮族自治区检察院将此案交河池市检察院立案复查后,河池市检察院作出的仍然是申诉理由不成立不予抗诉的决定。

与办理成年人犯罪案件不同的是,检察机关在面对未成年人犯罪案件时不仅仅是国家公诉人,更应是国家监护人,负有确保儿童最大利益原则在少年司法中实现的责任以及教育、感化、挽救失足未成年人的责任。正因为如此,在办理未成年人犯罪案件时,检察机关应当时刻遏制与生俱来的追诉主义欲望。这也正是未成年人检察应当专门化、专业化的重要原因,因为只有未成年人检察专门化和专业化,才能协调好国家公诉人与国家监护人这两种角色。欣喜的是,最高人民检察院不久前成立了未成年人检察办公室,未成年人检察正式从普通检察业务中分离了出来,这将最大限度地避免吴天贵冤案的重演。

再次,应当尽快改变针对未成年人严重危害社会行为干预措施的刑罚单一化现状,增设保护处分措施。吴天贵冤案之所以发生的一个制度性原因是,我国现行刑法对具有严重危害社会行为未成年人的干预措施只有刑罚,一旦因为刑事责任年龄等原因无法给予刑罚处罚,则只能一放了之,难以在未成年人保护与社会保护之间达成平衡。为了避免养大了再杀的"养猪困局",司法机关往往不得不选择委曲求刑的立场。

如果在刑罚与一放了之之间规定有中间性的干预措施——保护处分,可以让司法机关作出宽容而不纵容的选择,我相信吴天贵冤案存在的土壤将不复存在。保护处分是根据孩子的特点设计的"儿童专用药品",是具有刑罚替代与提前干预功能的教育性措施,具有多样化、非机构化等特点。吴天贵冤案的警示是,应当尽快修改刑法增设保护处分措施。

本文以"专家点评"形式载《民主与法制》杂志 2016 年第 12 期。

评复旦投毒案：
同学，你恨的到底是什么

案件发生后，有人马上联想到20世纪90年代发生在清华大学的铊中毒案。这些案件闹得沸沸扬扬，它们背后都有一些共性：一是发生在名校；二是作案方法比较罕见；三是受害人都很优秀。

案件引起教育界的反思：遇到不顺心或挫折，学生的攻击心理何以这么强？从披露的案情看，投毒的水桶可能是寝室同学的公共饮水源，受害对象明显具有不确定性。从这一点至少可以看出，加害人对他人的生命是何等的漠视，这也折射出生命教育在年轻学生群体中的严重缺位。

犯罪心理学上有"挫折攻击理论"一说：当个人遭受挫折后，必然付诸攻击行动，他可能惩戒他人，可能自残，也可能自我消化造成无害结果。投毒者很明显选择了外罚攻击行为。如此大的憎恨，这背后是否折射着他内心对于大学的管理制度、对学校教育本身怀有不满？

载2013年4月17日《文汇报》。

完善未成年人虞犯行为早期干预机制的建议

未成年人虞犯行为应当进行干预则已成为普遍共识,将虞犯行为纳入少年法上的"罪错"并作为少年司法干预的重要类型是现代少年司法制度的典型特征。从我国情况来看,以监护监督、亲职教育、宵禁制度、交友限制制度、传媒管制制度等非正式干预为重点,以警察部门、福利(民政)部门等行政干预为纽带,以司法干预为保障的"漏斗式"虞犯早期干预模式,应当成为我国虞犯行为早期干预制度建立的方向。

2016年10月,中央政治局委员、中央政法委书记孟建柱在全国社会治安综合治理创新工作会议上明确提出要"完善未成年人不良行为早期干预机制",这是针对目前我国未成年人犯罪预防制度设计中存在"养大了再杀,养肥了再打"的硬伤提出的针对性要求。

一、未成年人虞犯行为的界定

虞犯行为属于未成年人罪错行为的一种类型,与通常意义上的未成年人"不良行为"含义基本相同,它是一种基于未成年人特定身份而界定的越轨行为,不仅触犯了成人社会对未成年人行为规范的期待,也被认为是导致更严重越轨行为直至犯罪行为的危险征兆。

常见的虞犯行为类型有以下几种:(1)抽烟、喝酒;(2)不服从父母、尊长或教师管教;(3)旷课、逃学,夜不归宿或深夜游荡;(4)与有犯罪习性或不道德行为的人交往;(5)进入未成年人不宜进入之场所;(6)参与不良组织或者参加封建迷信等不良活动;(7)持有、观看、收听色情淫秽、凶杀、暴力、封建迷信的音像制品、读物等;(8)侮辱、欺凌他人,打架斗殴但情节、后果轻微;(9)携带管制刀具等危险物品但情节轻微不予治安处罚;(10)偷窃、毁坏财物但数额较小或情节轻微;(11)违反治安管理规定但因未达责任年龄而不予处罚;(12)其他有害于自己或他人品德以及违背公共秩序和善良风俗的行为。

二、对虞犯行为的非正式干预

未成年人存在适度的虞犯行为属于正常现象,会随着年龄的增长而逐渐消失。尊重未成年人成长的这一"自愈规律",通过非正式干预提前介入,比国家权威机构采取正式干预措施,更有利于教育矫治未成年人。完善的非正式干预制度应当包括以下内容:

一是监护监督。建议将有监护能力但未担任监护职责的其他近亲属或者社区居(村)委会设定为监护监督人,民政部门作为行政监督机构进行督促和辅助,赋予法院对监护争议问题以最终决定和最终监督权。

二是亲职教育。建议采用自愿教育和强制教育相结合的方式,由专业教育机构担任教育职责,完善教育内容和形式,重点针对留守家庭、单亲家庭、经济困难家庭、监护侵害家庭等高风险家庭家长进行教育。

三是教师惩戒权。建议在《教师法》中明确赋予教师惩戒权,严禁对学生采用体罚或者其他有辱人格的惩戒方式,增加惩戒措施类型。

四是未成年人宵禁。建议适用对象界定为14周岁以下少年,适用时间规定为每天晚10点到早6点,适用程序可由国务院直接作出规定,由公安机关负责执行。

五是交往限制。建议明确未成年人交往限制的目标对象,完善未成年人正向发展机制、不良交往预警机制,对业已参加不良组织或者进行不良交往的未成年人开展专业转介矫正。

六是不良场所禁入。建议明确不良场所的范围及其主管部门,加强管理监督的制度化和科技化水平,加强未成年人公益设施建设,引导家庭、学校强化关爱教育。

七是传媒管理。建议构建以影视分级、网络分级为主体的未成年人传媒限制制度。

三、对虞犯行为的正式干预

非正式干预对于预防和矫正少年虞犯行为十分重要,但对多次实施虞犯行为或者实施危险性较高虞犯行为的少年,非正式干预措施会出现失灵现象。在此情况下,必须以国家的正式干预机制对其进行补位和保障。

一是行政干预,包括警察干预及福利部门干预。警察部门承担着社会治安管理、犯罪预防与犯罪侦查等职责,在虞犯行为的预防和干预中可以发挥重要作用,应确立警察部门对虞犯行为的发现机制、补位机制,并赋予其对虞犯少年的干预权。

虞犯行为的发生往往同国家社会福利制度建设息息相关,福利部门对虞犯行为的干预不可或缺,应在"适度普惠"儿童福利制度试点基础上开展"全面普惠型"儿童福利制度试点,积极对家庭、学校等非正式干预主体形成补位,对司法机关判处福利性处置措施的虞犯少年进行适当安置、紧急戒治等有效干预。

二是司法干预。建议引入"司法先议"制度,即对少年虞犯行为尤其是程度较重的虞犯行为如携带管制刀具、治安触法行为等纳入少年法庭的受案范围并首先应当移送少年法庭,并赋予虞犯少年以质证权、合适成年人在场权、程序救济权等权利,由审判机关在社会调查报告的基础上作出适当的处置和裁决。《预防未成年人犯罪法》并可增设假日辅导、保护管束、保护观察、福利机构适当安置、义务负担、社会服务令等社区性保护处分措施,供法庭选择适用。

摘自《东南大学学报(哲学社会科学版)》2017 年第 3 期,作者:姚建龙、李乾,原标题为《论预防行为之早期干预》。

问题青少年研究任重而道远

一天半的会,我统计了一下,三个单元有33位专家学者或者会议代表进行了发言,其中19位专家演讲,6位专家点评,再加上自由发言8位。这33位专家学者在学诚秘书长的感召之下来到烟台,基本上集中了国内目前最有影响力和代表性的老中青三代的专家——除了我之外。

我也把这三个单元讨论的内容做了一个梳理,大体上分为四个方面:

第一方面是关于问题青少年教育矫正的基础理论研究,具体关注了三个问题:首先是对象问题的探讨。对于问题青少年到底怎样界定,如何进行分类,什么是"问题",什么是"青少年",是用少年好,还是未成年人好,还是青少年?关于这些大家都做了非常好的探讨,也有一些争议,比如我提出了四个行为层级,宋英辉教授分为三个层级,张荆教授引用了日本少年法的分类,这也表明了这个问题还是有必要做更深入的探讨;其次是关于矫正手段的研究,比如有学者提出的教育和矫正之间的关系,其实研讨会的主题把"教育、矫正、管理"三个词并在一起是很有意思的,我们一般讲监狱的三大矫正方法,即教育矫正、管理矫正和心理矫正,这三个词能不能并在一起很值得探讨;再次是关于学科建设的问题,例如犯罪学和刑法学的关系、少年法学的学科建设,甚至我们今天才听到的"青少年未罪学",包括高维俭教授提出的少年法律关系中的核心即少年监护法律关系等。但是从另一个方面来看,如此多的基础理论问题的提出,也说明了在这个领域我们还有很多重要的问题没有说清楚,这是研究者应当反思的。

第二个方面是关于方法论的问题。每次刘教授在的时候,都会对我们大陆的犯罪学研究痛心疾首,我很能理解他的那种焦虑和恨铁不成钢的心情,咱们其实都不在一个话语平台上,但是他一下子就想把中国犯罪学拉到国际上最前沿的犯罪学研究视野中。包括徐建老师提出的精准性问题,我觉得这都属于方法论的争议和探讨。我们都是希望提高中国青少年犯罪研究的科学性,但是我想说的是我们还是不得不将其放在我们国家特定的环境和视野之中。

第三个方面是关于制度重构的问题。比如今天讨论的罪错未成年人的分流、未成年人(少年)警务改革、未成年人检察改革、未成年人审判以及未成年人矫正制度。除了未检改革的探讨比较心平气和之外,其他领域的探讨可能都或多或少会有一定的焦虑甚至是愤慨。我觉得少年司法改革或者少年矫正制度改革出现这样的情况,与基础理论没有梳理清晰是有很大的关系的,我们在座的诸位也是有一定的责任的。我一直认为公安部门对少年警务改革既不用心也不专业,核心是不用心,比如我之前遇到个别公安部门的同志竟然和我说我们保护领导都来不及还保护你们孩子。这种话说出口我是觉得不可思议的,尽管我本人曾经也是警察但也很难理解这样一种思维。

第四个方面就是今天的探讨集中在了一些热点和现实的问题。比如说服刑人员未成年子女的安置问题等。我一直觉得我们的探讨需要集中在孩子本身,他们是国家和民族的未来,也需要予以特殊的关注和保护。

最后,谈一下烟台这个地方。大家能够齐聚烟台,也是自有天意。之前很多人都很奇怪为什么鲁东大学会有问题青少年教育矫正这样一个博士点。其实烟台是有它的独特之处的,是曹漫之先生革命的地方,胶东公学的创办之地,所以我第一次来烟台的时候就把这段历史衔接起来。胶东公学是鲁东大学的前身,而曹漫之先生又是我们青少年犯罪学的创始人之一,也是徐建先生的老领导和老同事。所以这个世界上没有无缘无故的爱也没有无缘无故的恨,我们今天能够齐聚这里是有因缘的,曹漫之先生和徐建先生就是在这里开始了青少年犯罪的研究。从某种意义上说,也是共同的事业把我们联系在一起。

对于今天讨论的议题,我也有几点感想:

第一,这是我们第一次在教育学院讨论青少年犯罪问题,我们国家研究青少年犯罪,从刑法学,到社会学、心理学,最近几年犯罪地理学也很流行,最后转到教育学院,实际上是有他天然的合理性的。

第二,关于方法的升级问题,我很想和刘教授再做一个更进一步的探讨,因为他每次都很焦虑,但是我们国家体制内的研究有其特殊性,其实美国的研究也有很大问题,只不过你看不到,也不会让你知道。今年上半年教育部委托我做了一个29个省市超过10万学生的抽样调查,我们也得出了一些研究成果,但是这些结果一般不会对外公开,包括我自己做的很多决策性的研究都是不对外的。另外一方面,我们体制内的一些研究者也有着自己的一些感性的认识,我觉得也无可非议。我觉得我们很多东西的研究都要放在中国的特殊语境下,否则很难形成客观真实的判断。所以在经过认真的考虑之后,我个人还是决定在未来两年之内到体制内做一些研究。当然这之中也要保持自己的操守和品德。

第三,我们还是要重视基础理论性的研究,夏教授这么大岁数还在为我们学科的未来做设计也让我非常感动。当他把"未罪学"摆在刑法学之前让我们感到很欣慰的时候,我也有另外一种悲哀,觉得这还是带有某种程度的阿Q精神,自己玩得很高兴,别人并不承认你。所以,学科地位不是说出来的,而是做出来的。要真正做到提高青少年犯罪的学科地位,需要我们在座诸位的共同努力。包括让少年法学成为一个独立的学科,甚至创建独立的少年法律关系,这些都需要我们的重视和努力。

第四,我们还是要关注突破实践中的重点和难点问题,包括矫正体系的重构与完善,少年警务如何与司法改革同步,少年审判与家事审判之间的关系,未成年人立法和司法的顶层设计等等。这里面也需要我们对新生代的学者进行大力的培养,要敢于在光天化日之下表达自己的学术观点是一个最基本训练,新一代的学者不仅要在学科背景、研究方法、理论思辨上,甚至包括在语言的表达能力方面,都需要进行深入的锻炼和学习。我们这些研究青少年犯罪的都是放在刑法学、刑诉法下面培养出来的,我希望在座"纯正的"青少年犯罪学博士,能够拥有更高的视野和视角。

2016年9月10日至11日,在"首届问题青少年教育矫正管理研讨会"(中国预防青少年犯罪研究会、鲁东大学主办)上所做的综述性发言。

第三辑

显现人性之光的绿洲

少年司法改革的成效与愿景

以 1984 年 11 月上海市长宁区人民法院少年法庭建立为起点,我国少年司法制度迄今已走过"而立之年"。对于我国少年司法制度长期秉承的基本原则可以概括为:保护少年与保护社会有机结合原则,教育为主、惩罚为辅原则,预防为主、减少司法干预原则以及共同参与、综合治理原则。教育为主、惩罚为辅原则并不意味着司法纵容。对于少年犯罪和严重不良行为,如果依照法律应当处罚的,同样应该实事求是地依法给予惩罚,包括刑罚制裁。当然,这种惩罚手段同样应该以教育、感化、挽救为目的,而不能单纯地以报应为目的,为惩罚而惩罚。

我国少年司法制度历经三十余年发展,以其注重教育、感化挽救的特点,确实挽救了大批未成年人,且在诸多方面产生了非常积极的作用:

首先,它促进了我国未成年人保护理念的变革。包括国家亲权理念和儿童最大利益原则。之前我们认为坏孩子也是坏人,现在我们发现,坏孩子首先是孩子,保护他不是保护他的坏而是保护"孩子",这是很重大的观念性变化,实质上促进了国家亲权理念被大家所接受,也就是说,国家是孩子的最终监护人,当孩子出现问题甚至违法犯罪时,国家有权利也有责任代替父母去管教好孩子。

其次,少年司法制度不仅在司法层面上促进了我国少年司法体制的改革,也在其他领域起到了非常大的推动作用,比如国家层面上对五类重点青少年群体的服务管理的试点工作,促成大家对留守儿童、困境儿童等特殊群体的特殊关注,这些都是少年司法制度非常重要的贡献。

还有一点非常独特的作用在于,少年司法的发展促进了我国未成年人立法工作的发展,比如《未成年人保护法》的出台以及进一步完善,《预防未成年人犯罪法》的出台,《刑事诉讼法》增加未成年人专章等,使我国未成年人犯罪预防体系和立法体系有了非常大的进步。

相比于取得的成就,还有一些方面尚存遗憾。从 1995 年至今,我国少年司法制度一直处于低谷期。目前,我国少年司法制度面临的主要问题不是完善和发展,而是生存,包括少年法庭仍面临再次消亡的生存危机,未成年人警务建设仍处于空白点等,更重要的是,司法体制改革对少年司法的特殊性考虑不充分,仍然坚持量化司法而非专业司法的改革特点,对少年司法的特殊性尊重不够,客观上对少年司法制度的发展造成了很大的冲击或者留下了隐患。

目前最大问题是,少年司法依照成年人标准来处理少年问题,没有突破成年人立法的限制,独立的少年法没有建立起来,少年司法的特殊性、少年群体的特殊性没有得到立法层面应有的尊重,仍然按照刑法、刑诉法、监狱法来办理未成年人犯罪案件。这相当于孩子生病,我们给他吃的仍是成年人的药品。尽管在制度层面上稍微有所改进,相当于比照成年人,小儿药量酌减,但尊重未成年人身心特点的独立的少年司法制度从立法层面上是缺失的,这是目前最需要改进之处。

国家亲权理念、儿童最大利益原则完全被接受与践行也还需要一个过程。少年司法的调整空间也尚需改进。当前的少年司法基本上还是少年刑事司法,只关注已经构成犯罪的孩子怎么办,而少年司法最大特点恰恰在于对还没有构成犯罪的未成年人进行提前干预,以及对那些构成犯罪的未成年人按照以教代刑的方式处理其罪错行为,对于那些有严重不良行为未成年人包括有严重危害社会行为的低龄未成年人,目前少年司法制度还基本没办法进行干预,这是很大的硬伤。

诸多问题的解决需要在立法层面进行顶层设计;同时要遵循实践先行的改革思路,允许地方先行试点,经验成熟后再逐步向全国推广。30 多年来中国少年司法改革的经验之一是机构先行,对少年司法组织体系建设一定要高度重视,公检法司应当严格依照法律的要求设置专门机构、专门队伍去办理未成年人案件,这样就有一群专门的人去考虑少年司法的完善,这是中国式改革非常成功的经验,也可以在少年司法制度的改革中继续推行。

本文写于 2016 年,主要观点为《中国青年报》等媒体采用。

未成年人检察的历史、现状和展望

主办方给我拟定的发言题目是《未成年人检察的历史、现状和展望》。客观说,谈这个题目我的心情是非常复杂的,我当年为了把这个历史搞清楚,费了不少工夫,比如中国第一个未检专门机构到底是什么时候成立的。我在考证这个历史的时候发现,1986年是没有问题的,但是有86年3月、6月、12月、86年底、86年年中等各种说法,后来借着在长宁区人民检察院挂职的机会终于搞清楚了。我确立了一个标准,因为当时没有任何证据来证明这个起诉组到底是怎么回事,比如有的地方说它是少年起诉组,但我们查到正规的说法是少年犯罪起诉组,没有必要去回避,但是当时没有任何记录来证实这个起诉组到底是什么时候成立的,所以后来我们就定了一个标准,那就是以起诉的第一个案子的时间作为少年犯罪起诉组成立的标准,所以后来才有了1986年6月的说法。高检院在30周年座谈会的时候就采用了6月份的提法。

未成年人检察的发展已经30年了,但真正有突破性进展的是最近一些年。标志性事件是2012年召开的第一次未检工作会议、2015年高检设置未检办和2016年未检30周年座谈会。经过这几个事件,未成年人检察作为检察业务的一个独立部分正在确立起来。

尽管最近几年未检的声音似乎非常大,而且很多人感觉未检的声势总体上已经盖过了少年法庭,但是客观说未检工作发展到今天仍然有很多根结性的问题并没有得到解决。比如说有三个问题一直存在,而且没有得到很好的梳理:

第一,未检的外部成长环境仍然是非常艰难的。客观地说我们不能被今天未检制度"似乎"的一个蓬勃发展的趋势冲昏头脑,实际上未检的整体外部环境并没有得到改观。尽管现在高检的领导,比如曹检经常来参加这样的会议,发表重要的指示,但是如果领导人更替,这项工作能不能延续和持续,其实我本人是持非常保守的估计的。因为整个未检的成长环境并没有改变,核心一点,未检制度的成长环境仍然是在以成人法为假设对象的法律体系中生存和发展,包括刑诉法,尽管增设了专章十一个条文,但这十一个条文基本上没办法给未检制度成长提供一个很好的支撑。再仔细琢磨,则更加令人担忧。刑法中没有专门关于未成年人的章节,更没有专门的少年法。不仅仅是外部法律环境,即便检察机关内部其实对未检的特殊性,也还缺乏充分的共识。比如说这次司法体制改革,对整个未检制度的冲击是非常大的,如果不是高检强有力的鼓吹,未检很可能面临和现在的少年法庭一样的命运。这是我的第一个判断。

第二,职能定位不清晰。到底未检是干什么的,这个问题迄今为止也并没有说清楚。从1986年的起诉单一职能,到后来的捕诉双职能,到后来上海推出的捕诉防职能,到现在的捕诉监防职能,以及今天很多地方提的捕诉监防维五项职能。未检职能一直在拓展,但是内涵和边界在哪里,还需要研究。比如说,民行检察应不应该进未检,到目前为止这个问题并没有说清楚,而实践中的探索也仍然是处在发展之中。名称这样一个基础性问题其实也还需要探讨,到底叫少年检察、未成年人刑事检察,还是未成年人检察等等,也是处在变动的过程之中。争论背后的问题是未检职能范围定位是不清晰的。

第三,还有一个问题也是根结性的,就是未检的理论体系是非常不成熟的,或者说基本上它的理论体系并没有完全建立起来。我从2011年开始承接上海市曙光项目,2012年开始写《未成年人检察精义》这本书,写到现在六七年的时间,内容跟体系改了非常多的内容,因为理论研究跟不上实践的发展,大量的内容在更新,包括办案组织、评价体系等等,到现在没办法定型。这是我的一个很深的感受,就是理论体系是不成熟的。

未检制度未来发展有两个根结性的问题,是在所有制度设计中必须要下大力气去解决的,也是未检制度建设的基本方向。

第一,办案专业化。这是一个我经常提到的观点,但是怎么样办案专业化,很多人其实没有说清楚。我曾经用"逗鼠困局"来形容我们现在整个少年司法程序中的一些很纠结的难题。未检的办案专业化应当是以"先议权"为中心。我曾经在文章包括一些发言中讲到过,国外的少年司法制度其实是以少年法院的先议权,或者其他类似的少年审判组织的先议权为中心建立起来的。所有的案件,不仅是犯罪案件,还包括虞犯案件,包括其他类型的案件都是少年法院享有先议权,决定对这个案件到底采取保护优先,还是通过"逆送"的方式去追究他的刑事责任,还是采取分流等措施进行处理,最终的处理都是由法院进行"先议"决定。这个问题其实我们现在并没有完全说清楚。很多人也主张中国也按照西方的少年司法体系由法院来享有先议权,但是现在看来在中国的模式下走这条路是非常有困难的。如果把先议权赋予检察机关,未来我们需要考虑的,可能就是一些罪错案件、不良行为和严重不良行为的案件是不是应当也纳入检察机关的视野。也就是说公安机关对案件实际处理的权限应该大范围的被收缩,应该交给检察机关进行处理。如何以先议权为中心重构中国的少年司法体系,如何以未检为中心建构中国的少年司法体系,这可能是我们需要重点研究的问题,而这也是我的一个建议。

第二,预防维权社会化。我一直很反对"全能检察官"或者"全能法官"这种模式。检察机关包揽一切,什么都干,从立案收案、批捕起诉,到最后的回归社会全程由检察院一家包办,这种模式实际上是少年司法体系不成熟的体现。未来的发展方向应该是以"转介"为中心,通过转介机制来连接少年司法体系与少年司法的社会支持体系。这个转介机制如何建立和完善,我在《未成年人检察》杂志第一期有一篇文章专门谈到,就不做详细的展开。

总体来看,未成年人检察制度尽管已经到了而立之年,而且似乎也有一个很好的发展态势,但我觉得它仍然隐藏着一个非常大的潜在危机。实际上回顾过去30年,少年审判辉煌的时刻要比未检辉煌更多,但是你会注意到少年法庭发展中至少有三次都差点被取消,包括到现在因为家事审判的改革已经使少年法庭的发展甚至连生存都出现了严重的问题。所以我个人觉得未检制度在现在这样一个非常好的时机和背景下,需要去正视我们长期没有解决的三大问题,需要按照两大根节性关键点去真正发展未成年人检察制度。这是我说的一些不成熟的观点,供大家参考。

2016年10月17日,在"中国检察学研究会未成年人检察专业委员会成立大会暨构建中国特色未成年人检察制度体系研讨会"上的演讲。

未成年人检察的开拓与坚守

海淀检察院未检处成立五周年,拟推出《4+1+N:未成年人检察的实践与探索》一书以为纪念。主编新娥处长希望我做一序言,并限时交稿,作为海淀检察院咨询专家,只得从命。

翻读书稿,与海淀未检的交集历历在目。记得很多年前海淀未检处还没有成立之时,我到首都师范大学、中国青年政治学院等处做讲座,度文副检察长带着新娥、晓璐等检察官到场旁听,几乎场场不落。那时候我和她们还不是很熟悉,深为感动。后来才知道,海淀检察院正在酝酿成立北京市检察机关第一个独立的未检处。我也受邀就该处的取名、徽章设计、受案范围、运作机制等提了一些参考性的建议,此后又受聘担任海淀检察院未检顾问以及海淀检察院与瑞典合作的少年检察项目顾问,因而得以一直持续跟踪研究海淀未检的改革与发展。

我国未检制度发轫于1986年在上海长宁区人民检察院成立的"少年犯起诉组",1992年虹口区人民检察院成立了我国第一个独立编制的未检科。如果就独立机构的设置时间而言,海淀未检处显然有些晚成。然而,海淀未检处甫一诞生就"惊艳四座",高水平的未检团队、寓意深刻的处徽、独特的"4+1+N"职能配置与运作模式,迅速产生了广泛的影响。这种影响不只是及于北京,而是很快扩展于全国。可以说,在较短的时间内就形成了未成年人检察工作南有长宁、北有海淀的格局。

海淀未检处成立后不久,北京市检察系统也很快实现了市院、分院、基层院三级未检机构的全覆盖,未检工作特色与亮点不断,首都优势与后发优势发挥得淋漓尽致。我曾经对作为首善之都的北京未检工作发展滞后颇有微词,很多年前也在公开场合说了些真话。然而近些年来北京未检的发展与成熟的速度着实令人惊讶和赞叹,一批专业而敬业未检人的迅速凝聚和成长,更令人欣慰和敬佩。为什么海淀乃至北京市未检的发展能够如此迅速,我觉得在这本书里可以寻找到答案。

这部著作既有对未检基础理论与争议问题的思考与回应,也有未检实践经验的梳理与总结,还收入了海淀检察院的主要未检规范文件。某种意义上可以说,是海淀未检处成立与发展五年来的"成长录"。尽管不少内容我之前就曾经拜读或者共同探讨过,但重读仍然深受启发。最近一些年未检改革在不少省市受到重视,很多少年司法同仁常会就未检理论与实践发展中的疑难问题向我咨询。我觉得,其实很多问题同样可以在这部著作里找到参考的答案。

虽然已任处长多年而且已成北京市检察业务专家了,但新娥仍然是那种一看就知道是做"未成年人"检察工作的样子,古人所谓"相由心生"的确有些道理。我曾经用"心怀大爱,头顶佛光"来描述未检人的特点,实际上这也是未检制度的迥异于成人刑检制度的形象、特点与价值。

祝贺海淀未检处成立五周年,祝愿海淀未检明天更美好!

本文系为杨新娥主编《4+1+N:未成年人检察的实践与探索》(中国检察出版社2015年版)一书所作序言。

未检人的激情与理性

寒玉与王英两位同志新近完成《未成年人检察问题探讨》一书，嘱我写个序言，这个要求我无法拒绝。

我与寒玉相识多年，她是那种说到动情处会潸然泪下或者拍案而起的人，迥异于传统刑事检察官那种一本正经、喜怒不形于色的形象。我很能理解寒玉对未检及少年司法事业的情感性投入。在未检尚未成为检察机关独立业务范围的时候，有一段时间的寒玉就像一个孤独的女剑客，执着地为未检鼓与呼。而在最高人民检察院设置未检办，正式将未检确立为检察机关独立业务范围的时候，寒玉仍然保持着战斗的激情和时刻的忧患意识。我很敬佩像寒玉这样的少年司法人，如果没有像她这样带着情感、有理想主义情怀的执着者，中国的少年司法改革早已夭折。

王英同志是寒玉的志同道合者，也是一名执着和投入的未检人。几年前我到宁波市授课及调研，她就给我留下了深刻的印象，不但在课后坚持送我并一路从宁波聊到上海，还在很短的时间内就把我的讲课录音逐字逐句整理成了五万余字的文字稿并加上了注解，据说她还把我所有关于少年司法的著述都收集起来仔细读了不止一遍。王英同志长期在基层一线未检部门工作，对于未检尤其是少年司法心理学很有研究心得和实践经验，"王英工作室"早已经成为宁波未检的品牌。王英同志还是位热心肠人，有一次我在微信朋友圈里发了一张月夜照片，她就不容置疑地解读出我的疲惫与伤感，还热心地要对我进行心理辅导，让我感动和紧张不已。

由这样两位不仅有着丰富未检实践经验而且有着志同道合理想的实务专家所共同完成的著作，必定会是一部值得期待的佳作。

全书共分为十九个专题，主要研究了未成年人刑事案件诉讼程序的执行及未成年人检察工作专业化建设两大问题。由于寒玉长期负责或者参与解答各地未检部门提出的实务中的疑难问题，因此每一个具体专题的选择与论证无不是针对未检及少年司法实践中的热点、难点与争议问题而展开，由此也成就了本书的实务参考性。由于未检及少年司法理论尚处于发展过程之中，还常常面临着成人检察思维及成人刑事司法理论的挑战与冲击，作者的针对性回应也由此成就了本书的理论开拓性。寒玉来自最高人民检察院，王英则来自最基层的检察机关未检部门，这样的搭配形式还确保了这部著作既有权威性还能"接地气"。

虽然寒玉和王英是富有激情而投入的未检人，但这部著作却是她们多年理性思考和沉淀的结果，在这部著作里，你可以读出激情与理性的完美结合。而正是这种激情与理性的碰撞与沉淀，还让全书结构、文风与语言独具特色。寒玉和王英同志常常会与我共同讨论未检及少年司法实务中所面临的理论与实践争议问题，通读全书，曾经讨论甚至是争论的情形还历历在目。你也许不一定同意她们的观点，但你很难不被感动或者触动。

本书的确是近些年来少年司法研究领域难得的佳作，相信这也会成为读者的感受与判断。

本文系为张寒玉、王英著《未成年人检察问题探讨》（中国检察出版社2017年版）一书所作序言。

中国语境下的未成年人检察改革

当前谈未成年人检察改革,必须紧紧结合中国语境。

第一个语境是中国当前的社会发展阶段,即社会转型(或现代化)的加速期。这一时期与美国在 19 世纪末 20 世纪前半叶十分相似,面临的诸多问题也类似。而美国在跨越这一社会进步阶段中,有一个独特的现象是对儿童权利高度强调。从美国的成功转型经验中可以得出如下判断:在进步时代对儿童问题的重视是确保国家社会平稳转型和现代化平稳过渡一个十分重要的手段、载体,因为儿童问题是社会问题的折射,对儿童问题的解决有助于消除歧见、争议,凝聚共识去解决未成年人问题背后的社会问题。

第二个语境是中国与国外的检察机关,中国的少年司法制度与国外司法制度的根基不同。中国检察机关在整个未成年人司法中实际上相当于国外少年法院的角色,如国外少年司法的先议权在中国事实上由检察机关享有,因此中国的少年司法不能照抄国外模式,中国的少年司法是以检察权为中心来设计的,未检在整个少年司法体制中居于核心地位,前承公安、后启法院,这一司法语境与国外不同,司法改革中必须考虑。

第三个语境是中国的检察机关不是单纯的公诉机关,而是法律监督机关,因此我国的少年司法改革,尤其是未检改革可以协调好国家公诉人与国家监护人二者的角色关系,甚至恰恰因为法律监督权的独特配置,将国家监护权赋予检察机关行使与国外排斥检察机关参与少年司法是殊途同归的。

当然,改革中要更加突显未成年人检察制度、未成年人检察官国家监护人的角色定位,同时职责的配置也要按照国家监护人进行设计。如检察权内部与未成年人有关的权力宜整合而不宜拆分,所以要强调未检一体化。此外,司法衔接也要强调一体化,未检部门要注意与公安、法院的衔接,尤其是检察权拥有法律监督属性,未检要履行这一职责,着力去限制公安机关根深蒂固的严打、追诉倾向。同时还有社会支持一体化,搭建与社会组织、力量的有效沟通平台。

在"未成年人检察改革理论与实践研讨会"(北京市人民检察院联合中国人民大学诉讼制度与司法改革研究中心、中国预防青少年犯罪研究会主办,北京市海淀区人民检察院承办 2015 年 11 月 12 日·北京)上的发言概要,载《预防青少年犯罪研究》2015 年第 6 期"未成年人检察改革理论与实践研讨会综述"。

国家监护与未成年人民行检察的发展思路

我认为北京市未检部门成立之后,涉未民行检察归未检不是要讨论的问题,而是要讨论怎样发展的问题。司法改革的核心举措之一是把职能相近、业务相同的事项相对集中,统一由一个部门受理,既然成立了未检部门,则应把所有涉及未成年人的案件划归未检。譬如医院里成立了专门的儿科,没有理由和依据再把儿科中的疑难杂症放到普通的科室去看。未成年人民行检察与普通的民行检察是有巨大的差别的,从理论基础到工作思路是完全不同的。

未成年人民行检察要先行打破普通民行检察工作原来固定的思维和思路,真正从未成年人民行检察尤其是儿童最大利益原则的思路去寻找一些新的方向,即以国家亲权理论为指引创新未成年人民行检察工作。未成年人民行检察的基本定位,还需要回到以诉权为中心来进行考查。检察机关面对的父母与婚姻法面对的父母是不同的,我们应当从国家亲权和父母亲权的角度去考虑未检应有的定位。国家亲权有三个含义:一是国家是儿童最终的监护人,这是一个最中心的问题,我国法律规定没有适格监护人的,民政部门要作为监护人,这就是国家监护原则的一个体现;二是强调国家责任,当父母拒绝或者不能、不宜履行监护责任时,国家有权力也有责任介入干预直至剥夺父母的监护权;三是国家监护不能滥用,应该以实现儿童最大利益为目的。

从国家亲权理论的角度来讨论未成年人民行检察的发展,基本的思路就是处理好国家亲权与父母亲权之间的关系。父母亲权存在问题的情形大致是有心无力、有力无心和无心无力三种。第一种要提供支持,第二种要教育,第三种要替代。从检察机关的角度来说,检察机关的定位应该是"监护监督"——督促父母以及其他公职部门去行使未成年人保护的职责。要实现监护监督的全覆盖,这里面不仅包括对父母监护权行使的监督,而且还应包括对国家监护权行使的监督。从私权利的角度、未成年人保护的角度去寻找检察机关监护监督的定位,就未检工作而言我认为是有空间的,是可以做的。首先从父母的监护权来看(广义上还包括幼儿园、托管中心等具有儿童看护职责的机构),检察机关应当对这些主体肩负起监护监督的职责。再就是对政府,国家相关部门行使国家监护权的情况也要实施监督。这就是我说的检察机关监护监督的两个着力点。未检部门监督监护职责的定位是有空间的,从长远看,它也是有合法性依据的。

检察机关未检部门如何去探索涉未民行检察监督? 对于父母以及其他有看护职责的主体,监督的重心是防止"门内黑";对于负有保护未成年人权益的政府部门和其他机关,重点是防止国家监护的"责任稀释"。目前未成年人监护存在的共同问题是以下六个方面:一是发现难;二是报告难;三是干预难;四是联动难;五是监督难;六是追责难。针对这些问题,我们一定要有一种机制把以下六种职能合理地融合在一起,即:监测预防、发现报告、应急处置、研判转介、帮扶干预和督查追责。这就是我说的六位一体的未成年人保护联动反应平台,这个平台一定要建立起来,这是防止类似南京饿死女童等未成年人受害恶性事件发生的关键。要把儿童受侵害的信息让这个平台"一门"接收,接收之后要有一个合理的运作机制,来督促相关的职能部门履职以及有一个合理的转介机制,由相应的专业部门去从事未成年人保护这样的工作。

这样一个平台可以借助检察机关的法律监督职能来完成,并根据未检部门在未成年人保护工作中的"监护监督人"这一新定位来进行制度设计。未检部门可以通过民事公诉、督促起诉、支持起诉、检察建议、检察公函等法律监督载体去实现监护监督人的角色。为了实现未检部门监护监督人的定位,检察机关所有关于未成年人保护的职能都应该放到未检,不仅民行检察职能要整合进专门的未检部门,控申职能也要归属未检。这不只是基于未成年人保护流程流畅的考虑,更是儿童最大利益原则的要求。同时,在以诉权为中心的监督方式上,还可以做一些其他的探索。比如说是不是可以尝试一下巡视制度,对负有未成年人保护职责的责任人和职能部门进行巡查、监督。

2017年3月22日在"未成年人民事权益司法保护与未成年人检察工作"(中国检察学会未成年人检察专业委员会、北京市人民检察院主办)研讨会上的发言,田东平检察官根据录音整理摘录。

少年审判改革发展的关键是要有专门机构

就少年法庭的改革和建设提几点参考性建议：

第一，少年审判的生存危机问题。在30多年发展历程中，少年法庭受到多次冲击。这次是受到家事审判的冲击。这不过是老问题新表现。少年审判屡屡出现生存危机，究其原因，主要是少年审判一直推进的是"搭积木式"改革，没有从根本上解决问题。当然，这其中有客观原因，那就是受到权限限制。有的改革，例如工读学校问题、收容教养问题，需要立法完善。从国外的经验看，涉及少年司法的先议权，也即对罪错少年，包括对"没有达到法定责任年龄的"少年，是否需要正规审判、如何教育改造等等，都得由法院评估、决定，但我们国家不少却交给了检察机关、公安机关，为什么会这样是需要深思的。

第二，少年审判与家事审判的关系。两者的关系可以用十六个字概括：理念相通，程序相近，资源共享，相互独立。从美国、日本以及我国台湾地区的实践看，虽然建立了家事少年法院，但在内部，家事和少事是有明确分工的。对国外的经验不能只见其表，不见其实。建议在法院内部成立少年家事部。少年家事审判资源可以共享，信息互通，但案件审判互相独立，互不干扰。

第三，少年审判改革发展的关键是要有专门机构。目前少年法庭面临的困境，表面上看是案件数量问题，实际上是因为少年审判没有核心机构，体系太弱，没有真正成为专门的审判业务类别。没有专门机构和人员，少年审判只能加强，不能削弱的要求就无法落实。

第四，关于少年法庭受理案件范围，对16周岁以下实施严重违法行为不负刑事责任的未成年人,数量很多,不宜交给公安机关一家负责,应该经过法院的司法程序进行处置。涉及被害人是未成年人的,更应该进入少年法庭。对涉及未成年人的家事案件,也应该由少年法庭审理。

第五,对不满22周岁青年犯罪案件应当纳入少年法庭审理范围。我国法律界定成年的标准是18周岁,是否成年除了法律标准外,还有生理学标准、心理学标准、社会学标准。现在有所谓"童年期延长"现象,也就是生理成熟早但社会化推迟。中国古代20岁为弱冠,中央预防青少年违法犯罪的政策文件规定25岁是青少年的上限。可以把少年法庭审理案件的年龄高限放宽到25岁,由各地结合本地实际掌握。少年法庭可以更名为青少年法庭,内部对于少年法庭和青年法庭进行区分。

2016年10月19日,在最高人民法院召开的"少年法庭改革与建设"论证座谈会上的发言摘要,载2016年11月2日《人民法院报》。

要"寓教于审"更要"寓助于审"
——对北京少年法庭工作的几点评析

少年司法制度建设状况是衡量一个国家、一个地区司法文明、现代化程度的重要标尺。30年来，首都北京的少年法庭工作引人注目，在全国少年法庭工作中居于领先行列，为推动全国少年法庭工作的发展乃至少年司法制度的进步均发挥了重大的作用，尤其是近些年来，北京少年法庭工作更有长足的发展甚至是突破。具体而言，至少有以下几个方面令我印象深刻：

一是工作理念更加清晰。儿童最大利益原则、国家亲权原则等少年司法制度建立的基础观念已深入人心，并成为指导北京少年法庭工作的基本原则。

二是机构设置更加完善。2013年，北京高院在全国高级法院中率先成立未成年人案件综合审判庭，由此完成了全市三级法院的完善设置，全部建立了独立编制的未成年人案件审判庭，这是少年法庭机构建设的重大突破。

三是队伍建设更加成熟。北京市少年法庭法官队伍的整体素质强，而且涌现了以尚秀云、赵德云等为代表的一批优秀少年法庭法官，这些法官对未成年人保护的敬业与热情常常令人敬佩和感动。

四是制度创新更加突出。近些年来，北京市在少年法庭工作制度探索创新方面成效显著，为刑法、刑事诉讼法、民事诉讼法等法律的完善均提供了宝贵的实践经验。

五是特色工作更加扎实。譬如，针对少年司法软肋所逐步积累、提炼所形成的"三位一体"未成年人保护工作体系，即司法救助"五个加法"原则、社会调查"三个递进"机制、亲职教育"四三二一"模式,已经成为北京市少年法庭工作的特色模式。

需要特别指出的是,人们在关注少年法庭工作,包括少年法庭在自我"推介"的时候,往往会将重心放在"特色工作"上,而这些特色工作往往具有不同于传统司法的特点。譬如,对少年法庭工作的一个经常性质疑是:这些不是法官应该做的事,少年法庭的这些所谓特色工作是"不务正业"。

从北京市少年法庭"三位一体"的未成年人保护工作体系核心内容来看,无论是司法救助、社会调查,还是亲职教育,尽管温情而又温暖但均非"坐堂问案"而具有庭外工作的特点,因而在很多人看来均非法庭和法官的主要职责。

这种观点是对少年司法特性认识不足,以成人司法观点看待少年司法工作而得出的值得商榷的观点。与传统司法不同,少年司法追求的不只是单纯的定罪量刑与法律适用的准确性,而是确保儿童最大利益原则在司法中的实现。

正因为如此,少年法庭工作的内容并不同于普通法庭。做一个形象的比方,少年法庭的工作有"主业""正业"和"副业"三大部分。"主业"也就是案件裁判,"主业"的工作重心是基于法官的基本职能开展特殊审判,简单地说就是把孩子当孩子对待,采取不同于成年人的审理方式去审理未成年人案件。从各国少年司法制度建设的经验看,"主业"的发展方向是走向专业化,即建立专业的机构——少年法庭或少年法院,由专业的人员采用专业的方法审理未成年人案件。

少年法庭的"正业",也就是少年审判工作的职能延伸工作。比如对于未成年人刑事案件在判决之前要做社会调查了解这个孩子的背景情况,审理过程中要开展法庭教育,如果判缓刑要进行帮教,判决完毕后要做回访考察,刑罚执行完毕后还要进行安置。这是少年审判工作的必要延伸,也是与普通案件审判的一个显著不同。从比较的视角看,也是各国少年司法制度建设的共同特征。有的人认为这些工作超出了法官职能,这是值得商榷的,是对少年审判特殊性的误解,忽视了少年审判与普通案件审判的区别。当然,要做好少年法庭的"正业",需要有完善的社会支持体系,否则将会使得少年法庭疲于应付。

少年法庭的第三项工作是"副业"。这类工作与审判职能基本没有关系,也不是基于少年审判案件审理工作的必要职能延伸,比如事务性的社会工作,与未成年人案件审理无关的综合治理工作等。在我国司法制度建设的现有阶段,少年法庭搞搞"副业"有时候也是需要的,但是应当尽量避免。

少年法庭的工作应当定位清楚,处理好"主业""正业"和"副业"的关系,应当以"主业""正业"为主、为核心。"主业"是案件审理,"正业"是必要的职能延伸,"正业"也是少年法庭的核心工作,也是其与普通法庭工作最大的区别之所在。

基于少年法庭受理案件的特殊性,一般来说坐堂问案这一"主业"在大多数情况下并不难,难的是"正业",即职能延伸工作。

某种程度上可以说,少年法庭的特点是"功夫在庭外,案结事不了"。如果仅仅是机械的坐堂问案,简单地追求法律裁判案件的准确性,不去管涉罪未成年人是否能够"教育、感化、挽救",不去管涉案未成年人的权益是否得到了维护,这不是少年法庭,也不需要专业的少年法庭,更不需要去追求建立独立的少年司法制度。

30年来,少年法庭的"主业"效果显著,"副业"也做了不少,但是如何做好"正业"却长期是个"短板"。可以说,北京市少年法庭"三位一体"的未成年人保护工作体系,为少年法庭如何做好"正业"提供了一个可资借鉴的样板。这一样板的特点可以概括为一句话:要"寓教于审"更要"寓助于审"。

司法救助的"五个加法"原则将陷入困境的未成年人纳入司法救助的重要对象,将涉案未成年人的"不幸"变为了"幸运"。社会调查的"三个递进"机制,使法官的裁判不再盲目,教育不再形式,让法律所规定的"教育、感化、挽救"方针的落实有了实现的载体。孩子的问题首先是家庭问题的折射,亲职教育"四三二一"模式着力于改善涉案未成年人的亲子关系与家庭环境,针对性地解决了涉案未成年人健康成长的最大难题。

这种将儿童福利理念与工作方法融于少年法庭工作中的做法,让司法不再冰冷,而是充满人性的关怀,这也正是国外少年司法制度建设的成功经验。在我国儿童福利制度发育还不成熟的背景下,北京市少年法庭的上述成功经验不仅仅将会推动我国少年司法制度的完善,也必将推动我国儿童福利制度的进步,并进而推动我国未成年人保护制度的整体进步。

载2014年11月27日《人民法院报》。

功夫在案外，案结事不了

谢谢主持人，谢谢大会给我这样一个交流的机会。今天会场的浓烈气氛及讨论议题的深度让我深受感染。我在很多地方参加过关于少年司法的研讨会，但是这种由综治委专项组牵头把公检法司等部门组织在一起来讨论少年司法的情况不太常见，至少在我所参与的会议范围中是比较少的。所以，我也想借这个机会先谈三点感性认识，然后对相关制度谈些不成熟的想法。

其实少年司法是具有专业槽的，公检法司在一起讨论少年司法问题是有专业要求的，比如要通过司法考试或是具备丰富的办案经验等，所以并不是每一个人都能够在少年司法领域发表意见，尤其是非法律职业背景的人。所以我感觉今天这个会非常不容易，首先要对首都综治委预青组能够超越专业槽，牵起少年司法和社会支持一条龙体系狠狠地点一个赞。

第二，今天这个会议能够把这么多部门组织起来，超越部门利益与权力壁垒的障碍一起来讨论少年司法的制度建设问题也是非常不容易的。我也特别注意到"1+6"文件的顺序并不完全是按照司法的进程来签的，而且有很多条款具有求同存异的特点，回避了很多争议性的问题。据我所知，很多省市也试图签订一个统一的少年司法的文件，但很多签不下来，到最后就流产了，而能够签成一个体系的，目前来看似乎只有北京，所以要对此点赞。

第三，在涉诉未成年人保护的问题上，不同部门会有不同的观念性障碍，比如公安机关考核的一个核心指标就是打击处理的数量，检察机关是一个追诉主义部门，也强调对犯罪的追诉，法院及司法行政部门都有不同的立场及自身角色特点。但今天大家能够超越观念的障碍,共同对涉诉未成年人服务保护问题进行探讨,这点也是非常不容易的。我也特别注意到7个文件的用词也有一些不同的变化,比如有用"未成年犯罪嫌疑人、被告人",也有用"涉案未成年人""涉罪未成年人"等等,但今天放在一起讨论的时候用了一个非常综合性的概念叫"涉诉未成年人",这是一个不具有标签效应和污点效应又比较中性的词语,而且用了"服务保护"的提法,这体现出我们在少年司法、未成年人保护的观念上形成的共识,也是让我感到非常敬佩的地方。接下来我对北京市合适成年人到场制度谈几点想法。

首先,刚才的主旨演讲讲得非常好。其实合适成年人到场制度引入中国目前只有十几年的时间,最早是在2003年3月和10月在华东政法学院召开了两次合适成年人的研讨会,请了英国的专家到中国来介绍这个制度。2003年讨论这个制度的时候,在会场曾经有同志当场质疑英国的专家跑到中国来介绍这个制度的目的是什么,但讨论到第二次的时候大家已经不再带着意识形态的色彩来考虑这个制度是中国的还是外国的了。讨论中我们发现一个问题,因为当时上海有一个日益严重的现象就是外来未成年人犯罪急剧增长,2003年开始已经超过60%,现在则是将近90%。其中一个很核心的问题就是未成年人保护法和刑诉法以及相关的司法解释、规范性文件要求讯问、审判未成年人时应当通知法定代理人到场,但由于外来未成年人犯罪的急剧增长,该内容要求基本被架空,而且直接造成外来未成年人和本地未成年人在司法保护上的不平等。所以合适成年人到场制度最后能够引起大家的认同与正好可以解决中国的实际难题有非常大的关系。

随着我们对该制度的了解,逐步开始有了更深层次的认识,比如英国、澳大利亚等很多国家之所以把这个制度放在一个很重要的地位,是因为他们经历了血的教训。英国因为1972年肯菲特案这一起冤案而建立了这项制度。该案同时冤枉了3个未成年人,其中有一个刚满18周岁,但心理年龄只有8周岁,由于他们在警方讯问过程中没有任何成年人到场而做了有罪供述。后来,其中一名少年的父亲经过多年努力,直接上访到英国女王,英国女王下令组织一个委员会重审这个案件,结果发现是冤案。这起冤案在英国造成了非常大的影响,也直接促成了英国1984年《警察与刑事证据法》的出台,专门规定了合适成年人到场制度,规定了警方包括司法人员在讯问未成年人的时候，没有任何借口让未成年人孤立地面对警方，因为原则上要求通知法定代理人到场，如没有法定代理人到场，国家将会提供合适成年人服务。英国的实证研究表明，这项制度的建立对于保证未成年人案件的质量，尤其是对纠正在20世纪70、80年代警方过于偏重口供来定案的不足产生了非常大的影响。所以这项制度是基于冤案产生的，这是我想介绍的一个背景。

另外，北京合适成年人到场制度的实施办法出台不是最早的，但规定的水平是非常高的。有一个问题在这里和大家探讨：合适成年人到底是做什么的？其实合适成年人到场并非很多人想象的仅仅是一个摆设，而是具有非常重要的功能，我曾经归纳为"5+1"的功能：第一是抚慰功能，到场是为了保护未成年人身体和心理健康，比如口渴让其喝水，饿了让其吃饭，累了让其休息；第二是沟通功能，促进警方与未成年人包括其他询问人与未成年人之间的沟通，避免误解；第三是教育功能，教育涉罪未成年人不再重新犯罪；第四是监督功能，监督讯问人员不要有非法行为；第五是见证功能，为讯问过程的合法性作证，这个比同步录音录像管用得多。还有就是近几年兴起的国外比较强调的扶助功能，要求合适成年人第一时间介入涉罪未成年人案件，发现未成年人需求并转介相关社会组织或政府其他部门，帮助涉罪未成年人重新回归社会。合适成年人到场制度从1984年发展到现在有30多年的时间，前期重点强调前五个功能，实际上是诉讼的辅助功能，而现在西方国家非常强调的是扶助功能，强调合适成年人作为一个帮助者的角色来介入。目前我们的重心还是放在前五个功能的定位上，即确保刑事诉讼的顺利进行上，而没有完全考虑到合适成年人的介入，它首先是第一时间发现未成年人需求并转介这个需求，让这个孩子重新回归社会，国外合适成年人制度发展重心的变化值得我们下一步去借鉴。总之，北京的合适成年人到场制度非常值得肯定。

关于附条件不起诉制度，张厅长讲得非常好，我在这里补充谈一点不成熟的想法。少年司法的基本立场是什么？如果一定要做一个非常准确的概括那就是一句话："宽容而不纵容。"很多人认为少年司法就是保护少年，但更重要的是在保护的同时一定要确保社会的安全，这就是北京规则所强调的双保护原则——既要保护社会又要保护少年。关键是如何来实现社会安全？以前我们的偏见是认为要么不处罚，处罚是就为了保护社会，这种观念是偏颇的。其实对社会最好的保护方法就是让这个孩子重新回归社会,不再违法犯罪,这比单纯的惩罚实际上更有利于实现社会的安全保护,这是考虑少年司法政策时必须清楚的一点。双保护不是通过惩罚实现,而是通过纠正或消除其重犯危险性来实现的,所以少年司法的特点讲究的是宽容而不纵容,附条件不起诉制度的价值就在这个地方。我国目前少年刑法采取的是刑罚一元主义结构,刑罚之外并没有像很多国家那样规定完善的保护处分措施来替代刑罚进而帮助教育青少年,在这种情况下就会出现两个困局:一个就是"养猪困局",养肥了再杀,养大了再杀;一个就是"逗鼠困局",做了很多帮教性的制度,比如社会调查、法律援助、合适成年人到场、法庭教育,最后逗了半天该怎么判还怎么判。我们没有保护性处分措施去替代刑罚,但是在其他国家少年司法的设计中,它强调是宽容而不纵容,就是我虽然不用刑罚处罚你,但我有教育性措施监督帮助你,让你不再重新犯罪,附条件不起诉的意义就在这个地方。我告诉你要改正,如果你不改正我还是要惩罚你,通过引而不发、含而不露来促使涉罪未成年人能够改过自新,而且设定了6个月到1年的考察期来帮助这个孩子纠正他的一些不良行为,消除他的再犯危险性。因此,附条件不起诉制度恰恰就能实现少年司法的宽容而不纵容的目标,避免了养肥了再杀的局面,也避免了逗鼠困局。对于附条件不起诉制度的意义我们要高度强调,但检察机关目前对于附条件不起诉的适用很不理想,这跟我们的观念有非常大的关系,当然也和刑事诉讼法对附条件不起诉制度的设计存在不足有关。

附条件不起诉制度的重心是在考察帮教,所以我非常赞赏北京涉诉未成年人附条件不起诉的规范性文件,它把重心放在考察帮教上,这也是各个国家在少年司法制度设计中非常强调的一点,其重心是让少年重新回归社会,而不是惩罚或判重判轻的问题。从立法设计角度讲,附条件不起诉也应当是宽进严出,把口子拉大,但经过考察帮教严出,一定要消除犯罪危险性,否则照样起诉。但现在的难题是我们立法制度的设计是严进严出,比如把附条件不起诉的适用条件限定在宣告刑一年以下,罪名范围在刑法的四五六章,这就造成了附条件不起诉与相对不起诉之间区分容易混同,同时把考察期限设定在6个月到1年,完全没有考虑未成年人就学等特点,6个月相当于要跨两个学期,所以这些立法的难题和不足就需要通过司法实践的制度创新弥补,做到宽进严出,避免严进严出,这才是我们司法的意义和价值,北京的附条件不起诉监督考察工作实施办法就有这样一个特点。

最后,少年司法制度的特点是"功夫在案外,案结事不了",这一点司法人员要有充分的认识。成人司法的特点是行为中心主义,司法人眼中只有行为没有人,但少年司法的特点是充满慈爱的目光,关注的是这个孩子,尤其是这个孩子健康成长的需要,所以这种立场性的区别就决定了少年司法的特点是"功夫在案外,案结事不了",因此很难用成人司法的标准去评价少年司法,而且也要避免用成人司法的思维去考虑少年司法制度的特殊性。附条件不起诉制度这种规范性文件的制定、约束及其价值导向无疑对司法实践具有重要意义。

以上想法仅供大家参考,谢谢。

2015年5月28日,在"北京市涉诉未成年人服务保护体系建设研讨会"(首都综治委预防青少年违法犯罪专项组主办)上的发言。

少年司法社会支持的需求分析

谢谢主持人,也谢谢会议主办方邀请我来参加这个会议。刚才听了五位女检察官的发言,有点感想。我这是第二次来江阴,我每次来江阴要么就是风雪交加,要么就是风雨交加。上次本来大晴天后来下大雪,这一次还没出上海就已经开始下大雨,到现在还没有停。我就在想这到底是什么情况,想到两句歌词,一句叫做"不经历风雨怎么见彩虹",还有一句是"不经历风雨怎么能见传奇",我感觉这两句歌词非常适合我们今天的研讨会,对于今天研讨会所追求的价值目标是一个非常有意思的隐喻。

今天的发言非常有意思,都是五位女检察官,而对面正好坐着五位男教授,我们一线的少年司法的工作人员基本上以女性为主,但是今天到场的所有专家(教授)好像没有一个是女性,这个现象到底怎么解释,会后我可能要专门写一篇论文来研究这个问题。刚才五位的发言我觉得谈得都非常好,无论是江阴的"一体两翼三平台",还是北京大兴的"三个延伸",浙江南浔的"三个强化",广西钦南的"审前管护项目",还有陕西雁塔的"指南针"司法社工服务中心,我觉得她们谈得都非常好。

五个地方的做法不尽相同,但都有一个共同的前提,或者说都是在探究一个共同的问题,就是未成年人的社会支持体系应当如何去做,怎么样做才最符合少年司法的特性,这是大家共同探索的一个问题。五个地方的做法各不一样,但是,如果说我们今天的研讨会是放在其他普通的刑事检察部门,比如说公诉、侦监,那么今天研讨会的议题和内容会认为是在不务正业,认为这是与检察官没有什么太大关系的事情,这样一种观点应该说曾经一度持续了很长时间。

如果,我们今天要想把"未成年人检察社会支持体系"这样一个议题讨论清楚,我觉得应该有一个共同的前提,我也想借这个机会在这里做一个梳理。其实在很多场合我们也在提一个观点,就是少年司法与成人刑事司法的区别在什么地方。

一个非常核心的地方在于,少年司法追求的不只是定罪量刑的准确性,或者说主要不是定罪量刑的准确性。在少年司法的眼中,不仅仅要有事实、证据和法律,更要有少年这样一个独立的主体,我们的着眼点是少年健康成长的需要,我们所追求的目标是让孩子重新回归社会,这是少年司法跟成人刑事司法非常不一样的地方,所以我们才有所谓的"寓教于审""寓助于审"。若要对少年司法与成人刑事司法的区别做一个概括应该就是"功夫在案外,案结事不了"。在这样一个前提下去思考如何区分少年司法业务,我对此曾提出主业、正业和副业的说法。成人刑事司法有主业,有副业,但是没有正业的提法。我稍微做一个解释,所谓"主业"也就是案件的裁判工作,根据事实、证据、法律去办理;"正业"是基于教育、感化、挽救的需要所做的必要的职能延伸,做的是帮教工作;"副业"是脱离检察职能的一些工作。少年司法与成人刑事司法的最大区别在于,其不但要有主业,更要有正业,如果没有正业,少年司法就不成其为少年司法。但是,正业到底如何去做,其实走过了一段漫长的过程,也走过了很多弯路。以前我们认为少年司法的正业是由检察官去做,所以早期的检察官不但要去办案,还要去做社会调查、心理援助专家、就业援助专家,甚至小孩没地方住还带到自己家去住等,这就是早期的"全能检察官"的模式,主业和正业由检察官一起承担,我们也一度把这种形象作为典型来宣传。例如《法官妈妈》这部电影就是非常典型地展示了在少年司法早期探索中的少年司法官的形象。

但是少年司法发展到一定阶段我们逐步认识到,少年司法的发展应当逐步地走向专业化,尤其是社会支持的体系化和专业化,也就是最近的十多年时间,我们才真正地开始使用"社会支持体系"的提法,早期叫"社会预防",后来逐步发展为"社会支持体系"。我们认识到,要将司法机关传统职能之外的,但又为少年司法运作所必需的一些职能逐步地交给社会力量去承担,而不是自己去充当全能检察官,不但办案,还要从事大量帮教与案外的工作。但是,如果社会支持工作不从需求分析的角度来说,我们这个会议便不能有效地探讨。需求至少可以概括为六个方面:一是刑事诉讼的需求,这是司法机关的传统职能,是为刑事诉讼活动顺利进行所必需的,比如说社会调查、心理测试、合适成年人参与等是刑事诉讼顺利进行的必要的社会支持;第二是涉罪未成年人考察帮教的需求,有可能是非羁押阶段的考察帮教、附条件不起诉阶段的考察帮教或者社区矫正阶段的考察帮教;第三个是少年身心康复的需求,主要是身体和心理康复的需求,比如心理的健康成长,也包括身体的医疗救助的一些需求;第四是就学需求;第五是就业需求;第六是生活需求。

你会发现,我们经常谈社会支持体系,但需要社会提供什么支持,其实很多时候并没有梳理清楚,我个人认为应当是这六个方面的需求,而这六大方面的需求实际上是不一样的。比如说,我们来做一个分类,第一,从需求发生的阶段来看,有可能发生在刑事诉讼过程之中,如说刑事诉讼的需求和考察帮教的需求,是在诉讼过程中产生的;还有的需求有可能在诉讼过程中,也可能在刑罚执行阶段,还有可能在孩子重新回归社会阶段,比如身心康复的需求、就学需求、就业需求和生活需求,在三个环节都会出现。第二,从需求的专业性来看,专业性要求不一样,比如说刑事诉讼的需求、考察帮教的需求、身心康复的需求对专业性的要求比较高,尤其是刑事诉讼的需求,要充当合适成年人,要做社会调查,必须要有专业背景、专业技能才能够提供这种需求,不是随便发几个聘书、请几个志愿者就可以干的,但是就业、生活需求对专业性要求不是很高。但是我们对这些问题没有进行系统的梳理,谈社会支持体系,首先要把少年司法需要社会支持什么、支持的内容应当有什么区别,尤其在专业性上有什么不一样的地方弄清楚,这样才有利于去设计社会支持体系。第三,社会支持体系应当如何进行构建。在早期阶段可能认为只要热心这项工作的人就能提供社会需求,所以早期的社会支持基本上是由社会志愿者提供的,只要发个聘书,只要你有这个心就行。但现在我们逐步认识到,这样做并不能提供常态性的和专业性的社会支持,所以我们现在有两个发展的重要动向,一是通过一个平台去整合这些资源,比如说江阴市通过建立青少年保护协会,把一些国家公共资源,如教育、文化、卫生、民政等整合在一起,也把社会组织的力量整合在一起,然后通过这个协会,成为转介的中转站,司法机关发现有什么需求转介给保护协会,再由保护协会转介给它背后的支持部门。这是一种非常重要的模式,它的一个重要特点是有综合的整合性,提供中转站的功能,这是一个非常重要的发展趋势。第二个发展趋势就是专业化,同时带来的是职业化,例如北京、上海以及刚才提到的西安雁塔的指南针司法社工服务中心。

这两个发展趋势是社会支持体系非常好的动态,也是适应社会支持体系六大需求的发展趋向。但两者之间不能偏废,两者之间应当有着非常好的协作关系,都应当成为社会支持体系的两大重要的组成部分。

2015年6月17日,在"未成年人检察社会支持体系建设研讨会"(检察日报社理论部、苏州大学检察发展研究中心主办)发言。刘昊根据录音整理。

少年司法社会支持体系的基本模式与比较

在我国,少年司法的社会支持大致有四种模式:

一是司法聘任模式。这是一种早期采取的方法。例如早在1992年,上海市长宁区检察院就专门聘请了观护员来提供帮教服务。在2004年试点合适成年人制度的时候也是检察机关自己聘任了一些合适成年人。这些合适成年人也好,社会调查员也好,观护人员也好,主要都是一些志愿者,他们来自各个行业,有教师、律师、媒体工作人员等。法院、公安在需要社会支持服务时,也是采取类似做法,起初都是各自聘任,近10年才出现由政法委统一聘任的做法,我把这种模式概括为"司法聘任模式"。

二是社团模式。这种模式以上海市为代表,它遵循"政府主导推动、社团自主运作、社会多方参与"的思路,政府培育社团(如上海市阳光社区青少年事务中心),同时政府通过购买服务的方式支持社团发展,这类社团是少年司法社会支持的重要提供方。不过,这一模式下的社团自主性有待发育,同时也存在政策要求高、服务面较窄等问题。

三是社工模式。这一名称概括可能不准确,但这种模式的共同特点是通过"市场化"的方式所生成的社工事务机构为少年司法提供社会支持。在北京、广州、深圳等地,多采取这种方式。

四是协会模式。以江阴市青少年保护协会为代表,协会模式最大特点是各个政府相关部门各派代表担当会长、副会长、理事,协会也会聘请和培养一批社工来具体提供服务。这种模式有点类似英国的YOT(青少年犯罪小组)——由政府提供经费来运转,同时各相关部门各派代表组成YOT开展工作。在协会模式下,司法部门涉少案件需要社会支持的,全部由协会来提供。

少年司法为什么需要社会支持,而普通刑事司法没有这种特殊需求?其原因就在于少年司法与普通刑事司法(成人司法)存在重大差异。成人刑事司法只管事实、证据、法律,主要追求的是定罪量刑的准确性,它着眼于行为,而少年司法着眼于行为人,做的是人的工作,追求的是让孩子健康成长、重新回归社会。"拯救孩子"的工作光靠司法机关是不行的,孩子的需求很多,需要多部门来满足,需要家庭、学校、社会共同合力,如果责任全部由司法机关承担,显然是不合适的,但在少年司法社会支持体系不健全的情况下,法官、检察官就只得"全能"了。随着少年司法制度的发展,需要把全能检察官、全能法官模式中的非法官、检察官的职能——但又是少年司法中必不可少的环节交给社会来提供支持。这四种模式就是对于如何提供社会支持的有益探索。

比较而言,江阴的协会模式有其特点和优势。一是参与部门更加综合。二就是服务提供更加顺畅,可以回避一些政策上的障碍,例如一些风险行为。同时也符合中央、共青团、民政部门对社会组织发育的要求。三就是更灵活,能量更大,能力更强。协会背后是不少公权力机关的支持。社会是很闲散的,职能部门的支持可以把社会力量整合起来,同时也解开了一个误区——认为社会是政府之外的事物。其实相对司法而言,政府各个部门也是社会的一部分,并不是一定要草根组织才是社会。四是枢纽功能突出。协会是一个平台,不但是对外交流的平台也是内部整合资源的平台,如上所说,这个平台更灵活、顺畅、力量大。它有个重要的功能那就是枢纽功能。以往司法机关发现问题后,只能自己充当全能机构,自己解决。现在则可以发现需求、转介需求、协会承担并且解决。也就是一旦发现了未成年人的需求,自己如果不能解决,就可以立即转交社会有能力解决的机构。

对于江阴市青少年保护协会,我有一些担忧,主要是专业性不强,还有就是怕不给力——许多问题转介给协会后,协会并没有能力解决。

对于江阴"协会"未来的发展方向,提三点建议:一是可以借鉴吸收英国的YOT经验。上海模式需要非常大的政策支持与经费支持,北京的市场竞争社工模式在江阴这个地域不大的地方也不一定适合,司法聘任模式已经过时,所以不推荐。但是协会模式还有很多需要完善的地方,可以深入研究借鉴英国的YOT经验。二是要建设一支嫡系部队。也就是吸收社工模式的优势,建设一支专业化、职业化的社工队伍。不论如何,要有一些专业性的触角,专业队伍。三是要有"同盟者"。各个会长、副会长背后的资源要好好使用,例如律师界会长背后就能提供律师资源,民政局的会长可以提供民政部门支持、公安机关的会长可以整合公安资源。

江阴"协会模式"是可以推广和复制的,其背后是现成的包括政府各部门在内的社会力量。有些同志对社会组织是又爱又恨又怕,由"自己人"组成的协会,可以避免许多担忧,可以回避一些政策限制,又符合政府的利益要求,这种模式是很好的。

2015年6月17日下午在江苏省江阴市"未成年人司法与保护干预项目总结及推进会"上的发言。研究生李寄北录音整理稿修改。

少年司法转介:理论基础与概念界定

讨论少年司法转介这个问题,必须先明晰一个理论前提,即少年司法与刑事司法的差异。

做一个简单的比方,少年司法是向前看,而刑事司法是向后看:少年司法向前看少年的健康成长,刑事司法向后看行为。也正因为如此,少年司法具有去刑事化的特点。简单说就是,不把"犯罪"当犯罪,而认为是"罪错",这种错不仅仅是孩子的错,也是社会之错、学校之错、国家之错。少年司法关注的是少年健康成长的"需求",而不是根据其"危害社会行为"予以惩罚。

一、少年司法的二元结构

在对二者差异认识的基础上,我谈的第二个问题是少年司法的两个二元结构与联结机制。第一个二元结构是少年司法与刑事司法的二元结构,强调刑事司法与少年司法的分立,甚至在概念术语上都要区分开。当然,少年司法与刑事司法之间实际也有一个联结的机制,这种机制就是"弃权"。少年司法突出保护优先,以教代刑;但如果少年的行为太过恶劣,除了年龄之外看不出他与成年人有什么区别,那么可以采取放弃管辖权的方式,按照恶意补足年龄的规则丢给刑事司法来给予相应的惩罚。

第二个二元结构是少年司法与儿童福利的二元结构。少年司法强调保护落地、教育落地,但这种保护和教育是"功夫在案外、案结事不了"。真正要让这种理念落地,它需要少年司法与儿童福利两者的承接,那两者如何承接,是通过"转介"。少年司法的运作主要是发现需求,然后再转介这种需求,而具体需求的落实与满足要交给福利体系来做。在我们国家这种福利体系通常是由社会支持体系来领跑,而国外有福利体系这样一种提法,这也是民政部门在其中的角色尤为重要的一个关键原因。

二、少年司法转介是什么

我谈的第三个问题是转介什么,也就是我们说的需求评估。我曾经把司法机关传统职能之外,又为少年司法运作所必需的社会支持概括为以下六个方面。第一个是未成年人刑事诉讼需求,即完成未成年人刑事诉讼活动所必需的非司法机关力量的介入,主要包括社会调查、心理测试、合适成年人参与、人民陪审员参审等。第二个是未成年人的考察帮教需求,主要包括采取非羁押性强制措施期间的考察帮教、附条件不起诉期间的考察帮教、社区矫正期间的考察帮教。第三个是未成年人的身心康复需求,主要包括心理辅导需求和医疗需求。第四个是未成年人的就学需求,即为未成年人提供教育支持。第五个是未成年人的就业需求,即为未成年人提供就业服务。第六个是未成年人的生活需求,即为成年人提供衣食住行的支持。

这六种需求可以做两种划分。第一个是从需求发生的阶段来看,刑事诉讼需求和考察帮教需求主要发生在刑事诉讼过程之中;而身心康复、就学、就业、生活需求则可能发生在刑事诉讼过程中,也可能发生在刑罚执行期间,还可能发生在回归社会期间。第二个是从需求的专业性来看,刑事诉讼需求、心理测试、社会调查、考察帮教和身心康复需求对专业性的要求程度非常高,往往需要专业机构与专业人员才可提供;而就学、就业、生活需求相对而言要弱一些,一般性的社会志愿力量亦可提供——当然这并非绝对的。

三、从全能司法到司法转介

我谈的第四个问题是从"全能司法"到"司法转介"的理念更新。少年司法社会支持的需求的最大特点是,社会支持不属于传统的司法机关的职能范围,但又是少年司法追求"保护优先、教育为主"的理念所必需的。在社会发育不成熟的背景下,在少年司法发育的早期阶段,司法机关为了奉行"教育、感化、挽救",只能选择自己干。所以你会发现,我们的司法官是全能司法官,我们的检察官是全能检察官,我们的法官是全能法官,从《法官妈妈》这部电影就看出我们早期少年司法的特点。孩子没地方住,法官弄到自己家里住;孩子没钱,法官给捐钱;孩子没学上,法官自己去联系学校,这是典型的全能司法官的模式。但是随着社会的逐步发育成熟,我个人认为需要一种理念的更新,我们逐步认识到这种全能司法官的模式具有超出职能范围的特点,同时也具有不专业的特点。所以在这种背景下,最近几年有一些明显的变化,即开始接受社会支持体系、儿童福利体系与少年司法衔接这样一种观念,这也是我们今天共同坐在这里的一个非常关键性的原因。这样就使全能司法官有了解脱的可能性,走向专业化和专门化。

四、构建少年司法转介机制的思考与建议

我谈第五个观点,对少年司法转介机制构建中的几点不成熟的思考。

第一个,这种少年司法转介机制有一个前提,少年司法的运作要克服与生俱来的"追诉主义、淘汰主义"的模式,也就是少年司法要关注行为人而非行为,注重的是"需求发现",然后让孩子重新回归社会。所以我们要有机构的专门化,有办案的专门化和专业化,比如公安机关的少年警务、检察机关的"少捕慎诉少监禁",法院的"寓教于审",都是针对司法部门传统职能提出的约束,来限制司法部门与生俱来的追诉主义欲望,让少年司法的运作具有福利主义的倾向。当然,在这方面,我们还有很长的路要走。

第二个,大家请注意,这种转介应该是双向转介。对于少年司法转介的讨论,我们只谈单向,只是转给社会组织,其实不是这样的。还有一点要转给相应的政府责任部门,政府责任部门不能缺位,这是非常核心的一点。少年司法转介不是政府购买服务的问题,我觉得,在中国的这样一个背景下,要让负有青少年保护职责的政府部门真正能够依法履职,这也是依法治国的要义,要让这些部门真正动起来。

第三个,社会支持体系有一个很大的问题,也就是是否能够不负众望,我个人认为还有很长的路要走。其中一个是社会组织的问题,目前发育很不成熟;同时政府的相关责任主体在思维上并没有完全接受"儿童最大利益"这样一个基本原则。

第四个,这种少年司法的转介必须要实现无缝衔接,也就是要求双向转介的对象——社会组织和政府责任部门必须要跨前一步,来主动跟司法对接。在对国外的考察和学习中,我发现,很多国家的儿童福利部门都在少年法院、家庭法院中设有专门的办公室，社工组织在司法部门也设有专门的办公室，在法庭上就可以实现和法官的无缝衔接。

最后，对于转介机制的界定有几个问题跟大家一起探讨。首先，关于转介是不是应该明确一个立场。我在前面的发言中已经提到，转介还是应该放在司法转介的范围之内。尤其是在刚开始讨论这个概念的时候，如果把这个概念做得过分广义，把所有的从司法程序中转出的任何一种服务，或者把司法转处、司法分流等全部涵盖在一起，我觉得似乎不符合司法转介这样一个界定。

其次，能不能明确两个前提。一是少年司法的革新——不是就案办案，不仅寓"教"于审，而且寓"助"于审。这可以说是中国少年司法的福利走向，也让转介成为一个独立的议题。司法机关负有发现未成年人需求的责任，以及转介需求的责任。二是建立少年司法支持体系，保证对于有特殊需求的青少年可以转得出去，转出去了还信得过。这个在社会发育不成熟的时候，是不可能做到的，但现在我们的观念已经发生了很大转变，从而让司法转介成为可能，但在中国还要考虑地区差异的问题。

再次，是不是能明确四个要素。第一个，转介方是谁，也就是谁来转，是不是可以明确为司法机关，包括公安机关。第二个，承接方是谁，也就是谁来接。我前面提到，应该是双向转介，一个是社会组织，一个是政府责任部门，尤其要强调政府责任部门。第三个，转什么，也就是转介的对象。转介的应该是未成年人的需求，而不是把这个人丢出去，人可能还留在司法程序中，也可能司法程序已经走完了。特别需要强调的是，不只是未成年人刑事案件（犯罪与被害案件），未成年人违法案件，未成年人民事案件等，都有转介的需求。我们今天讨论的主要是未成年人犯罪案件的转介机制，其他环节的转介同样需要探讨，这也是后续要讨论的议题。第四个，转介的衔接机制，也就是转介方和承接方如何结合在一起。我认为，有两种模式：一种是点对点模式，比如上海正在考虑的建立统一的未成年人司法服务中心，由司法服务中心和司法机关来直接对接，包括英国的YOT，也就是青少年犯罪工作小组，它由各个相关政府职能部门和社会组织一起派代表与司法机关对接，也是点对点的模式。另外一种是点对面的模式，也就是司法机关和许多社会组织都接触，不同的社会组织都可以到司法机关去要求承接这种转介服务。我个人认为，在我们国家少年司法发育的早期阶段，点对面的模式应该鼓励，但是未来的发展，是不是可以逐步走向点对点模式。

2015年11月21日在"少年司法与转介机制构建研讨会"(西北政法大学刑事法律科学研究中心、北京师范大学少年司法与法治教育研究中心、上海政法学院全国青少年犯罪与司法研究及服务中心主办)上的发言。根据录音整理。

社会调查是少年司法的基础性程序

对于社会调查，新刑诉法规定是"可以"做，但其实早在清末的时候，《奉天高等审判厅幼年审判庭试办简章》中就规定是"必须"要做的。1935年民国时期《审理少年案件应行注意事项》也规定了社会调查是必经程序，同时明确社会调查的主体是感化教育机关，类似于现在的社区矫正部门，对社会调查的内容，如社会调查报告的使用、法庭裁判参考等都做了非常细致的规定。

我回顾这段历史的时候突然发现，现在社会调查无论在立法还是司法实践中似乎还处在一个大家认识并不完全统一的阶段，这个问题需要反思。

新中国在少年司法程序中恢复社会调查制度的渊源是在1984年，由新中国第一个少年法庭的创办者之一李成仁（时任上海市长宁区人民法院副院长）领衔写的一篇总结中国第一个少年法庭审判经验的时候提炼出了"五个注重"，其中一个"注重"就是要注重调查了解涉罪未成年人犯罪的原因、家庭背景、学校表现等情况。尽管在当时还没有使用社会调查的提法，但这一个"注重"已经被归纳为少年审判非常核心的特征。1992年左右，长宁法院和长宁检察院在办理一起盗窃案件中才正式使用社会调查这个提法。那么为什么这么多年来，我们对这样一个少年司法非常核心的经验、特色性的制度、做法至今仍然存在诸多分歧，很关键的一点就是现在对社会调查制度在少年司法制度中独特的地位还有一些认识不到位的地方。

其实我在很多场合做过比方来说明社会调查为什么重要——就相当于一个人去医院看病，医生在做处方决定之前先要让这个病人做非常完整的一套体检,去分析为什么会得病,得了什么病,病情发展到什么程度,然后再根据这个报告下处方或决定是否需要手术,所以这个环节是非常核心的。

目前社会调查在司法实践中运用的情况,刚才赵庭长讲得非常到位,这也是当年立法机关并不敢把社会调查制度作为一个必经程序要求考虑的一个非常重要的原因。比如现在很多地方缺乏专业性的社会调查员,很多地方社会的调查报告是由专业性非常值得商榷的人群做出来的,并不能保证社会调查报告的科学性,甚至在调查过程中不注意保护当事人隐私从而引起当事人及其家属反感。对于社会调查报告应当写什么内容,怎么表述,以及社会调查报告的性质,社会调查员是否应当出庭,以及司法机关如何使用参考这份报告,目前无论是立法还是司法中仍然存在一些争议。所以,首先应当在观念上认识到社会调查制度在少年司法程序中的基础性地位。

其实社会调查报告就是为了帮助司法人员尤其是法官、检察官在作出决定的时候不再盲目,同时也提醒司法人员在处理少年案件的时候,主要追求的不是定罪量刑的准确性,因为社会调查报告所提供的信息在国外被称为"非法律信息",并不是案件的事实、证据和法律这三大核心问题,而是这个孩子为什么犯罪、他是否具有矫正的可能性以及需要采取什么相应的处遇措施,它是为矫正服务的。所以如果我们在观念中仍然认为对少年案件的处理只是追求最佳精确的惩罚效果,那么这份报告的确没有什么太大意义。如果我们认同刑诉法、未保法所确定的"教育、感化、挽救"方针,"教育为主,惩罚为辅"原则,那么社会调查制度就是整个少年司法运转和运作的基础性制度,不是可不可以做的问题,而是应当如何做的问题,这是一个必经的程序。

2015年5月28日,在"北京市涉诉未成年人服务保护体系建设研讨会"(首都综治委预防青少年违法犯罪专项组主办)上的发言。

犯罪记录封存制度
实行难在于观念滞后

犯罪记录封存制度在司法实践中先行试点的时间已经超过十年,最后被刑法修正案(八)第一百条以及新刑诉法确定下来,其间经历了很长的争议过程。在早期司法实践试点中,我们用的是轻罪犯罪记录消灭的提法,最后变成了犯罪记录封存制度。由此可以看出,立法机关对待这个制度的认识有一个逐步转变的过程,也有谨慎的逐步推进的考虑。

我们应当如何去看这个制度?各个地方都在试点犯罪记录封存制度,北京市做得非常不错,因为很多地方省市这个文件是签不下来的。原因就是很多政法机关,尤其是公安机关对这个制度的理解存在一些障碍,比如很多公安机关觉得有犯罪前科为什么还要出具无犯罪记录的证明?公安机关怎么能说谎呢?再比如在相关电脑系统中没办法做出相应的处理等。

这些问题的核心还是观念上的障碍。其实犯罪记录封存制度在试点的时候就发生争议,但逐步形成的共识就是国家在对待这样一些犯了错的孩子应当有一种宽容及智慧,因为犯罪记录封存制度如果没有建立,就相当于我们会让一部分人只有入口没有出口,逐步会积聚一批社会对立的力量,而且没有消解的程序与出口,这从国家长治久安的角度来说是不科学的。所以各个国家都有非常严格的犯罪记录封存制度乃至消灭制度,这是基于国家长治久安的考虑,去消解矛盾和积怨,犯罪记录封存制度和消灭制度实际就有古代大赦、特赦的意味在其中。

如何去理解立法?犯罪记录封存这个说法是比较稳健的,封存的目的就是让那些不该知道信息的人不要知道那些信息,它不是简单的封存,而是为了消除社会排斥,让涉罪未成年人在回归社会的过程中不会因为其犯罪前科在升学、复学、就业等方面受到不必要或者不应当的歧视,这也是《未成年人保护法》和《预防未成年人犯罪法》所规定的。

司法机关在执行过程中只要符合这两个目的,无论采取什么方式我认为都是合乎法律规定的,而且也是法律所要求的。所以基于一些观念下产生的技术问题,我觉得都不应该成为阻碍犯罪记录封存制度从法律条文到实施落地的障碍。

2015年5月28日,在"北京市涉诉未成年人服务保护体系建设研讨会"(首都综治委预防青少年违法犯罪专项组主办)上的发言。

认真对待未成年人矫正制度

在我国,未成年人矫正制度尚是一个缺乏深入研究的议题。除了未成年犯管教所外,其实还存在很多实质的未成年人矫正机构,例如"某某省法制教育中心"以及各种形式的专门学校,其中不少是由劳教所、戒毒所、看守所等改建而成。还有一些披着医疗、戒网瘾、夏令营等外衣,实际也属于未成年人矫正机构的范畴。例如前段时间曝光的某网戒中心,他的王牌措施就是所谓的电击疗法,只要不听话就给你电一下,只要你不知道感恩就给你电一下,有任何地方不对都给你电一下。所以孩子们最后出去的时候你会发现他是想让他干什么,他就会去干什么。这些其实都算是未成年人矫正机构。当我们看到这些类型矫正机构的时候,不能仅仅根据他们宣传的效果做出评价,或者说根据他们在媒体上表达出的理念来理解这些矫正机构。我作为一个曾经的"不良少年",看到这些矫正机构还是很后怕的。研究未成年人矫正机构,不能忽视这些"隐性的"机构。

在讨论这些矫正机构的时候涉及很多基础性的问题,主要涉及三个方面:

一是到底什么样的"问题"青少年应当进矫正机构。问题青少年主要有五种类型:一是品德有问题的孩子,二是行为有问题的孩子,三是心理有问题的孩子,四是学业有问题的孩子,五是生理有问题的孩子。并不是所有的问题青少年都适合进矫正机构,更不适合放在同样的机构。我曾经去过的一些专门学校,其实承担着一定的福利机构的功能,将那些家庭有困难的孩子与违法犯罪的孩子放在了一起。还有些孩子完全只是不能适应原校的学习,就被送进了专门学校。到底什么样的孩子才应该进入到矫正机构,这是一个基础性的问题,需要说清楚。我个人觉得,从法律的角度来说,只有一个标准,那就是行为。除了行为标准外,其他都不应当作为送入矫正机构里的理由。这是我关于基础理论的第一个观点。

二是什么"年龄段"的青少年是专门矫正机构的矫正对象。对于矫正机构而言,其所收容的青少年应该有一个年龄上限和下限的问题。我曾经走访了很多未成年人矫正机构,看到有的机构里面最小的孩子是9岁。还有一些专门学校招收的学生也突破了法律规定,包括了不满12周岁或者超过17周岁的学生。在未成年犯管教服刑期间长大成年的,很多都继续留在未管所服刑,有的地方限定为20周岁,还有的实际掌握在25周岁后才转送成人监狱。留未成年犯管教所服刑的"长成犯"最高年龄"应该"限定在多少岁,这个问题其实还缺乏研究。我个人认为,无论是什么形式的未成年人矫正机构,都应当有最低和最高年龄的明确规定,尤其是那些披着非矫正机构外衣的各类实际未成年人矫正机构。

三是这类矫正机构的矫正方式究竟有哪些。我们今天研讨的题目叫"教育矫正管理",那么这里就涉及一个矫正的方式或者说矫正的载体的问题。其实将"教育"和"矫正"摆在一起是一个很值得探讨的话题。教育本身可能只是矫正方法的一种,它能不能和矫正并列,是有一定的争议的。以此引申出来的一个问题就是,除去教育,我们还有什么矫正的方法?电击这类方法能不能用?这是一个很深的问题,这里暂不展开。

刚刚我提出了未成年人矫正机构应当坚持以"行为标准"来确定矫正对象,但是什么样的未成年人行为应当被纳入未成年人矫正制度的视野呢?

我不主张用不良行为和严重不良行为的概念,因为这两个概念是不清晰的。我主张把可以进行正式干预(矫正)的未成年人的罪错行为分为四种:第一种是触法行为,也就是因为未满16周岁而不予刑事处罚的行为;第二种是虞犯行为,就是有犯罪之虞或犯罪可能的行为,它的主要特点是成年人可以做,未成年人不可以做;第三种是违警行为,也就是违反《治安管理处罚法》的行为;最后一种是犯罪行为。对于这四种行为,现行未成年人矫正制度缺乏精细化的设计。比如说现行法律对于未成年人触法行为缺乏必要的干预措施,存在养大了再杀的"养猪困局"。虞犯行为同样也缺乏必要的干预措施,只能"养肥了再杀",到了严重危害社会的程度才会干预和处罚。对于未成年人的违警行为,客观的现状是公安机关尚难当重任，存在既不用心也不专业的问题。所谓不用心，是未成年人警务远未成为我国警察工作的业务范围之一。所谓不专业，是警务机构中没有少年警察这样一支专门的队伍，也没有将未成年人警务作为警务培训的内容。对未成年人犯罪行为，又用药过猛，只有刑罚一种措施，而缺乏类似于国外的以教代刑的制度设计，如保护处分等。所以，在考虑未成年人矫正制度的时候，首先要确定行为的标准，再进行精细化的设计。而我们现在显然还是存在很大的空白的。

另一个应该重视的问题是，已有的矫正措施在程序、执行及相互衔接等方面都存在较大的问题。比如说工读教育，目前有所谓"家送生""警送生"的提法，究竟应当由哪一个机构决定，通过什么样的程序决定，实践中十分混乱。还有，专门学校的招生对象实际存在该进的进不去，不该进的进去了的情况。再比如收容教养，一直是公安部门实际决定，执行场所原来在劳教所，现在劳教废除之后是送到监狱去执行，这是严重违法的。总的说，这些矫正措施和矫正机构一直处于一个混乱的状态，而且互相之间没有很好的衔接机制。比如说，工读教育和未管所之间什么关系，与收容教养之间什么关系？如何配套衔接？这些问题都没有研究清晰。

最后，我想谈一个观点。几年前我提出了"大矫正观"的想法，并且主持写了一本书《矫正学导论》。我希望大矫正观可以首先在未成年人矫正制度中得到贯彻实现。何为未成年人矫正领域的大矫正观？简单地说，就是主张以行为为中心，以触法行为、虞犯行为、违警行为、犯罪行为为对象，建立一个衔接有序的未成年人矫正体系。这里面有几个核心的观点：一是矫正管理应当一体化，即矫正机构的组织和管理应当统一负责部门，我个人建议应当在司法部设立矫正总署；二是上述四种未成年人罪错行为的矫正一体化，不管是哪一种行为，都应当纳入矫正制度的评价中；三是矫正措施决定的司法化，也就是应当通过司法途径来做出决定。这里面涉及一个"先议权"问题。"先议权"的核心是哪一个机构应当首先对罪错少年及其行为进行评价与决定采取什么样的矫正措施。在欧美国家一般都是将少年司法的"先议权"交给法院，在我国可以考虑由检察院享有罪错行为的"先议权"；四是矫正官的专业化，我一直主张监狱、社区矫正等矫正官的资格考试应该是与司法考试并列。矫正官是一个专业性要求非常高的职业，应当有统一的矫正官资格考试，但是我们国家现在都没有。总体来说,我的基本主张就是大矫正观应当在未成年人矫正制度中率先实现。与此同时,应当积极设置更加精密、完善、多元化的矫正措施,来完善我国的未成年人矫正制度。

2016年9月10日至11日,在"首届问题青少年教育矫正管理研讨会"(中国预防青少年犯罪研究会、鲁东大学主办)上所做的发言。

第四辑

立法者心中要有慈爱

关于完善刑法修正案九草案涉及未成年人保护条款的建议

刑法修正案九草案中未成年人保护的条款有四条,分别涉及虐待罪,收买被拐卖的妇女、儿童罪,组织卖淫罪,猥亵儿童罪。草案上述内容进一步完善了刑法对未成年人的保护,但当前侵犯未成年人权益的案件仍然处于高发状态,社会反响强烈,草案有关未成年人保护的条款仍然存在一定的漏洞,建议做如下进一步的完善:

一、关于虐待罪

草案拟修改方案:刑法规定:"虐待家庭成员,情节恶劣的,处二年以下有期徒刑、拘役或者管制。犯前款罪,致使被害人重伤、死亡的,处二年以上七年以下有期徒刑。第一款罪,告诉的才处理。"

刑法修正案九(草案)拟扩大主体,此前为"家庭成员",拟将负有看护责任等人员纳入。

需要注意的是虐待儿童行为具有不同于虐待成年人的特殊性,例如儿童缺乏必要的自我保护能力,不宜纳入自诉罪的范围;再如,虐待儿童除了会对儿童的躯体造成伤害外,更会对其身心发育与健康成长造成重大甚至终身的影响,往往难以用虐待成年人的标准去评价其"恶劣"性。从司法实践来看,大量影响恶劣的虐待儿童行为,难以定罪处罚,无法对未成年人予以应有的保护,也难以对当前虐待儿童高发现象形成有效威慑。

建议单独增设虐待儿童罪,具体建议条文如下:

虐待儿童的,处五年以下有期徒刑、拘役或者管制,情节严重的处五年以上有期徒刑。

有前款行为,又构成其他犯罪的,依照处罚较重的规定定罪处罚。

这一建议严密了对虐待儿童的处罚法网,加大了对虐待儿童的打击力度。与虐待罪相比主要变化有以下几点:一是将非家庭成员虐待儿童的行为纳入虐待儿童罪的惩处范围;二是规定虐待儿童又构成其他犯罪的,依照处罚较重的规定定罪处罚;三是提高了虐待儿童行为的法定刑;四是将虐待儿童行为改为公诉犯罪。

二、关于收买被拐卖的妇女、儿童罪

草案拟修改方案:"收买被拐卖的妇女、儿童,按照被买妇女的意愿,不阻碍其返回原居住地的,对被买儿童没有虐待行为,不阻碍对其进行解救的,可以不追究刑事责任。"

"可以不追究刑事责任"拟改为从轻减轻处罚,或免除处罚。

这一修改思路虽然具有强化打击收买行为的立法意图,但是从拟修改的内容来看,由于仍然规定可以"免除处罚",与原规定"可以不追究刑事责任"并无本质区别。

建议删除"或免除处罚"的规定。

三、关于组织卖淫罪

草案拟修改方案:"拟从重处罚组织未成年人卖淫。"

值得注意的是,由于组织卖淫罪最高刑为死刑以及刑事政策等原因的影响,在司法实践中实际上对于认定"组织卖淫罪"十分谨慎,仅仅规定从重处罚组织未成年人卖淫行为,并不能有效应对目前性侵未成年人日益严重的现象。作为一种现实的立法完善思路,宜对引诱、容留、介绍未成年人卖淫的行为予以从严、从重打击。

刑法原三百五十九条第二款规定了引诱幼女卖淫罪,为了强化对未成年人的保护,针对立法漏洞,建议将这一罪名拓展为"引诱、容留、介绍未成年人卖淫罪",并提高法定刑,具体建议如下:

> 引诱、容留、介绍未成年人卖淫的,处十年以下有期徒刑、拘役或者管制,并处罚金。
>
> 引诱、容留、介绍幼女卖淫,或者有其他严重情节的,处十年以上有期徒刑或者无期徒刑,并处罚金或者没收财产。

四、关于猥亵儿童罪

> 草案拟修改方案:"以暴力、胁迫或者其他方法强制猥亵妇女或者侮辱妇女的,处五年以下有期徒刑或者拘役。聚众或者在公共场所当众犯前款罪的,处五年以上有期徒刑。猥亵儿童的,依照前两款的规定从重处罚。"
>
> 从重处罚情节为两种"聚众或者在公共场所当众",拟增加"其他恶劣情节的"。

从司法实践来看,猥亵儿童罪之所以存在保护未成年人的盲区,主要在于"儿童"的年龄上限太低,对于猥亵年满14周岁的未成年人,尤其是男童,无法进行刑事处罚。

在司法实践中已经出现了大量此类案例,社会反响强烈。建议提高猥亵儿童罪所保护的儿童年龄至不满18周岁的未成年人。具体建议是,将刑法第237条中"猥亵儿童的"修改为"猥亵未成年人的"。

五、建议进一步适当修改和增加未成年人保护条款

刑法涉及未成年人保护的条款有两大类:一是规定未成年人犯罪及其处遇,二是惩治侵害未成年人犯罪的行为。前者主要属于刑法总则的内容,后者主要属于刑法分则的内容。总的来看,刑法迄今尚缺乏对未成年人保护条款的顶层设计。建议本次修正案对侵害未成年人犯罪行为的条款做更加系统与细致的考量,而将有关未成年人犯罪及其处遇的内容,在下一次刑法修正案中予以系统完善。

建议在已有草案的基础上,进一步适当修改和增加如下具有立法迫切性的未成年人保护条款:

1. 进一步严密对拐卖儿童犯罪的处罚,提高儿童的年龄至不满18周岁的未成年人,即将拐卖儿童的相关罪名修改为拐卖未成年人的相关罪名,相应地将打击收买儿童的相关罪名修改为收买未成年人的相关罪名。

2. 进一步严密对性侵未成年人犯罪的处罚,参酌其他国家立法例,建议将向未成年人传播淫秽物品行为单独定罪,并提高法定刑。同时,增加走私、贩卖、制作、传播、持有儿童题材的淫秽物品罪。具体建议如下:

【向未成年人传播淫秽物品罪】向未成年人传播淫秽物品的,处五年以下有期徒刑、拘役或者管制。

【走私、贩卖、制作、传播儿童题材的淫秽物品罪】走私、贩卖、制作、传播儿童题材的淫秽物品的,处五年以上有期徒刑、无期徒刑或者死刑,并处罚金或者没收财产。

【持有儿童题材淫秽物品罪】持有儿童题材淫秽物品的,处五年以下有期徒刑、拘役,并处罚金。

3. 严密对雇佣童工犯罪的处罚力度,将刑法原规定的雇佣童工从事危重劳动罪扩大为雇佣童工罪,将雇佣童工经行政处罚再犯的严重雇佣童工行为纳入刑法惩治的范围,并提高雇佣童工从事危重劳动情节特别严重的法定刑,具体建议如下:

【雇佣童工罪】违反劳动管理法规,雇佣儿童从事超强度体例劳动的,或者从事高空、井下作业的,或者在爆炸性、易燃性、放射性、毒害性等危险环境下从事劳动,情节严重的,对直接责任人员,处三年以下有期徒刑或者拘役,并处罚金;情节特别严重的,从三年以上有期徒刑,并处罚金。

有前款行为,造成事故,又构成其他犯罪的,依照数罪并罚的规定处罚。

违反劳动管理法规,雇佣儿童经行政处罚后再犯的,依照前两款规定处罚。

4. 加大对组织儿童乞讨行为尤其是故意伤害儿童并迫使其乞讨行为的处罚力度,即增加"以其他手段组织儿童乞讨"为组织儿童乞讨罪的客观行为,同时提高情节严重的组织儿童乞讨犯罪的法定刑;根据近些年曝光的故意伤害儿童致使其残疾后迫使乞讨的令人发指行为,针对性地规定"处死刑、无期徒刑",予以严惩。具体建议如下:

【组织儿童乞讨罪】以暴力、胁迫或者其他手段组织儿童乞讨的,处三年以下有期徒刑或者拘役,并处罚金;情节严重的,处三年以上有期徒刑,并处罚金。
【故意伤害儿童迫使乞讨罪】故意伤害儿童身体致使残疾后迫使其乞讨的,处死刑或者无期徒刑。

2014年10月12日,提交全国人大常委会法制工作委员会参考。

《关于加强农村留守儿童关爱保护工作的意见》之亮点与期待

2016年1月27日,国务院常务会议审议通过了《国务院关于加强农村留守儿童关爱保护工作的意见》(简称《意见》),并且在2月14日情人节这样一个以"爱"为主题的日子里正式发布。《意见》是国务院发布的第一份系统性地明确留守儿童保护政策措施和工作机制的文件,它回应了关爱保护留守儿童的社会期待,同时也总结了近些年来关爱保护留守儿童的经验。

《意见》包括六大部分,分别是充分认识做好农村留守儿童关爱保护工作的重要意义、总体要求、完善农村留守儿童关爱服务体系、建立健全农村留守儿童救助保护机制、从源头上逐步减少儿童留守现象、强化农村留守儿童关爱保护工作保障措施,全文总计六千余字。

《意见》将留守儿童界定为"父母双方外出务工或一方外出务工另一方无监护能力、不满十六周岁的未成年人"。《意见》指出:农村留守儿童问题是我国经济社会发展中的阶段性问题,是我国城乡发展不均衡、公共服务不均等、社会保障不完善等问题的深刻反映;近年来,各地区、各有关部门积极开展农村留守儿童关爱保护工作,对促进广大农村留守儿童健康成长起到了积极作用,但工作中还存在一些薄弱环节,突出表现在家庭监护缺乏监督指导、关爱服务体系不完善、救助保护机制不健全等方面,农村留守儿童关爱保护工作制度化、规范化、机制化建设亟待加强。为此,《意见》要求各地区、各有关部门要充分认识加强农村留守儿童关爱保护工作的重要性和紧迫性,增强责任感和使命感,加大工作力度,采取有效措施,确保农村留守儿童得到妥善监护照料和更好关爱保护。

《意见》确立的留守儿童关爱保护的指导思想是：全面落实党的十八大和十八届二中、三中、四中、五中全会精神，深入贯彻习近平总书记系列重要讲话精神，按照国务院决策部署，以促进未成年人健康成长为出发点和落脚点，坚持依法保护，不断健全法律法规和制度机制，坚持问题导向，强化家庭监护主体责任，加大关爱保护力度，逐步减少儿童留守现象，确保农村留守儿童安全、健康、受教育等权益得到有效保障。同时，《意见》还指出留守儿童关爱保护应当坚持家庭尽责、政府主导、全民关爱、标本兼治的基本原则。

《意见》确立了留守儿童关爱保护工作的如下总目标：家庭、政府、学校尽职尽责，社会力量积极参与的农村留守儿童关爱保护工作体系全面建立，强制报告、应急处置、评估帮扶、监护干预等农村留守儿童救助保护机制有效运行，侵害农村留守儿童权益的事件得到有效遏制。到2020年，未成年人保护法律法规和制度体系更加健全，全社会关爱保护儿童的意识普遍增强，儿童成长环境更为改善、安全更有保障，儿童留守现象明显减少。

《意见》要求从强化家庭监护主体责任、落实县、乡镇人民政府和村(居)民委员会职责、加大教育部门和学校关爱保护力度、发挥群团组织关爱服务优势、推动社会力量积极参与等五个环节完善农村留守儿童关爱服务体系，建立健全包括强制报告、应急处置、评估帮扶、监护干预四大机制的农村留守儿童救助保护机制，并且通过为农民工家庭提供更多帮扶支持、引导扶持农民工返乡创业就业等方式从源头上逐步减少儿童留守现象。

《意见》还对如何强化农村留守儿童关爱保护工作保障措施做出了专门的规定，要求加强组织领导、加强能力建设、强化激励问责、做好宣传引导。还要求各省(区、市)要结合本地实际，制定具体实施方案。对《意见》的执行情况，国务院还将适时组织专项督查。

综观《意见》的内容，有四大亮点值得关注，而这也是我们对《意见》的期待：

一是父母应当与孩子在一起——家庭负有监护主体责任

《意见》明确规定了家庭监护的主体责任，简单地说就是父母不得以牺牲孩子的方式追求所谓"美好生活"。事实上，监护既是权利更是责任，这是我国法律的一贯立场。《意见》对家庭监护主体责任的强调，大多只是重申了法律的规定。例如，因为特殊原因无法履行监护职责的，应当通过委托监护等方式避免监护真空；不得让未满16周岁儿童脱离监护单独居住生活；具有监护侵害行为的，应当追究法律责任包括剥夺监护权另行指定监护人。

然而，这样一些早已经存在的法律规定往往不为留守儿童的父母所知晓或者并不被其认真对待。为此，《意见》建立了监护监督制度，以指导和督促父母履行监护职责。监护监督制度能否实际运转和发挥效用，是贯彻执行《意见》的重点和难点。

事实上，与孩子在一起也是留守儿童父母的心愿。留守儿童的产生，在很大程度上具有不得已性。如果不致力于消除将父母与留守儿童隔离的壁垒，所谓强调家庭监护主体责任不过是"站着说话不腰疼"，也易引起"何不食肉糜"与推卸责任的联想。《意见》提出了通过农民工市民化、扶持农民工返乡创业就业等方式消除父母与子女隔离壁垒的要求，这是从源头减少留守儿童的措施，也是治本之策和攻坚之策。当然，这也是落实《意见》的最大难点。

二是政府承担主导责任——走向前台不再躲躲闪闪

《意见》第一次正式让"政府"走向留守儿童保护的前台，明确政府负有留守儿童保护的主导职责，要求把农村留守儿童关爱保护工作作为各级政府重要工作内容，落实县、乡镇人民政府属地责任。

《意见》提出了建立完善家庭、政府、学校、社会齐抓共管的农村留守儿童关爱服务体系。与《未成年人保护法》及未成年人社会保护试点均让政府隐藏在"社会保护"中不同的是，《意见》将政府与家庭、学校、社会并列，作为留守儿童关爱服务体系的重要一环。尽管《意见》并没有明确采用国际通行的"国家监护"的提法，但政府已不再在留守儿童保护职责上躲躲闪闪，这是我国未成年人保护事业的重大进步，也必然对今后的未成年人立法完善产生重大影响。

政府走向前台不只是体现在文件表述上，而是体现在留守儿童关爱保护制度的完善上。例如，《意见》一改之前实际主要由群团组织妇联牵头留守儿童保护工作的做法，明确规定由政府部门牵头此项工作，即由民政部牵头建立农村留守儿童关爱保护工作部际联席会议制度。

政府走向前台更体现在"出钱、出人"之上。《意见》明确要求各级财政部门要优化和调整支出结构,多渠道筹措资金,支持做好农村留守儿童关爱保护工作。各地要积极引导社会资金投入,为农村留守儿童关爱保护工作提供更加有力的支撑。各地区、各有关部门要加强农村留守儿童关爱保护工作队伍建设,配齐配强工作人员,确保事有人干、责有人负。

政府走向前台,还体现在合理厘定政府与社会力量的关系上。《意见》明确了政府主导推动社会力量关爱留守儿童的工作格局,要求通过政府购买服务等方式,支持和推动社会工作服务机构、公益慈善类社会组织、志愿服务组织等社会力量为农村留守儿童提供专业服务。

政府走向前台令人欣慰,但也难免令人担忧。习惯了躲藏在"社会保护"之后的政府,尤其是基层政府与相关主要职能部门,能否真正走向前台,而不是抱怨或将重心放在"机构、编制和经费"上,还有待时间和实践去检验。

三是学校家庭化——部分缺失的家庭功能学校补

学校是留守儿童最为密切的生活空间,也具有部分弥补缺失的家庭功能的可能性。《意见》总结留守儿童关爱保护的经验并基于现实出发,采取了强化和完善学校"家庭功能"的方式以加强留守儿童关爱和保护,这样的思路是值得肯定的。《意见》首先强调应当保证适龄未成年人入学,其次从学习教育、心理健康、生活照顾、安全管理等多个方面对学校对留守儿童的关爱保护职责进行了明确要求。

值得注意的是,《意见》还特别要求提高班主任和宿舍管理人员关爱照料农村留守儿童的能力,在某种意义上赋予了这两类与留守儿童最为密切人员"类父母"的角色,这也是一些留守儿童关爱保护工作做得好的地区的经验,也是值得重视的经验。

四是建立留守儿童救助保护机制——避免极端事件重演

近些年来,留守儿童极端事件时有发生,这些极端事件的共同特点是"冰冻三尺非一日之寒"。《意见》总结已开展的未成年人社会保护工作试点经验,确立了包括强制报告、应急处置、评估帮扶、监护干预等流程、环节在内的留守儿童救助保护机制。尽管这一救助保护机制还有值得完善之处,比如强制报告的主体范围遗漏了邻居等重要群体,应急处置还缺乏专业和专门的力量等,但是这一救助儿童保护机制对于避免极端事件重演仍具有关键性的作用,也是贯彻《意见》中应当重点关注的内容。

很多人认为留守儿童问题属于我国社会转型期"发展中的问题",也是发展的必要代价。然而,一个再浅显不过的道理是:发展的目的不正是为了孩子生活得更好吗?以高达6100万留守儿童的"童年"与"未来"为代价的发展,显然背离了发展的目的。正是在这个意义上,关爱保护留守儿童一刻也不能耽误,一个也不能耽误。在留守儿童问题已经演变成严重社会问题的当下,《意见》有了救赎的意味——这也是贯彻执行《意见》时的应有认识。

载《社会福利》2016年第3期。

解读"李梦雪·李彤法案"

2014年12月23日下午,最高人民法院、最高人民检察院、公安部、民政部联合召开新闻发布会,正式公布了《关于依法处理监护人侵害未成年人权益行为若干问题的意见》(简称《意见》)。这一意见最为引人关注的内容(也是核心内容)是明确了可以撤销监护权的七种情形与具体程序,将《民法通则》和《未成年人保护法》中沉睡近三十年的撤销监护权条款予以了激活。

南京饿死女童案与《意见》的出台

实际上,早在1987年的《民法通则》(十八条第三款)、1991年的《未成年人保护法》(第十二条,2006年修订后第五十三条)中即有如果监护人不履行监护职责或者侵害被监护人的合法权益的,可以撤销监护权另行指定监护人的规定。但是,这些规定却在司法实践中形同具文。

近些年来频繁曝光的监护人严重侵害被监护未成年子女案件,受侵害的未成年人本可以根据上述法律条文及时被拯救出来避免出现恶性的结果,但是这些看上去很美的条文却诡异地始终保持了"静默"。

2013年6月,李梦雪、李彤两名女童在南京活活饿死于家中。与2003年在成都被饿死的女童李思怡不同,这两名女童的困境与危险状态早已为警察、民政、街道、社区、邻居等知晓,但她们却仍然在"众目睽睽"之下被活活饿死。

由于这一案件太过惨烈,因此引发了社会各界包括中央很多领导的强烈关注与反思。也正是因为这一案件的重要推动作用,最高人民法院、最高人民检察院、公安部、民政部开始协商建立跨部门协作机制,尤其是行政保护与司法保护的衔接机制,来及时拯救那些遭受监护人侵害的未成年人。

经过细致调研并吸收民政部自2013年以来开展未成年人社会保护试点经验的基础上,两高两部联合起草了《关于开展监护失当未成年人监护权转移工作的意见》(草案),试图通过激活《民法通则》和《未成年人保护法》中的转移监护权条款来固定这一协作机制。此后,这一草案又更名为《关于依法处理监护人侵害未成年人权益行为若干问题的意见》。名称的改变,也表明了两高两部希望建立完整的防范监护人侵害未成年人权益行为机制的思路。

国外有着以特定儿童的名字命名相关法案或者制度的先例,例如梅根法案、安珀警戒、亚当警报等。考虑到南京饿死女童案对于《意见》出台的直接推动作用,同时也是基于纪念与警示的考虑,笔者建议将《关于依法处理监护人侵害未成年人权益行为若干问题的意见》命名为"李梦雪·李彤法案"。

国家亲权与儿童最大利益原则:"李梦雪·李彤法案"的理论根基

孩子应当与父母生活在一起,这符合儿童成长的规律,也是人类的基本伦理。但是,一个必须正视的事实是:父母既是监护孩子的最佳人选和首要责任人,也可能是孩子受到伤害最大的威胁。

有着浓厚儒家文化传统的中国,无论是在国民心态还是法律制度设计上都一直缺乏对父母应有的警惕,同时儿童私有的观念也根深蒂固。正因为如此,尽管早在1987年开始施行的《民法通则》第十八条第三款中就规定:"监护人不履行监护职责或者侵害被监护人的合法权益的,应当承担责任;给被监护人造成财产损失的,应当赔偿损失。人民法院可以根据有关人员或者有关单位的申请,撤销监护人的资格",1991年制定、2006年修订的《未成年人保护法》均重申了《民法通则》的这一规定,但在司法实践中几乎没有这样的判例——即便父母经过长期虐待至孩子重伤甚至死亡。

然而,现代国家普遍确立了国家亲权原则与儿童最大利益原则,作为儿童福利制度与少年司法制度建立的理论基础。国家亲权原则认为:(1)国家而非父母是儿童的最终监护人,(2)在父母不能、不宜或者拒绝履行监护职责的时候,国家有权力也有责任进行干预直至接管监护权,

(3)国家对父母亲权的干预必须为了孩子的最大利益,亦即要受到儿童最大利益原则的约束而不能滥用。儿童最大利益原则主张关于儿童的一切事务均应以儿童的最大利益为一种首要考虑。

也正是基于这两大原则,各国普遍建立了撤销及转移监护人资格的完善制度——在父母头上祭起了"达摩克利斯之剑",随时"砍向"不适格的父母。长期以来,我国对这样的机制实际并不认可——这也是撤销监护权法律条款在司法实践中形同具文的重要原因。常见的偏见有二:一是认为父母心是好的,动不动受到骨肉分离的威胁"不近人情";二是认为一些父母本来就不想养孩子,转移其监护权是一种"纵容"。

事实上,撤销与转移监护人资格的制度设计,一方面可以威慑父母履行好监护权,另一方面则可以及时将可能遭受父母严重伤害的儿童拯救出来,避免发生恶性后果。基于儿童最大利益原则的考虑,国家并不会与不负责任的父母过度博弈,以避免撕裂幼弱的孩子。这一制度既体现了国家的大爱与担当,事实上也是一种两害相权取其轻的不得已抉择。

在频发的未成年人受害恶性案件的刺激下,"李梦雪·李彤法案"终于克服了以上两点偏见,明确规定了儿童最大利益原则,并且通过转移监护权制度设计确立了国家亲权原则。这不只是我国未成年人保护制度的进步,更是未成年人保护观念的重大革新。

"李梦雪·李彤法案"的基本内容

法案总共包括五个部分:一般规定、报告和处置、临时安置和人身安全保护裁定、申请撤销监护人资格诉讼、撤销监护人资格案件审理和判后安置,共四十四条,建立了处理监护人侵害未成年人权益行为的跨部门协作"一条龙"体系。

这一法案明确了公、检、法、民政等部门在处理监护侵害行为中的职责,并建立了衔接有致的跨部门协作机制。具体而言,公安机关在处置监护侵害行为中负有"跑第一棒"的职责,民政部门负有在监护侵害行为处置中的托底职责,检察机关具有对监护侵害行为的处置负有监督职责,法院负有对处理监护侵害行为的司法保障职责。

公安机关的"跑第一棒"职责主要是指公安机关应当对监护侵害行为予以快速反应和及时干预,包括及时制止在工作中发现以及单位、个人举报的监护侵害行为,在情况紧急时及时将未成年人带离监护人、护送交付给安全人员与机构、送医救治等。

民政部门负有在监护侵害行为处置中的托底职责主要表现在三个方面：一是临时监护的托底责任；二是申请撤销监护人资格的托底责任；三是撤销监护后的未成年人安置托底责任。

检察机关具有对监护侵害行为的处置的监督职责主要表现在两个方面：一是对监护侵害行为构成虐待罪，如果未成年人及其近亲属没有告诉的，由检察院提起诉讼。二是监护人因监护侵害行为被提起公诉的案件，检察院应当书面告知未成年人及其临时照料人有权依法申请撤销监护人资格。对于监护侵害行为符合撤销监护规定情形而相关单位和人员没有提起诉讼的，人民检察院应当书面建议当地民政部门或者未成年人救助保护机构向人民法院申请撤销监护人资格。

法院对处理监护侵害行为的司法保障职责主要体现在以下两个方面：一是依法受理人身安全保护裁定申请；二是依法撤销与恢复监护资格。值得肯定的是，为了确保撤销监护权的判决符合儿童最大利益原则的要求，"李梦雪·李彤法案"还创设了教育辅导、调查评估、多方会商等多种机制，同时还确立了恢复监护人资格的程序。

撤销和转移监护权只能是一种万不得已的措施，但也是一种两害相权取其轻的不得已选择。"李梦雪·李彤法案"通过明确确立儿童最大利益原则和国家亲权原则，细化可以撤销监护人资格的监护侵害行为标准、完善撤销监护人资格的诉讼程序、建立未成年人保护的多部门协作机制等方式，激活了《民法通则》和《未成年人保护法》沉睡多年的撤销监护权条款。这一法案的出台，必然会对我国今后儿童福利制度与少年司法制度的完善，产生重大而积极的影响。

载 2015 年 1 月 14 日《上海法治报》。

法律向不合格父母亮剑

当父母不能、不宜或者拒绝履行监护权的时候,国家有责任也有权力接管监护权。随着一份新法案的出台,我国的未成年人保护又往前迈出了一大步。简单地说,一旦孩子的父母靠不住,国家必须得靠得住……

在很多国外的影视作品中,我们常常会看到这样一幕:不合格的父母被撤销监护权,儿童保护机构的专业人士会把孩子接走……

监护人侵犯未成年人权益就会被撤销监护权,我国的法律也开始跟进:一个月前,最高人民法院、最高人民检察院、公安部、民政部联合公布《关于依法处理监护人侵害未成年人权益行为若干问题意见》(以下简称《意见》)。

为公众所不知的是,这一法案的出台和2013年发生在南京的两名女童饿死案直接有关。因为这一恶性事件是促成这一法案出台的重要甚至是关键性动因。

存在已久的"僵尸"条款,终于被激活了

直到今天,这起恶性事件还让人难以忘却。2013年6月21日,江苏省南京市江宁区社区王姓民警上门走访辖区居民乐燕,发现李梦雪、李彤两名幼女已经活活饿死家中,尸体已经风干。她们的父亲李某正在服刑,长期吸毒的母亲乐燕已经十余日不知所终。事后的调查表明,两名女童曾因饥饿而彻夜拍门喊妈妈,甚至趴到马桶上吃粪便充饥,但终于在无助之中,慢慢地死去。

这一惨案一度震惊全国,但估计社区民警、邻居、当地民政部门、居委会的干部们对这两名女童的死亡均并不会感到意外,因为他们对于两名女童的困境与危险状态早就熟知,而且都认为自己该做的都做了,能做的也都做了——直至惨剧的最后发生。某种程度上可以说,李梦雪、李彤两名女童是在众目睽睽之下活活饿死于家中。两名女童死后,楼内的居民家家挂起红布,有的当事人还着大红衣服,据说是为了辟邪,也许只是为了驱除内心的恐惧……但事后没有人被追责,除了女童的母亲乐燕被以故意杀人罪判处无期徒刑。

近些年来,我国频繁曝光出监护人侵犯未成年人的恶性案件,很多案件的惨烈程度超出常人可以忍受的极限。这样的悲剧性事件本可以及时得到干预,避免发生惨烈的后果。因为早在我国1987年开始施行的《民法通则》就规定:如果监护人不履行监护职责或者侵害被监护人的合法权益的,可以撤销监护权另行指定监护人;1991年颁布的《未成年人保护法》再次重申了《民法通则》的规定,但遗憾的是,在司法实践中,这样的判例是罕见的。《民法通则》与《未成年人保护法》的相关规定,也因此被一些法律界人士称为"僵尸"条款。

而此次最新出台的《意见》,我个人更愿意把它称之为"李梦雪·李彤法案",因为它明确确立了儿童最大利益原则和国家亲权原则,通过细化可以撤销监护人资格的监护侵害行为标准、完善撤销监护人资格的诉讼程序、建立未成年人保护的多部门协作机制等方式,在法条上真正激活了《民法通则》和《未成年人保护法》沉睡多年的撤销与转移监护权条款——这在我国未成年人保护法治史上具有里程碑的意义。

"李梦雪·李彤法案"在这样一个敏感的问题上终于有了鲜明的立场:当父母不能、不宜或者拒绝履行监护权的时候,国家有责任也有权力接管监护权。讲白了,就是国家要"托底"——一旦父母靠不住,国家必须得靠得住。

父母被撤销监护人资格,并等于从此"免责"

然而,"李梦雪·李彤法案"虽激活了撤销监护权条款,但它挑战了我国传统的亲权观念与儿童观念。该法案出台后,仍有很多人认为,国家没有权力和责任去剥夺和转移父母的监护权,还有人心存疑虑甚至质疑撤销和转移监护权是在纵容不负责任的父母。

按照笔者的看法,剥夺父母监护权、另行指定监护人是一种两害相权取其轻的不得已选择。

实际上,有不少国家的法律允许父母在不伤害孩子的前提下将监护权转移给国家,国家不追究父母遗弃罪的责任。我国民政部门试点的"弃婴岛",也是这样一种两害相权取其轻的不得已选择。然而,"孩子是父母的"这种观念在我国根深蒂固,这样的法律规定与做法的确可能会引起一些人的不解。

基于儿童最大利益原则的立场,国家需要大爱和担当。国家和父母过多年博弈的结果,往往是"撕裂"孩子。因为如果将孩子硬推向不负责任的家长,事实上就是把孩子推向了一个危险的、缺乏救济的环境中。近些年曝光的很多恶性事件应当引起我们的惊醒。

需要特别指出的是,撤销父母的监护人资格并非如一些人担心的那样会产生放纵的结果,因为被撤销监护人资格的父母仍应当负担未成年人的抚养费用和因监护侵害行为产生的各种费用,还可能会因其监护侵害行为承担行政甚至刑事责任。

儿童最大利益原则是处理涉及儿童事务的行动标尺,决定了我们在面对儿童问题的时候应当采取什么样的立场和解决方案。譬如,"李梦雪·李彤法案"并没有明确被撤销监护人资格的父母是否可以探视孩子,也没有规定孩子是否还享有对生父母的财产继承权,因而产生了不同的观点之争。但按照儿童最大利益原则,这样的所谓"不明确"其实是明确的:探视可能对孩子有利也可能不利,因此要个案处理;继承权对孩子有利,当然应当享有。

没有保障就没有干预,"接盘"机制须进一步完善

"徒法不足以自行",转移监护权不仅仅是个司法问题,更是一个复杂的系统工程。此次的"李梦雪·李彤法案"明确了公、检、法、民政等部门在处理监护侵害行为中的职责,并建立了衔接有致的跨部门协作机制,但这一机制的磨合也还需要在实践中进一步探索和完善。但另一方面,"李梦雪·李彤法案"虽然明确了公、检、法、民政等部门的责任,但却并未细化追责机制,这也留下了这一法案执行的隐忧。

另一个需强调之处是,如果不能保证孩子在转移监护权后生活得更好,单纯启动剥夺监护权诉讼是危险的。没有保障就没有干预,假如没有完善的"接盘"机制,后果可想而知。

从已有的剥夺和转移监护权的案例看,有的将监护人资格交给了村委会等机构。监护权的履行虽然需要专业和技巧,但更要有情感依赖性和人身依附性。孩子应当生活在家庭环境中,由机构充当监护人并不是理想的做法,所以这只能是过渡措施。通过寄养、收养等方式,尽快让孩子回归到正常的家庭环境中,才是对未成年人最好的保护方法。在这一点上,无论谁来承接监护权,都要有监护能力评估与监督机制。一般而言,遭受长期精神和肉体伤害的困境儿童被解救后直接由新的监护人接收往往会存在适应性不良,这种适应性不良通常是双向的。因此,还有必要由具有专业技能的专门机构进行心理干预和行为矫正,以利于被解救的儿童能够顺利融入新的家庭环境之中。

"李梦雪·李彤法案"的出台有助于革新"孩子是父母的"、"法不入家门"的传统滞后观念,必将对促进我国儿童福利制度与少年司法制度的完善产生深远的影响。然而,这一法案要真正发挥作用,尚任重道远。

载 2015 年 1 月 23 日《文汇报》。

未成年人视角的《反家庭暴力法》

近日国务院公布了《反家庭暴力法（草案）》并向社会公开征求意见。由于近些年来频繁曝光的侵犯未成年人的恶性事件令社会震惊，草案中有关反针对未成年人家庭暴力的条款引人注目。

从草案的具体内容来看，其有关反针对未成年人的家庭暴力的规定主要有以下几个方面：一是明确规定了对遭受家庭暴力侵害的未成年人与老年人、残疾人、重病患者共同给予特殊保护的原则。二是重申监护人应当依法履行监护职责，不得对未成年人实施家庭暴力（第八条）。三是明确规定了特殊职责部门发现未成年人遭受家庭暴力必须举报的法律责任（第十四条、第三十九条）。四是重申了监护人施暴将被撤销监护资格（第二十五条）。五是重申了询问未成年受害人应当通知法定代理人或合适成年人到场的制度（第十六条）。

从草案现有规定来看，对未成年人这一特殊群体给予了一定程度的关注，尤其是明确了对遭受家庭暴力侵害的未成年人给予特殊保护的原则。由于未成年人是家庭暴力的主要受害对象，《反家庭暴力法》的颁行对改进我国未成年人保护状况的意义是不言而喻的。

不过遗憾的是，如果从未成年人（儿童）视角审视《反家庭暴力法（草案）》，这一草案不能不说离预期尚有较大的差距。未成年人是缺乏自我保护能力的特殊个体，其与成年人——包括老年人、残疾人、重病患者有着本质的区别。尽管草案明确规定了对遭受家庭暴力侵害的未成年人给予特殊保护原则，但并为对未成年人在家庭暴力侵害中特殊性予以必要的关注。

例如，草案的一大亮点是规定了人身安全保护裁定制度，但这一制度并未考虑到受家庭暴力侵犯的未成年人的特点,即未成年受害人并不具有申请人身保护的意识与能力。虽然现有草案第二十七条第三款规定"受害人无法向人民法院申请人身安全保护裁定的,其法定代理人、近亲属可以向人民法院代为申请人身安全保护裁定",但在绝大多数针对未成年人的家庭暴力事件中,父母通常是加害人,显然加害人不会为受害人申请人身保护裁定,而其近亲属由于加害人之间的亲属关系,其为受害未成年人申请人身安全保护裁定的现实可能性十分微弱。

再如,被媒体关注的父母施暴将被剥夺监护权的规定,也只是重申了《民法通则》与《未成年人保护法》有关剥夺与转移监护权的规定,而且莫名其妙的是,草案并没有解决剥夺监护权条款之所以成为沉睡法条的原因——未明确"有关单位和人员"是谁,相反却细化了被剥夺监护权的父母可以在三个月后申请恢复监护权。草案的这种对儿童权益保护意识的缺乏与成人本位的立场,不能不说令人遗憾。

《反家庭暴力法》应当对未成年人特殊性给予更多的关注。借鉴2012年修订的《刑事诉讼法》的立法经验,《反家庭暴力法》也应设置未成年人专章——"针对未成年人家庭暴力的预防与处置"。建议这一专章至少应当包括以下内容:

一是借鉴国外对虐待儿童的通行界定,《反家庭暴力法》应当放宽针对未成年人家庭暴力行为的界定,将"忽视"列入家庭暴力的范畴。国际上一般将儿童虐待分为四种主要类型:躯体虐待、性虐待、精神虐待(有的学者称为心理虐待)及各种形式的忽视。就未成年人而言,"忽视"是一种对未成年人具有严重伤害的特殊形式的侵害,且不能为草案所规定的精神暴力所涵盖。

二是借鉴国外儿童保护官的设置,并吸收司法实践的探索经验,明确规定"观护人"这一专门的未成年人保护人员。由其具体监督父母监护权的行使,及时制止父母针对未成年人的家庭暴力,及申请人身保护令、护送至临时庇护所、评估父母监护能力与资质、衔接受害未成年人重返家庭环境。

三是细化《民法通则》和《未成年人保护法》所规定的剥夺和转移监护权的条款,明确提起剥夺监护之诉的"有关单位和人员"的具体范围,以激活这一沉睡的制度——在父母头上架起"达摩克利斯之剑",时刻警醒父母虐待未成年人的"现实"法律后果,以最大限度的防治家庭内的虐待儿童行为。

我们更期待立法机关能参考国外未成年人立法经验,能够考虑单独制定防止儿童虐待的法律,而在这样的一个建议被接受以前,《反家庭暴力法》中增设未成年人专章的必要性也显得更为迫切。

本文主要观点刊载于 2014 年 12 月 1 日《法制日报》。

反家暴法应当更具"同理心"

某市一位女劳模,长期遭受丈夫家暴。她曾向警方、妇联等多方求助,也试图离婚,但仍不能摆脱丈夫的家暴。有一次,女劳模躲在警车上,结果被丈夫从警车上拖下来殴打。女劳模彻底绝望,当天晚上即上吊自杀。这不是故事,而是发生在中国最发达城市的真实事件。为什么已有的求助渠道都不能保护这位家暴受害人,这是一个不能回避的问题。

与一般暴力不同的是,家庭暴力具有"当事人之间存在控制关系"以及"受害人凭借自身努力无法摆脱侵害"这两个最基本的特征,因此需要和普通暴力区别对待以及需要国家与社会的专门与专业性介入。欣慰的是,经过将近二十年的呼吁和努力,反家暴法终于进入了全国人大审议程序,该法草案也已正式公布并向社会公开征求意见,这意味着家庭暴力将正式被确立为特殊的暴力形式而受到特别地处置。

反家暴法草案革新了"法不入家门"的传统滞后观念,通过规定强制报告制度、告诫书制度、人身安全保护令制度等,为深陷家暴"炼狱"煎熬的受害人祭起了法律的护身符。某种意义上可以说,即将出台的反家暴法不仅仅是我国婚姻家庭立法的进步,更是人权保护立法的重大进步。

一部熬了近二十年终于获得出台机会的法律,难免会带有较多妥协的印记。即将出台的反家暴法让家暴受害人看到了希望,然而如果站在受害人的立场设身处地的思考,或者说基于同理心的立场,则这部法律草案似乎仍然有诸多需要完善的空间。

草案将家庭暴力界定为"以殴打、捆绑、残害、强行限制人身自由等方式,对家庭成员实施的侵害行为"。这一定义将家庭暴力限定为主要是指共同生活的家庭成员之间的身体暴力,这可能是历次草案文本中对家庭暴力界定最为狭窄的,也让原本以为可以受到即将出台的反家暴法荫庇的受害人满怀的希望破灭。

随着社会的发展,具有监护、扶养、寄养、同居等关系的共同生活人员之间除了不具有"家庭"之名外,与建立在血缘、婚姻关系基础上的传统家庭关系并无实质区别。他们之间发生的暴力行为,完全符合"当事人之间存在控制关系"以及"受害人凭借自身努力无法摆脱侵害"这两个家庭暴力的最基本特征。

什么是家庭与准家庭成员之间的"暴力"行为,有时候具有说不清道不明的特点,只有当事人之间才能感知。在一般人看来不具有典型"暴力"形式的侵害行为,很可能对受害人意味着噩梦。譬如,不能说的"性暴力"、看上去很温柔的"精神暴力"、针对儿童的"忽视"等。我曾经听到一个案例,生活不能自理的老头子经常被怀有报复心理的老太太"挠痒痒","欢乐的"老头子时刻生活在可能背过气去的死亡恐惧之中。在立法者和一般人思维中,大概不会想到"挠痒痒"都可能成为一种可怕的"暴力"。从立法技术上说,对"暴力"的界定越明确、越狭窄,则越可能使身处家庭暴力噩梦中的受害人求助无门。

一个基本的建议是:反家暴法对于"家庭"的界定"宜细不宜粗",对"暴力"的界定"宜粗不宜细"。具体来说,一是应当明确将"具有监护、扶养、寄养、同居等关系的共同生活人员"纳入家庭成员的范围。事实上,这也是今年三月两高两部出台的《关于依法办理家庭暴力犯罪案件的意见》的立场,反家暴法不应倒退。二是考虑到暴力的方式与程度往往只有受害人才能感知,因此应将"暴力"抽象规定为身体暴力、精神暴力、性暴力、忽视、经济控制等,以让有求助需要的家庭暴力受害人能够进入反家暴法庇护的视野。

基于同理心的立场,反家暴法还应更加细致地考虑家暴受害人的特点与期待。我国的反家暴实践已经开展多年,但是效果仍有待提高,一个关键性的原因是在反家暴中一直缺乏专门、专业和有资源运用能力的"跑第一棒的人",因而容易使受害人陷入频繁求助直至绝望的境地。"跑第一棒的人"是指在接到受害人求助或者发现家庭暴力后第一时间介入的人,是家暴受害人身处困境时的"救命稻草",它应当包括两种人:一是经过反家暴专业训练的警察,二是具有专业能力的反家暴专门人员。前者主要对付加害人,而后者主要保护受害人。反家暴法应当对基层一线民警的反家暴培训作出特别和明确的规定,同时也宜建立反家暴专员制度。建立反家暴专员制度并不意味着一定要增加编制和人员,反家暴专员可以是政府负责妇女儿童保护工作的部门培训与认定的社工、志愿者等专门人员。

强制报告制度、告诫书制度、人身安全保护令制度是反家暴法的三大亮点,但同样应当基于受害人的视角作进一步的完善。例如,负有报告义务的特殊职责人员应当按照"近距离原则"作进一步的扩大,即至少应当将离家庭暴力最近的邻居、居(村)委会包括在内。再如,告诫书制度是对反家暴实践创新的吸收,但在正式立法时宜将其吸收入已有法律规定的"训诫"制度中,以提高其权威性与威慑力。此外,人身安全保护令制度在设计时宜更加充分的考虑便利于受害人的特点,比如申请方式应当以口头为原则书面为例外,而不是相反。

反家暴之所以有单独立法的必要性,正在于其基于家庭暴力受害人立场的"同理心",而这也是反家暴法草案可以作进一步完善的视角。

载 2015 年 9 月 28 日《人民日报》,刊载时略有删改。

保护的善意与边界:关于完善《未成年人网络保护条例(送审稿)》的建议

2017年1月6日,国务院法制办公布了《未成年人网络保护条例(送审稿)》征求意见稿,相对2016年10月公布的《未成年人网络保护条例(草案征求意见稿)》,此次送审稿有较大的完善,许多规定可圈可点值得赞赏。

我一直主张,未成年人保护需空间扩容,网络是与家庭、学校、社区、社会并列的未成年人成长的第五空间,而且也是当代未成年人成长与社会化的途径。在很多家庭,未成年人在网络空间停留的时间实际已经超过了与父母交流的时间,其对未成年人身心健康、社会化的影响是深刻而持久的。《未成年人网络保护条例》率先专门对未成年人成长的网络空间进行立法保护,不仅是对《未成年人保护法》未成年人网络保护条款的细化,更是完善我国未成年人法律体系的重大进步,也是对如何完善我国未成年人法律体系的立法示范。

《条例》起草过程中以问题导向为首要原则的思路是值得肯定的。调研确立了未成年人网络保护工作亟须解决的上网权利保障、网上内容管理、网络防沉迷、个人信息保护、防范网络欺凌等五大问题。从《条例(送审稿)》篇章结构与36条内容来看,也的确体现了上述问题导向原则,针对这五大问题所规定的明确未成年人网络保护的管理体制、建立网上内容管理制度、对预装未成年人上网保护软件作出选择性要求、强化对未成年人网上个人信息保护、就网络欺凌问题作出规定、规范网络沉迷的预防和干预活动等内容,可谓都是《条例(送审稿)》的亮点。不过,《条例(送审稿)》仍然有诸多需要完善的地方,取其要者主要有五:

其一,《条例》宜进一步突出"儿童视角"而非"管理视角",进一步体现未成年人权利本位。

儿童视角不仅仅体现在内容上,更体现在《条例》的谋篇布局上。目前,《条例(送审稿)》将"网络信息建设"一章置于"未成年人网络权益保障"之前是值得商榷的,这不符合《条例》立法的法理基础,也使条例的立法逻辑略显混乱,建议将"未成年人网络权益保障"序位提前至"总则"章之后。

其二,儿童视角的基本要求是强化成年人以及政府相关职能部门、网络服务提供者等的责任,而不是限制未成年人的网络权利——除非这种限制为儿童最大利益原则所必需。

从这个角度看,《条例(送审稿)》中还有不少需要进一步完善的,其中最典型的是第二十三条第二款的"网游宵禁"条款:"禁止未成年人在每日的0:00至8:00期间使用网络游戏服务"。考虑到民法规定的完全民事行为能力人包括已满16周岁不满18周岁以自己劳动收入为主要生活来源的未成年人,网游宵禁宜将年龄范围限制在未满16周岁的未成年人。同时,有关"限制未成年人连续使用游戏的时间和单日累计使用游戏的时间"的规定还宜考虑和尊重监护人的指导与决定权。

其三,资讯喂食模式是把双刃剑,《条例》应注重"网络信息内容建设"但更应注重提高未成年人在网络空间的自我免疫力。

通过技术隔离的方法,让未成年人无法接触不良信息,这种资讯喂食模式是成人社会保护未成年人传统且期待的方式。但是,由于隔离式的资讯筛选机制可能会影响未成年人的网络权利,甚至影响更广泛人群的网络权利,因此必须十分谨慎。欣慰的是,《条例(送审稿)》采取了平衡未成年人保护与未成年人网络权利的立场。例如对预装未成年人上网保护软件采取了作出选择性要求的规定,而非强制要求;再如对合法但不适宜未成年人接触的信息,虽然没有采用期待的"分级制",但规定了应当在信息展示之前以显著方式提示的"信息提示制度"。

在网络时代,资讯喂食模式是难以完全实现的,理性的立场是尊重未成年人的成长规律,注重增强未成年人的识别与免疫力,教育、引导未成年人如何与多元信息共处而不迷失。基于此种考虑,建议增加"未成年人网络素养培育"专章,同时将"预防和干预"章名修改为更加准确的"网络侵害的预防和干预",由此形成顺序包括第一章总则、第二章未成年人网络权益保障、第三章未成年人网络素养培育、第四章网络信息内容建设、第五章网络侵害的预防和干预、第六章法律责任、第七章附则的条例新结构。

"未成年人网络素养培育"一章的内容除了包括《条例（送审稿）》第五条的内容外，还应增加关于未成年人网络自律（文明公约）、未成年人网络教育、未成年人网络自护、监护人网络指导等条款的内容。

其四，《条例》应进一步警惕和禁止以爱的名义伤害未成年人的行为。《条例（送审稿）》相对《条例（草案征求意见稿）》的一个重大进步是，放弃了对"未成年人网络成瘾实施干预和矫治"的提法以及"推动出台网络成瘾的本土化预测和诊断测评系统，制定诊断、治疗规范"的规定，将干预和矫治未成年人网瘾的立法思路转换为侧重防止未成年人遭受以网瘾戒治之名的伤害。《条例（送审稿）》第二十条第二款规定："任何组织和个人不得通过虐待、胁迫等非法手段从事预防和干预未成年人沉迷网络的活动，损害未成年人身心健康，侵犯未成年人合法权益"，这是对目前网瘾戒治乱象的积极回应，一些以网瘾戒治之名伤害未成年人的现象将可能得到约束。

但是，第二十条第一款仍然规定"教育、卫生、计生等部门依据各自职责，组织开展预防未成年人沉迷网络的宣传教育，对未成年人沉迷网络实施干预"，仍然为网瘾戒治组织与个人的存在提供了一定的法律依据。基于网瘾尚非成熟的医学概念、戒治网瘾非成熟的医学行为以及维护未成年人权利的考虑，《条例》宜在第二十条第二款增加"禁止开办未成年人网瘾戒治机构，禁止任何组织与个人从事网瘾戒治之名的营利性活动"的内容。

其五，对网络空间侵害未成年人的行为应当编制更加严密的法网，增加严禁网络性侵未成年人的规定。《条例（送审稿）》的亮点是对常见的网络侵害未成年人现象，例如网络欺凌、网络隐私泄露等，进行了较为细致的规定，但遗憾的是，并未对网络性侵未成年人这一互联网世界最为常见和最为恶劣的现象作出专门规定，这不能不说是一大遗憾。防止网络性侵未成年人的重点并不仅仅是防止未成年人受到网络色情信息的不良影响，更重要的是严禁他人利用网络对未成年人实施性侵害。建议《条例》至少应当针对我国目前立法的漏洞，明确禁止制作、传播、浏览、持有包含儿童题材色情信息的行为，禁止利用网络对未成年人实施性引诱、性教唆、性侵犯等侵害未成年人的行为。

此外,法律责任章中规定:"未成年人的监护人不履行本条例规定监护职责的,由其所在单位或居民委员会、村民委员会予以劝诫、制止",将监护监督的责任赋予了监护人所在单位和居委会、村委会。考虑到当代中国单位社会的解体以及社区发育不成熟的实际状况,这一条款的规定值得商榷,建议可以增加负有国家监护职责的民政部门承担监护监督职责——这也是我国未来建立更加完善的国家监护制度的趋向。

本文以专访形式发表于 2017 年 1 月 11 日《中国妇女报》,刊载时标题为"保护未成年人:应厘清保护的善意与边界"。

在纪念《预防未成年人犯罪法》颁布十周年座谈会上的发言

尊敬的各位领导、同志们,我叫姚建龙,是华东政法大学的副教授。作为一名学者,长期以来我一直致力于青少年犯罪研究和少年司法制度的理论建构,曾经很荣幸地担任过团中央《未成年人保护法》修订工作专家顾问组专家,目前任上海市长宁区人民检察院副检察长,分管未成年人案件刑事检察工作。从理论研究到司法实践的经历,使我值此《预防未成年人犯罪法》颁布十周年之际,更深切地感受到这部法律在中国法律体系中看似微不足道,但却是关系着国家的兴盛之运。尽管在实施的过程中遭遇了很多难题,但这部蕴涵着人性温暖的神圣法律,体现了国家对未成年人的关怀和重视,能够激起每个人的感恩之心、扬善之心。

作为中国未成年人检察制度的发源地,1999年长宁区人民检察院未成年人刑事案件检察科伴随着《预防未成年人犯罪法》的颁布,开创了捕诉防一体化的办案工作机制,并使这项办案机制成为上海检察机关未成年人检察工作的职能模式。10年来,我们始终把预防未成年人犯罪确立为检察机关责无旁贷的职责,在预防未成年人犯罪工作方面取得了一定成绩,先后荣获"全国首届优秀青少年维权岗""全国巾帼文明示范岗""中国保护未成年人杰出公民""全国维护妇女儿童权益突出贡献奖""全国青少年犯罪研究先进集体""上海市模范集体""上海市三八红旗集体"等荣誉。

未成年人犯罪,是一个日益突出的全球性社会问题,尽管有人把它和环境污染、吸毒贩毒并列为世界"三大公害",但是"拉一把失足少年"的工作理念,自未检工作开创以来就一直深深地烙刻在每一个未检人的灵魂深处。20多年来,长宁区人民检察院未检科紧紧围绕检察职能,探索建立了一系列特殊检察制度,对失足少年施以积极的司法保护:为了防止审前羁押措施给初犯轻罪少年带来的心理伤害和交叉感染,在批捕阶段我们实施了非羁押性措施可行性评估,把更多的涉罪未成年人护在阴暗的监所大墙之外;为了使轻微犯罪少年免除"犯罪标签"带来的负面影响,我院探索建立了诉前考察制度、社会调查制度,并对做相对不起诉的未成年人采取了刑事污点限制公开措施,使曾经迷途的他们重返生活的正轨;为了弥补讯问时外来未成年人的家长无法到场的情况,我们引入了合适成年人参与制度,5年多来先后有126名外来未成年人在讯问过程得到了合适成年人(法律家长)的帮助,使外来的未成年人与本市未成年人得到了平等的保护;为了更深入地探触犯罪未成年人的心灵世界,我们培养了多名国家二级心理咨询师,在办案中积极运用心理学的方法和手段,进行有针对性的教育、感化、挽救,还专门建立了适合未成年人身心特点的爱心谈话室,对240多名涉罪未成年人进行了心理测试。

在多年司法保护的实践中,我们深深地感到,"没有不好的孩子,只有不幸的孩子",没有一个孩子胸怀罪恶来到这个世界上,当孩子没有按父辈的设想走向光明,而是跌落于社会的底线时,家庭、学校、社会各方应该沉痛地反思各自角色的缺失。无论何时,"防患于未然",是父母、家庭、社会对孩子永恒的责任。我们在办案中始终保持着敏锐的嗅觉,不断把预防未成年人犯罪工作向前延伸,放大办案工作的社会效果。为此我们充分发掘社会资源先后建立了7个教育基地,成立了"小小法学家"咨询站,编写小学法律和思想道德教育课本、开展外来务工子弟与上海少年手拉手的活动,开设了"网上维权信息中心",以开展模拟法庭、小品、大型法律咨询、法律座谈和文艺会演等形式向本区广大中小学生进行法制宣传教育。

预防宣传往往会牵扯未检干部大量的工作精力,如何使我们检察机关有限的宣传、预防力量发挥更大的效果,是我们长期探索的课题。经过多年的摸索,我们感到办案实践是预防未成年人犯罪工作的反光镜和回音壁,要紧紧围绕检察职能,作出有针对性的回应。

2002年我们在学校作法制宣传时,经常有老师反映在学校门口有一些恶少,频频以强凌弱,抢劫、勒索低年级同学,而从检察机关掌握的材料来看,报案的被害学生少之又少,可谓隐患重重。为此,我们结合所办理的案件及时印制了一份《告学生家长的一封信》，希望被害学生的家长运用法律武器，保护子女的合法权益，依法惩处犯罪。如今我们已经欣喜地看到校门口强索类案件已经得到了有效的遏制。

2004年初我院未检科在审查未成年人王某、闫某盗窃案的卷宗中发现，两人的作案工具很专业，而且在侦查阶段曾供述该作案工具由一名老乡制作。经过承办人耐心地说服，两人终于说出了老乡的真实姓名，而且指证老乡在他们面前曾亲自演示如何使用工具盗窃助动车。承办人敏锐地意识到这是一起严重侵害未成年人权益的案件，立即以蒲某涉嫌传授犯罪方法罪对公安机关进行立案监督，最后蒲某经提起公诉后被法院判处有期徒刑1年6个月。这一案例给我们带来了启示。我院针对未成年人自我保护意识差、自控能力弱、容易被人利用等情况，开展了打击教唆、引诱、威胁未成年犯罪的专项活动，深挖隐藏在未成年人背后的"幕后黑手"，在专项活动中依法处理了13名教唆和传授犯罪方法的犯罪分子，有效预防了更多的未成年人被拖入犯罪深渊。

理清了预防工作的思路后，未检干部总能够捕捉到预防犯罪工作的敏感点。近年来，网络以及电视等媒介上大量无序传播的暴力和色情信息，强烈地冲击着未成年人道德认知水平，成为诱发未成年人犯罪的温床。2005年，我院在办案中发现由于网吧业主的违规经营，使未成年人涉网犯罪比例呈上升趋势，于是立即向区文化局发出检察建议，建议其加强对区内网吧监管力度，同时针对暑假期间青少年上网较为集中的现象，未检干部冒着酷暑四处奔波，对区属范围内的72家网吧业主以案论法，进行了法制宣传，并主动走访社区，开展了关于"未成年人上网利与弊"的系列辩论赛，使学生们在互相论辩中正确认识了网络、网吧与生活、学习的关系，提高了自我保护的意识。为了扩大宣传面，我院通过上海电台《市民与社会》、上视《有话大家说》、报刊等新闻媒介就如何规范网吧管理进行宣传，再次呼吁社会为优化、净化未成年人成长环境尽一份责任。

随着外来人口的大量导入，餐饮行业未成年服务人员涉嫌犯罪的案件频频发生。经统计，仅2006年至2007年中餐饮行业未成年服务人员涉嫌犯罪的就有22件，占受案数的21.36%。于是，我们与区个体和私营协会取得联系告知了这一情况，并发出检察建议，要求协会通过行业规范的形式要求各私营业主加强自律和管理。与此同时，我们还利用个体和私营业主集中活动的机会，针对餐饮等服务性行业此类案件高发，如何预防外来未成年人员犯罪,如何加强场所安全和职工管理等问题做专题法制宣传。这种通过类案开展犯罪预防的做法,受到了个体和私营业主的欢迎。

密切关注、预防未成年人的重新犯罪,也是我院未检人肩上沉甸甸的责任。在办案中我们常常发现,一些外来未成年人从看守所或监狱期满释放后,由于在上海没有亲人,又无能力回家,最终成为流浪儿童,走上重新犯罪的道路。这种现象使得未检干部在惋惜同情的同时,又束手无策。2007年我院将这一情况与区民政局作了沟通,并得到了他们的积极响应和支持,决定采用保护流浪儿童的政策对这些未成年人提供相应救助。5月下旬,我院获悉一名新疆籍未成年人艾某即将从长宁看守所刑满释放,但身无分文的他无法实现其回到家中重新做人的愿望。6月初,我院承办人和区救助站与其家人取得联系,提供路费让其家人接回家后,仍通过电话等形式保持对艾某的跟踪帮教。9月初,当我们获知其在新疆寻找工作和学习技能的经费发生困难后,又前往乌鲁木齐与当地检察机关和户籍所在地取得联系,希望他们能协助帮教,区救助站还为他提供了必要的学习经费。这一人性化的做法,收到了良好的社会效果。通过这一个案的试点,长宁区检察院与区民政局救助站建立起了长期的工作联系制度,这一工作制度使司法保护与社会保护得到了有效衔接,使教育、感化、挽救的方针体现了实效。

办案是我们未成年人刑事检察工作的生命线,办案也给我们预防未成年人犯罪工作不断带来新情况、新动向,为犯罪高危人群的发现、预防宣传工作的切入点带来不同的视角和工作平台,而把这两者及时、有效地联系起来的是我们未检干部对预防未成年人犯罪工作的责任心和奉献精神。近年来在全区各职能部门的共同努力下,预防未成年人犯罪工作取得了一定的成效,今年我区未成年人刑事犯罪的数量呈明显下降趋势,同时2006年至2008年度3年间,我院办理的案件中本市未成年人重新犯罪的仅有2件2人,占0.49%。

尽管取得了一定的成效,但在实践中未检干部也有着深深的困惑和无奈,预防未成年人犯罪是一项长期系统的综合性工程,仅凭司法人员和帮教人员的主观能动性和责任心,而缺乏相应的管理、帮教机制,很多工作很可能会流于形式。如今《预防未成年人犯罪法》已经走过十个年头,我们应该以《预防未成年人犯罪法》和《未成年人保护法》为依托,加大宣传和执法监督的力度,努力营造全社会重视、关心未成年人的良好社会氛围,为构筑防范未成年人犯罪之"墙"添砖加瓦。

孩子的心灵是一片神奇的土地,播种感情就会收获道德,播种道德就会收获命运。我希望家庭、学校、社会、司法机关都能依法履行自己的职责,为每个孩子都拥有美好的人生而不懈努力。

本文系2009年7月2日作为基层检察院代表(时任长宁区人民检察院副检察长)在"纪念预防未成年人犯罪法颁布十周年座谈会"(人民大会堂)上的发言,发言原题目为"立足检察职能,强化犯罪预防,为未成年人健康成长倾情护航"。

最好的青少年违法犯罪预防政策

青年是国家的未来,我国首次颁布的《中长期青年发展规划(2016—2025)》(以下简称《规划》,中共中央、国务院印发)对 14—35 周岁青年的发展进行了国家层面的战略性规划,为广大青年描绘了美好的发展前景并提供了切实的政策保障。德国著名刑法学家李斯特有句名言:"最好的社会政策是最好的刑事政策"。从这一角度看,《规划》也可谓是最好的青少年违法犯罪预防政策。

《规划》提出了"青少年法治宣传教育常态化、全覆盖,青少年法治观念和法治意识不断增强,成长环境进一步净化。形成比较完善的重点青少年群体服务管理和预防犯罪工作格局,建立针对有严重不良行为和涉罪少年进行教育矫治的有效机制,实现青少年涉案涉罪数据逐步下降"的目标,并明确了加强法制宣传教育、优化青少年成长环境、做好重点青少年群体服务管理工作、完善未成年人司法保护制度等具体举措。这些目标和具体举措既是对我国预防青少年违法犯罪工作经验的系统总结,也是对长期所存在的重点和难点问题的梳理和攻坚,必将对深化我国预防青少年违法犯罪工作发挥积极而重大的促进作用。

本文部分观点为《畅通青年改变命运之路 就是对青年最大的支持》一文采用,载 2017 年 4 月 19 日《中国青年报》。

刑法的傲慢与嫖宿幼女罪的存废

我主张废除"嫖宿幼女罪"。实践中,"嫖宿幼女罪"存废的争议主要在于立场和观念的不同——到底是站在成年人、理性人的立场上来看待问题,还是站在儿童本位、妇女本位的立场来考虑问题。

刑法是以理性的成年人为假设对象制定的,这样的立法思路存在着忽视特殊群体尤其是非理性的未成年人权益保护的弊端。赞成保留嫖宿幼女罪一派的观点主要强调的是所谓主客观相统一的原则,拘泥于成年人刑法理论考虑问题,其实质是眼中只有"刑法"而不见"幼女",忽略了对幼女的特殊保护。

一、"嫖宿幼女罪"的罪名设置值得商榷

我国已于1991年批准加入了联合国《儿童权利公约》,根据公约所规定的儿童最大利益原则,"嫖宿幼女罪"的罪名设置值得商榷。

嫖宿幼女罪侵害的是双重客体——社会管理秩序和幼女的身心健康,而该罪被归入刑法第六章"妨害社会管理秩序罪"表明,在幼女权利与社会秩序之间,立法者更侧重的是对社会秩序的保护。立法者这样的立场,不符合我国《未成年人保护法》所确定的未成年人特殊优先保护原则,也悖离了《儿童权利公约》所确立的儿童最大利益原则。

二、嫖宿幼女罪对幼女造成污名化效果,不符合无歧视保护的原则,也不利于惩治和防范该类犯罪

嫖宿幼女罪其实是将幼女进行了"卖淫幼女"与"普通幼女"的分类,并对二者采取了不同的保护态度,是对道德有瑕疵的幼女的歧视。嫖宿的对象为娼妓,以该罪名定罪潜在的后果就是给幼女扣上了失足妇女的

帽子，不利于这类群体重新回归社会，也是对幼女的二次伤害。

与对幼女的污名化效果相反，嫖宿幼女罪对于犯罪人而言，则有可能削弱社会的谴责度。以嫖宿幼女罪对犯罪人定罪处罚，其实是将"强奸犯"的标签换成了"嫖客"，这就有可能削弱社会对犯罪人的谴责度，不利于从严惩治和防范这类犯罪。

三、嫖宿幼女罪变相地承认了幼女的"性承诺权"，与刑法的强奸罪条款存在逻辑矛盾

因为卖淫是以行为人具有性自主能力为前提的。世界各国对是否具备性承诺权均设定了年龄标准。在我国刑法中，不满14周岁被界定为幼女，在刑法理论与实务中均一般认为不具备性承诺权。例如《刑法》第二百三十六条第二款明确规定"奸淫不满十四周岁的幼女的，以强奸论，从重处罚"。这一规定的法理基础在于，幼女并不具备性自主能力，对于性行为不能做出有效承诺。而嫖宿幼女罪的规定，判定幼女可以成为犯罪人的嫖宿对象，就等于间接承认了幼女的性承诺权，这与刑法的基本原则是相背离的。

四、嫖宿幼女罪削弱了对未成年人的保护，司法实践效果不理想

保留派的观点认为"嫖宿幼女罪"起刑点比强奸罪的起刑点高，没有削弱对未成年人的保护，这一点是站不住脚。对于刑罚的轻重应当先看最高刑，再看最低刑，最高刑重就是重条文。按照现行刑法，奸淫幼女作为强奸罪的法定从重情节，按照强奸罪定罪从重处罚，最高刑可至死刑；而嫖宿幼女罪的法定刑则为5年至15年的有期徒刑。也就是说，强奸罪的法定刑显然重于嫖宿幼女罪，认为嫖宿幼女罪的起刑点是五年所以比强奸罪的处罚更重的观点是错误的。从这个角度看，嫖宿幼女罪实际上削弱了对未成年人的保护。

根据法条规定，奸淫幼女型强奸罪（普通法）和嫖宿幼女罪（特别法）之间的区别关键在于是否有金钱交换关系，有金钱交换关系就可适用特别法认定为嫖宿幼女罪。实践中，部分幼女因缺乏自我保护意识，可能为了获取金钱主动要求或同意发生性关系，嫖宿幼女罪的存在显然弱化了成年人的必要注意义务，削弱了对这类幼女群体的保护。

2013年两高两部《关于依法惩治性侵害未成年人犯罪的意见》中设

置了12岁的年龄标准,即对于不满12周岁的被害人实施奸淫等性侵害行为的,应当认定行为人明知对方是幼女。这种折中性的保护实际上进一步限制了嫖宿幼女罪的适用,使得该罪在实践中适用的范围更窄。因此独立罪名的设置没有必要,完全可以为"强奸罪"所吸收。

司法实践也表明,实施了10余年的嫖宿幼女罪为性侵未成年人"犯罪黑数"的存在提供了立法的漏洞支持。一方面在司法实践中以嫖宿幼女罪定罪量刑的判例不多,另一方面客观上的确给犯罪分子可乘之机,助长了卖淫团伙引诱和强制未成年女童卖淫现象,也让更多的不法分子将罪恶之手伸向未成年女童,不利于未成年人的保护。

我国司法实践与刑法理论曾经一度承认并按照"三不管"原则来处理性侵幼女的案件,即对于奸淫幼女的,不管幼女是否同意、不管是否明知为不满14周岁的幼女、不管是否插入而只需要性器官接触,即认定为强奸罪即遂,这一原则对于保护幼女发挥了积极的作用。但是,最近一些年来,无论是在刑法理论界还是司法实践中,对幼女的保护存在逐步弱化而非加强的倾向,这与刑事立法的"成人主义"立场不无关系。某种意义上可以说,嫖宿幼女罪是我国刑法典漠视未成年人保护的标志性"污点",这一罪名的存废已非单纯的刑法理论之争。

本文为2015年7月22日下午在"废除嫖宿幼女罪专题研讨会"(上海市妇联主办)上所提供的建议。上海市妇联根据录音整理。

嫖宿幼女罪废除的原因

按照全国人大修法的惯例，三次审议稿所提出的修改意见不太可能会再做大的变动。废除嫖宿幼女罪基本没有悬念。

嫖宿幼女罪这一罪名之所以最终能够被废除，核心的原因大体有三：

一是嫖宿幼女罪保留的实际意义已经不大。因为2013年两高两部《关于依法惩治性侵未成年人的意见》第二十条规定："以金钱财物等方式引诱幼女与自己发生性关系的；知道或者应当知道幼女被他人强迫卖淫而仍与其发生性关系的，均以强奸罪论处。"也就是这一罪名的司法实践基础没有了。即便保留也是一个"备而不用，或者少用"的罪名。

二是废除将使得刑法规定更加科学。传统刑法理论认为刑法并不承认"不满14周岁的幼女有性同意权"，因为236条第二款明确规定"奸淫不满14周岁的幼女的，以强奸论，从重处罚"。360条再规定嫖宿幼女罪存在逻辑矛盾，也是对幼女的污名化，不利于对未成年人的保护。1997年增加这一罪名时所谓加强未成年人保护的理由，已经难以成立。

三是社会各界呼声强烈，立法机关无法视而不见。嫖宿幼女罪的强烈争议到废除，背后反映的是社会各界对性侵未成年人行为的严重关切和不满，这种强大的社会舆论与呼声，立法机关很难再扛得住。

当然，我必须指出尽管嫖宿幼女罪即将废除，但是防治性侵未成年人还任重道远。

本文写于2015年8月，系提交相关部门的参考建议。

检察机关与未成年人保护的"鲶鱼效应"
——对《检察机关加强未成年人司法保护八项措施》的几点感想

客观上说，我国未成年人保护的整体状况有很大的进步，但是与公众的要求与期待还有一定的差距。尤其是近些年来，饿童、虐童、性侵等与未成年人有关的恶性事件频发，一些事件的惨烈程度甚至构成对人伦底线的挑战。如何进一步提高我国未成年人保护的整体水平，是社会各界所广泛关注的问题。

国家亲权观念是各国未成年人保护制度的理论基础，它强调国家居于未成年人最终监护人的地位，要求国家应当遵循儿童最大利益原则积极、主动地履行未成年人保护的职责。遗憾的是，我国仍然有很多部门缺乏基本的未成年人保护意识，更无国家亲权的观念，没有按照法律的要求将未成年人保护的责任与其法定的职责有效地结合起来，这是我国未成年人保护状况还存在诸多需要改进之处的重要原因。在一些惨痛的恶性未成年人事件发生后，一些部门总是"无辜地"表示遗憾或者痛心。我们希望，这种状况能够早日改变。

在我看来，《检察机关加强未成年人司法保护八项措施》（简称《八项措施》）为国家机关如何履行未成年人保护职责提供了值得赞赏的范例。

《八项措施》立场鲜明地指出"检察机关作为国家的法律监督机关，做好未成年人司法保护工作，保证国家制定的未成年人保护法规落到实处，是检察机关义不容辞的责任"。我相信，如果每一个国家机关都能有如此的意识与担当，而不是强调所谓职能的特殊性及其与未成年人保护的无关性，我国未成年人保护的总体水平必然会有质的飞跃。

《八项措施》立足于检察职能，强调了检察机关在保护未成年人权利和合法权益方面应当履行的五项职责以及职责履行到位需要建立和完善的三项制度。这八项措施包括：严厉惩处各类侵害未成年人的犯罪；努力保护救助未成年被害人；最大限度教育挽救涉罪未成年人；充分发挥法律监督职能优势；积极参与犯罪预防和普法宣传工作；建立检察机关内部保护未成年人联动机制；推动完善政法机关衔接配合以及与政府部门、未成年人保护组织等跨部门合作机制；推动建立司法借助社会专业力量的长效机制。这八项措施的提出具有充分发掘检察职能与未成年人保护相关性，在司法保护环节建立完善、系统的检察保障机制的特点，这种责任与担当令人敬佩，也为其他国家机关如何立足法定职责履行未成年人保护的责任提供了借鉴。

《八项措施》还提出"检察机关自侦部门对侵害未成年人合法权益的各类职务犯罪案件进行查处，不仅是检察机关应尽职责，也非常必要和重要"。强调要对"怠于履行保护未成年人职责的渎职犯罪加大查处力度，保证国家对未成年人保护的法律规定、福利政策等落实到位"，"对于涉及未成年人权益保护的职务犯罪案件、具有重大社会影响案件等，上级院要加大对下业务指导和案件督办"。

我注意到，近些年来国内发生的诸多未成年人恶性事件中鲜见被追究渎职犯罪责任的案例，《八项措施》对查办涉未成年人职务犯罪的强调释放的是一个积极的信号，必然会产生推动我国未成年人保护机制良性运转的"鲶鱼效应"，推动我国未成年人保护整体状况的进步。

本文写于 2015 年 5 月 18 日，部分观点为各大媒体采用。

完善未成年人法律：
从改良土壤到顶层设计

在我的心目中，南京和毕节一样，都是中国未成年人保护历史上神一般存在的城市。前者以饿死女童案、虐童案等案引起全国关注，而后者以垃圾桶闷死留守儿童、留守儿童集体自杀等案震惊全国。

由于饿死女童案太过惨烈，曾经一度有一段时间，我只要听到南京就会有一种天然的排斥心理。听来自这两个地方的同志谈未成年人保护，更会百感交集。很欣慰南京的知耻而后勇，在推动和引领我国未成年人保护制度的完善上正发挥着越来越重要的作用。

法律完善了 为什么问题还在

听了一天的会，有一个很深的感受，大家都对立法有非常高的期待。不只是法律专家，非法律背景的发言专家也在谈未成年人法律的完善，并表达了很高的期望值。仿佛只要法律完善了，问题就会解决了。

这几天，有一个影响力很大的新闻——"上海14岁女生酒吧坐台，衣着暴露见父就逃"。有一位电台的记者做了深度的采访，并且打电话问我对这个案件的评论包括对法律完善的建议。

听到这个案例我很震惊，酒吧接纳未成年人是一个老问题了，在上海曾经一度较为突出。当时甚至有的中心城区未成年人犯罪案件中有四五成都和酒吧有直接或者间接的关系。因此我们就提出要加强对酒吧接纳未成年人现象的治理，结果发现没有明确的执法责任主体，对酒吧有管理权的部门很多，真可谓是九龙治水，但出现酒吧接纳未成年人现象后到底由哪个部门来负责，竟然找不到了。相关部门都说不归他们管，还说这是法律规定不明确造成的，是法律的问题。

酒吧老板们也一脸无辜，我们冤枉，因为法律规定不可以卖酒给未成年人，但是，这些小孩到酒吧来不是喝酒，也就帮我们充充场子，壮点人气，喝点非酒精饮料，法律又没明确规定未成年人不能进酒吧。相关部门也一脸激愤地抱怨，他们想管也管不了，因为法律规定不完善，比如酒吧算不算未成年人不适宜进入的场所，法律规定模糊。《未成年人保护法》《预防未成年人犯罪法》只列举了"营业性歌舞娱乐场所、互联网上网服务营业场所""营业性歌舞厅"是未成年人不适宜活动的场所，没有列举酒吧。

还有的人抱怨，《未成年人保护法》《预防未成年人犯罪法》没有可操作性，没有规定法律责任条款或者规定处罚得太轻，是法律规定不完善造成这样的局面。

我们"咬牙切齿"地把这些都记下来了，2013年修订《上海市未成年人保护条例》的时候，完善酒吧接纳未成年人的规定成为重点修订内容之一。针对上述三点对法律的抱怨，这次修改一一明确：第一，增加列举性规定明确"酒吧"是未成年人不适宜进入的场所之一；第二，明确对这件事的执法责任主体是"文化综合执法机构"；第三，严格法律责任，如果酒吧接纳未成年人罚款一万以上三万以下，情节严重的责令停业整顿。此外，还可以根据《预防未成年人犯罪法》的规定，由工商行政部门吊销营业执照。

法律没有漏洞了吧？结果，"上海14岁女生酒吧坐台，衣着暴露见父就逃"的新闻照样曝光，还一度上了热搜。

我们一直对法律期望很高，以为法律完善了，问题就迎刃而解了，现实很残酷。我负责任地告诉大家，未成年人保护领域的法律即便很完善了，也常常会出现没有什么用的情况。其实，作为法律人，讲"法律没有用"这种话时的内心是崩溃的。

一个国家未成年人保护状况的根本性改善，除了完善法律之外，更需要的是整个社会对待未成年人观念的变革、未成年人生长土壤的变革。

其实欧美发达国家和现在的中国一样，在未成年人保护方面也曾经出现过很多问题，有的甚至比我们还严重还恶劣。这些国家未成年人保护状况的改变与一场席卷性的社会运动有着重大关联性，这场发起于19世纪延伸于20世纪的社会运动被统称为"拯救儿童运动"。

我注意到一个有意思的地方，欧美国家拯救儿童运动的发起与主要参与者中，上层女性精英是核心群体，一群"吃饱了没事干"的女性发挥了重大的作用。这些精英女性带着特有的母性情感，她们走出家庭，去改变孩子的命运。她们为了儿童利益身体力行，不放过任何一个悲惨的个案。她们组建救助儿童的民间机构，倡导儿童保护的舆论。她们游说政府官员、自己的丈夫和兄弟，推动儿童保护立法与制度的改革。正因为如此，拯救儿童运动也被认为是最早的女权主义运动。

需要说明的是，每次我说"吃饱了没事干"这句话时，经常会被一些中国式自居女权主义者批评。其实我说这句话绝无冒犯女性之意，除了陈述史实外更是"以史为鉴"强调参与未成年人保护事业需要中立超脱、能够投入和没有功利性目的，而这正是今日之中国最缺乏的。

拯救儿童运动主要发挥了什么作用？推动法律的变革是其中的一部分，但不是最核心的部分，那么最核心的部分是什么？我总结为12个字——"专注个案，深耕社区，改变土壤"。值得注意的是，很多社会问题的解决都是在"为了孩子"的动力下完成的，拯救儿童运动除了推动全社会未成年人观念的根本性变革、改变未成年人生长的土壤外，还成为社会的稳压器，成为推动社会进步的支点和桥梁。从这个角度看，"孩子是未来"并不是一句空话。

别凡事都怪未成年人法律不完善，也别总寄希望于法律的完善。"徒法不足以自行"，中国更需要的是一场"专注个案、深耕社区、改变土壤"的"拯救儿童运动"，这正是我多年的呼吁。可喜的是，中国的拯救儿童运动有了兴起的趋势，饿死女童案、虐童案、留守儿童自杀案等恶性案件的发生激发了一大批参与未成年人保护事业的行动者，他们感性、纯朴、执着、愿意付出，并且充满理想主义情怀。

当然，由于是社会运动，参与者难免鱼龙混杂。"为了孩子永远不是手段，而只能是目的"，希望这一点我们所有在座的诸位都能牢记，并且相互共勉。

法律还得完善　怎么完善

回到法律。法律不是万能的，但没有法律是万万不能的。

我国的未成年人法律体系总体上还很不完善，很多与未成年人有关的法律在立法理念、技术和内容上都还存在很多问题。

比如,最近几个月有几部法律在征求意见。一个是《社区矫正法》。《社区矫正法》征求意见稿出来后,我觉得很讶异,关于未成年人社区矫正就一个条文,而早在1994年制定的《监狱法》就专门设置了未成年犯专章。目前处在社区矫正中的未成年人人数远多于在未成年犯管教所服刑的人数,少年司法改革30多年在检察、审判环节的进步也都有赖于在执行环节落地和得到支撑。但是,你看看,几十年过去了,立法没有进步还倒退了。

第二个是《治安管理处罚法》。这部法律的修订征求意见稿竟然将行政拘留的执行年龄从16周岁降到了14周岁。很多人受媒体报道的影响,估计都会支持这一修改,谁敢反对估计都得挨骂。但这个修改除了满足一些人的报应主义观念外,是相当值得商榷的动议,它破坏了《治安管理处罚法》与《刑法》责任年龄制度的衔接一致性、违背我国对违法未成年人一直坚持的基本原则与方针、违背国际公约关于剥夺少年人身自由仅应作为万不得已措施的要求、缺乏实证研究与数据的支持属于情绪化与草率性立法修订、与改革开放以来我国未成年人司法改革的方向背道而驰并可能对未成年人违法犯罪的防治产生严重负面影响。说了一大堆,估计还得挨骂,因为大家感觉都是未成年人违法犯罪低龄化,就算实际情况并非如此。

从顶层设计的角度系统考虑如何完善我国未成年人法律体系,是一个急切需要关注的问题。去年我写了一篇小的政策建议文章,我把要点汇报一下。

未成年人法律体系"1+5+X"建设方案。1即《未成年人保护法》,其地位相当于我国未成年人法律体系中的小宪法。5即"主要"针对未成年人成长的五大空间分别立法。就家庭空间,出台《家庭法》或者《家庭教育法》。针对学校成长空间,进一步完善《义务教育法》。针对社会成长空间,重点制定《未成年人福利法》。针对网络虚拟空间,制定《未成年人网络保护法》。还有针对非常态空间,专门制定《未成年人司法法》。X即再补充其他必要的专门立法。这个建设模式是理想化的。

从可行性角度来说,我们更倾向于"小改和必改"的方案。什么叫小改?即尽量他遵从现有的法律体系,把我们需要的东西加进去。必改,就是针对现在未成年人保护中最需要解决的几个关键问题,进行针对性立法完善。目前这些关键性问题主要有三个:第一个,困境儿童的国家监护缺失,这个问题必须要解决,也只能通过立法解决。第二个针对未成年人违法犯罪的中间性处分措施缺失,目前的状况是要么刑罚处罚要么一放了之的两个极端。第三个是未成年人保护共同责任原则产生的责任稀释困境必须破解,谁都有责,实际谁都没有责任。

我们初步的建议是通过修订《未成年人保护法》和《预防未成年人犯罪法》来解决上述三个问题。初步的想法是,通过修改《未成年人保护法》明确执法责任主体,解决责任稀释问题;同时在这部法律中确立国家监护制度,加入未成年人福利法的内容;通过修改《预防未成年人犯罪法》加入保护处分措施的内容,改造这部法律使其具有司法法的性质。这个初步的想法还需要进行更加详尽的论证,欢迎大家共同参与探讨。

本文系在"儿童福利保障实践与制度建设研讨会"(益生同心儿童发展基金会、中国人权发展基金会博雅基金主办)上的演讲。根据速记稿整理修改。

《未成年人保护法》及相关法律的完善建议

今年是我国青少年保护专门法规颁布30周年。1987年6月，上海市人大常委会颁布实施了我国第一部保护青少年的专门法规——《上海市青少年保护条例》。在当时，《上海市青少年保护条例》所界定的青少年是指未满18周岁的人，与《未成年人保护法》中的未成年人是同一概念。

未成年人立法有一个很有意思的特点，那就是谁都可以发表意见。当年《上海市青少年保护条例》在进入立法程序后讨论之热烈，可谓那个年代立法中罕见的现象。很多人认为未成年人法研究的专业槽比较低，这是一个误解。十几年来，我一直在研究未成年人法，发现这是一个非常复杂的领域。正是因为如此，我的观点也一直在变化。比如我在国内最早提出未成年人保护法的定位是未成年人法律体系的小宪法，但近些年我的观点变了。我们国家的立法资源比较有限，这样的观点不具有可执行性，也浪费了法律资源。

我国由全国人大及其常委会制定的专门性未成年人法有四部：《未成年人保护法》《预防未成年人犯罪法》《义务教育法》《收养法》；设有未成年人专章的法律两部——《刑事诉讼法》《监狱法》；带有未成年人附属条文的有近40部。大家会发现每次我国未成年人保护领域出问题，批判的焦点都聚焦在《未成年人保护法》上。因为这部法律的名称太大，好像它是部什么都能保护到位的法律。从操作性的层面说，我们要寻找一种符合中国特色的、有可操作性的立法思路。

我的导师徐建教授曾经和我谈起1987年《上海市青少年保护条例》在人大讨论时的盛况。这部立法是当年人大讨论最激烈的法律，因为每个人都有孩子,每个人对这部立法都有期待,每个人都可以发表意见。比如关于"对几种青少年的特殊保护"专章规定对女青少年的保护,其中有女代表就站出来说这是对女青少年的歧视。

30年后我们再来考虑未成年人法律体系的完善,有一些基本性的思路必须搞明白。我国现有0—17岁未成年人总数为27891万人(男童15000万,女童12900万),其中残疾儿童504万,孤儿52.5万,流动儿童3561万,农村留守儿童6102万[①],城乡低保儿童796万。10—17岁未成年人遭受父亲和母亲家暴的比例分别为43.3%和43.1%。北师大社会发展学院对北京、兰州9个高中的调查发现,性侵发生率为6%—21.8%。在未成年犯管教所服刑及处于社区矫正中的未成年犯约2万余人,每年新判决未成年犯4万人左右;截至2015年底,登记在册的未成年吸毒人员4.3万人。对这些数据在立法的时候是不能回避的,到底《未成年人保护法》立法重心在什么地方?都需要考虑清楚。基于这些背景,我谈一些不成熟的建议。

第一,关于《未成年人保护法》到底怎么走向、怎么修改。制定专门的未成年人保护法规这一想法最早出来自1980年的青少年保护法座谈会,动因是因为1979年中央58号文件,这份文件提出青少年犯罪很严重,对这个问题全党要重视要进行研究,在这个背景下首次提出了青少年专门立法的问题。当时的立法思路是认为孩子为什么犯罪,是因为没有保护好,因此要制定专门的保护法规。请注意,未成年人保护法有一个渊源问题,它的重心跟我们今天讨论的不一样,这部法律渊源上立法动机是预防——防控青少年犯罪。

1980年青少年保护法立法座谈会开过后,团中央提出了具体的立法设想,但是很遗憾因为各种立法进程停了下来,直到1986年中央又发布了关于预防青少年违法犯罪的意见后,制定专门未成年人保护法规的进程才再次启动,当然还因为受到1987年《上海市青少年保护法》先行出台的刺激。1991年,《未成年人保护法》终于正式出台。值得注意的是,从

[①] 2016年,国务院发布留守儿童关爱保护意见对留守儿童采取了狭义的定义:父母双方外出务工或者一方外出务工另一方无监护能力,未满16周岁的儿童。民政部根据此定义所进行的全国排查,发现留守儿童数量为902万,其中36万的儿童完全脱离监护、单独居住。参见《化悲痛为动力,为儿童撑起一片蓝天——民政部社会事务司倪春霞副司长真情致辞》,载南京同心未保中心微信公众号。

1980年提出专门立法,到1991年后得到实现,《未成年人保护法》制定的最早的动因是预防青少年违法犯罪的,注意到这点很重要。正因为如此,这部法律的法典结构很有意思,基本上是按照未成年人的成长空间规定了家庭、学校、社会、司法保护,强调在严密的保护空间里让孩子不出问题,这是当年的思路。

遗憾的是,1991年这部法律通过后,我们国家未成年人犯罪总体形势仍然很严峻。《未成年人保护法》实施了多年,为什么未成年人犯罪还是这么高?看来还要加强预防,于是国家又搞了《预防未成年人犯罪法》。在当时立法过程中,曾有想搞成具有司法意义的少年法的意见,但是进入人大立法程序后,因为各种原因,最后出台的又是一部综合性的预防未成年人犯罪法。奇特的一点是,这部法律没有拉出独立处理未成年人罪错行为的法律框架,而是仍然按照成年人法来处理未成年人的罪错行为。尽管提出了一些区别于成人的概念,例如不良行为、严重不良行为,但没有为未成年人罪错行为出台专门的干预矫治措施,简单地说就是我国有了"儿科"的形式,但还是用成年人的方式处理未成年人的行为。从未成年人保护立法的渊源看,根本性的问题没有解决——那就是拉出一个体系,对未成年人违法犯罪的处理跟成年人不一样。其实早在1936年6月的时候,当时民国时期的司法部就草拟了一个少年法草案,试图实现孩子的病(违法犯罪)不吃成年人的药的目的,但是这部法律草案因为历史原因成为了历史。未成年人保护专门法规的立法渊源是处理未成年人违法犯罪,我们国家的立法进程没走完——没有实现未成年人违法犯罪的处理跟成年人违法犯罪的处理区别对待。所以,当前我国面临的现实困境是:要么对于没有达到刑事犯罪标准但有社会危害行为的未成年人"一放了之",要么对已经达到刑事犯罪年龄或者程度的未成年人"一罚了之"——用药过猛。这种局面必须改变,这是理论和思想脉络上一直没有解决的问题。

第二,我们在讨论《未成年人保护法》修订的时候,还要考虑我们现在国家在儿童福利政策、儿童保护政策上的重大的转变。

大家可能注意到,我国之前的未成年人保护政策是一种补缺型的福利政策,就是没有父母的国家才管,只要有父母国家就不管,它的重心定位在保护未成年人的生存权。然而,儿童发展纲要及2016年国务院连续出台的留守儿童、困境儿童保护办法,已经客观上将我国的儿童福利政策从补缺型推进到了适度普惠型，将国家对未成年人保护的重心推进到了外延具有较大伸缩性的"困境"未成年人。国家有关部门曾经制定了儿童福利三步走的战略——补缺型、适度普惠型再到普惠型。现在的未成年人立法需要解决的问题是适应国家儿童福利政策的转变，让《未成年人保护法》有一个合理的定位，就是走向适度普惠型儿童福利，重点关注未成年人的"受保护权"。如果《未成年人保护法》没有一个合理定位的话，就可能在保护中迷失方向和重心。

这次《未成年人保护法》及相关法律的立法调研，我个人建议重点关注和解决三个问题：

第一，困境儿童的国家监护问题。困境儿童分四种，一是因贫困导致困境，二是因病残导致困境，三是因监护缺失或监护不当导致困境，四是因其他原因导致的困境。目前困境儿童保护的困境是，对这类孩子缺乏必要的反应机制避免出现严重后果。比如类似于贵州的虐童案，孩子被父亲打了快10年，最后浇开水把头发都拔掉了，才因为媒体的介入受到关注，但是这个孩子都已经快被父亲废掉了。再比如南京饿死女童案等等案件，都是长期处于困境直到出现惨绝人寰的后果后才被关注。为什么我们没有相应的困境儿童保护机制，及早干预和预防？今天再谈未成年人保护，必须明确保护的重心，那就是困境儿童。最需要保护的困境儿童都保护不好，还叫什么"未成年人保护法"？关于国家监护制度，新近通过的《民法总则》有涉及，但规定得非常粗糙，需要《未成年人保护法》去明确相关制度，确立完善的困境儿童国家监护制度。

第二，未成年人保护的责任稀释困境问题。《未成年人保护法》没有执法主体，这是一个可笑的问题。这部法律规定，一切国家机关、武装力量、社会组织、公民个人，包括未成年人自身都是未成年人保护的主体，结果保护的主体越多，责任稀释得越厉害，最后其实没人负责。修订《未成年人保护法》必须要把这个执法主体的问题解决，不能再找任何理由拖了。现在《未成年人保护法》关于采取组织措施的规定非常奇特，全世界没有这样写的，什么叫组织措施？没有明确责任主体。建议这个问题要解决，把责任稀释困境这一问题破解掉。

第三，罪错未成年人"保护处分"措施的缺位问题。必须在刑罚之外规定具有"提前干预"和"以教代刑"性质的保护处分措施体系，避免"养猪困境"和"逗鼠困境"，避免"一放了之"和"一罚了之"。

以上三个问题是我们这次立法调研需要重点解决的问题。这次非常高兴全国人大提出的修法的思路是"未成年人保护法及相关法律"的完善，不仅仅是关注《未成年人保护法》，还关注相关法律的配套完善。如果未成年人保护相关法律没有一个整体修改的思维，最后就容易成为缺乏顶层设计的"应急性"和"补丁性"立法。顶层设计不是一个高傲的概念，而是强调要有一个体系化的思维。基于这样的考虑，我赞成"一揽子"立法方案，不能就《未成年人保护法》的修订谈《未成年人保护法》，必须整体考虑这部法律和其他法律之间的关系，尤其是和预防未成年人犯罪法、民法、刑法、刑诉法、治安管理处罚法等法律的关系。如果没有一个一揽子解决思路，很难把这部法律修好。

另外，再强调一下，《未成年人保护法》的立法重心应定位于在立法层面确立适度普惠型儿童福利制度，既不能漫无边际，也不能没有重心，要将立法重心放在关注困境儿童保护上。简单地说，适度"福利法化"应当成为这部法律的修订定位。而《预防未成年人犯罪法》修订的思路则是"少年法"化，把它变成一个司法性的少年法，将具有提前干预和以教代刑特点的保护处分措施内容加进去。

2017年3月30日上午，在全国人大常委会内司委、团中央共同召开的"修改完善未成年人保护法及相关法律专家学者座谈会"上的发言。根据录音整理。

一份具有扎实理论与实证研究支撑的学校安全政策文件

媒体朋友们,上午好,非常荣幸也非常感谢教育部邀请我出席新闻发布会,并就中小学幼儿园安全风险防控体系建设相关研究情况做一简要介绍。

一、课题研究概况

2016年3月,我作为课题组负责人承担了教育部政策法规司的委托课题"学校安全风险防控机制研究",组织专家学者对中小学幼儿园安全风险防控体系进行了专题研究。

课题组采用多阶段概率与规模成比例(PPS)的抽样方法在全国抽取了29个县(区),涉及22个省(直辖市或自治区),对小学、初中、高中、中职院校的校长、教师、学生及其家长进行了问卷调查。共有1596位校长,18932位教师,104834位学生,76811位家长接受了问卷调查。课题组还对北京市大兴区、山东省潍坊市、福建省南平市、贵州省毕节市、福建省邵阳市邵东县等五个省区市进行了实地调研,参加座谈与个别访谈的对象包括相关政府部门工作人员、学校校长、教师、家长和学生等。

除了开展大型实证调查外,课题组还对学校安全风险防控的基础理论、相关法律法规及政策文件、学校安全典型案例进行了梳理分析,同时邀请在国外有留学、访学、研究经历的学者以及台湾地区学者比较研究和提炼了美国、英国、德国、日本等发达国家以及我国台湾地区学校安全风险防控的经验做法。

在实证调查和理论研究的基础上,课题组共完成了22份研究报告,并召开了多场专家论证会,最终形成了供教育部正式起草政策文件参考的专家建议稿。可以说,这次由国务院办公厅正式发布的《关于加强中小学幼儿园安全风险防控体系建设的意见》(以下简称《意见》)是一份具有扎实理论与实证研究支撑的政策文件。

二、课题研究的主要发现

(一) 学校安全事件最常见的十大类型

根据四类主体对学校安全事件的不同回应情况,我们计算出各安全事件的实际平均发生频率并得出排名前十的学校安全事故类型。其中,A级为发生频率在15%以上的学校安全问题,为红色安全事件,包括意外伤害、学生间欺凌、学生间打架三种安全问题;B级为发生频率在15%至10%之间的学校安全问题,为橙色事件,包括流行性疾病、交通事故和校外人员滋事三种安全问题;C级为发生频率在10%以下的学校安全问题,为绿色事件,包括教师打学生、溺水、地震、学生伤害教师四种安全事故类型。

(二) 影响学校安全的主要风险点

根据上述学校内部及周边风险系数的大小,我们对于每项风险系数进行了加权,最终得出每种风险的等级。将风险等级划分为一级风险(风险系数在30.0%以上)、二级风险(风险系数在30.0%-10.0%之间)和三级风险(风险系数在10.0%及以下)三类。其中:一级风险是宿舍安全检查与学校保安措施不完善;二级风险包括学生心理健康教育缺失、交通情况差、安全事故演习不到位、危险人员较多、非法经营大量存在;三级风险有公共卫生差、不合适的娱乐场所存在、安全教育效果差、危险设施较多、校舍安全存在隐患等。

(三) 校园欺凌状况(基于学生的回答)

1. **总体状况**:就被欺凌来看,66.64%的学生报告从来没被欺负过,33.36%的学生报告被欺负(即校园欺凌发生率),其中28.66%的学生偶尔被欺负,4.7%的学生经常被欺负。就欺凌的实施来看,81.26%的学生从来没欺负同学,16.04%的学生偶尔欺负同学,2.69%的学生经常欺负同学。值得关注的是欺凌与被欺凌同时存在的现象:调查发现,偶尔被欺负也偶尔欺负别人的学生达到11.2%,经常被欺负也经常欺负别人的为1.2%。

2. **性别差异**:男生相对女生容易被欺凌也容易实施欺凌。男生中有6.2%的报告经常被欺负,女生中只有3.1%经常被欺负。31%男生和

25.4%女生报告偶尔被欺负。

男生比女生更容易实施欺凌行为。男生中有3.6%的报告经常欺负同学,女生中只有1.7%的经常欺负同学。在偶尔欺负中,男生占19.2%,女生占12.8%。

3. 年级差异:高中二年级学生报告经常被欺负和经常实施欺负的比例最高,小学四年级报告偶尔被欺负和偶尔实施欺负的比例最高。

此外,课题组还发现:初二学生最容易争吵和打群架,小学五年级学生最容易互相打架;初二学生被老师骂和打的比率最高,骂老师和打老师的比率也最高。

(四)校长的诉求

第一,学校安全责任的一票否决制给校长戴上了"紧箍咒"。在实际中,大部分校长都遵循这样原则:安全第一,德育第二,教学第三,而这直接导致学校工作从"教学本位"逐渐转为了"安全保障本位",尤其是在责任的承担上,校长成了责任承担者的第一位人。这种源于学生安全保障上的压力让校长步步惊心,难以投入到正常的教学管理和教学研究中去。

第二,校长遇到的最大困难是缺乏急救能力。对于发生学校安全事故遇到哪些困难,63.5%的校长选择缺乏急救能力,42%选择与家长沟通不畅,33.1%选择物资保障不足,32.8%选择资金缺乏,20.4%选择责任不明确。

第三,校长最需要的是家长的理解。对于发生学校安全事故需要哪方面的支持,94.2%的校长选择需要家长的理解,63.3%选择需要教育局的指挥,63.3%选择需要媒体的理解,35.9%选择需要教师的支持,只有18%选择需要学生的理解。

(五)家长的态度

第一,认为"学校一定有责任"的比例较大。对于孩子在学校如果发生安全事故学校的责任问题,41.4%的家长认为学校一定有责任。在认为一定有责任的家长中,34.4%的认为学校应该负全部责任,18.8%的认为学校应该负部分责任。

第二,相对金钱赔偿,家长更看重精神抚慰。在学校发生安全事故后,只有22.7%的家长最希望得到金钱赔偿,40.6%的家长最希望得到精神抚慰,36.8%的家长最希望得到赔礼道歉,而且即使能得到全额赔偿,也只有23.6%的家长觉得满意。

第三，重协商轻诉讼；找学校多，找法院和媒体少。家长最希望用协商的方式来解决安全事故的比例达到69.1%，通过调解来解决的占26.4%，通过诉讼方式来解决的只有4.4%。一旦发生安全事故，班主任和校长是首当其冲的，85.8%的家长会去找班主任，79.5%的家长找学校领导，23.8%的家长会去找政府，找法院和新闻媒体的家长的比例为17.5%和16%。

三、《意见》颁布的意义及主要特点

课题研究发现，尽管我国学校安全总体向好，但学校安全风险防控形势仍然较为严峻。有的地方和学校没有真正把安全管理制度落到实处。仍有不少中小学、幼儿园未实现封闭式管理，未配齐保安人员及安全防护装备；校园欺凌、校园暴力事件时有发生；少数校车逾期未报废或逾期未检验，"黑校车"和农用车辆接送农村中小学生、幼儿上下学的问题仍然突出，涉校涉生车辆安全运行隐患较大。

这些问题集中表现在学校安全管理缺乏风险防控意识。将"风险"概念引入学校安全工作中，其中一项重要的意义在于对学校安全风险进行事前预防和有效管理。《意见》作为当前解决中小学（幼儿园）安全风险问题的一部专项规定，立足于风险防控视角，从国家顶层设计角度出发，不但对原来学校安全防控工作中存在的问题进行了回应，而且根据学校安全防控工作社会形势的变化进行了调整，从而实现了学校安全风险防控的三个转变：即学校安全工作由被动应对转向主动预防；由单一预防转向立体预防；由补丁式预防转向顶层设计预防，必将大大提高我国学校安全风险防控的水平和效果。

学校安全风险防控工作不仅仅是学校和教育部门的职责，更是全社会的责任。当前，关于学校安全风险防控的负责部门很多，但长期处于"九龙治水，各管一段"的局面，没有真正形成部门联动机制。《意见》引入了风险管理思维，有助于将教育、公安、司法、建设、交通、文化、卫生、工商、质检、新闻出版等部门的力量整合起来，以保障学生的健康和安全为核心，共担责任，协同配合，形成真正的学校安全风险防控联动机制，维护校园安全。

2017年5月4日在教育部新闻发布会上的发言，教育部官网正式发布稿有删节。

第五辑 通过法治的社会治理

法治中国触手可及

2014年10月23日,中国共产党第十八届中央委员会第四次全体会议重点研究全面推进依法治国问题并做出了《中共中央关于全面推进依法治国若干重大问题的决定》(以下简称全会决定),这是我国法治建设史上的里程碑。正如习近平总书记关于全会的说明所指出的:"全会决定直面我国法治建设领域的突出问题,立足我国社会主义法治建设实际,明确提出了全面推进依法治国的指导思想、总目标、基本原则……鲜明提出坚持走中国特色社会主义法治道路、建设社会主义法治体系的重要论断,明确建设社会主义法治国家的性质、方向、道路、抓手,必将有力推进社会主义法治国家建设。"

一、牢记法治中国的语境

法治是人类社会的共同经验,但建设法治国家不能脱离中国语境。长期以来,我国对法治的理解深受西方法治理念与模式的影响,而且这种影响在不少人心中还已经根深蒂固。建设社会主义法治国家需要吸收国外法治有益经验,但法治建设绝不能脱离中国的国情。忘记法治的中国语境,必然成为西方法治的应声虫,也是必须警惕的错误思潮。全会决定旗帜鲜明地指出建设社会主义法治国家要"汲取中华法律文化精华,借鉴国外法治有益经验,但决不照搬外国法治理念和模式"。

具体来说,全会决定强调了建设法治中国的五大原则,这五大原则是:坚持党的领导、坚持人民主体地位、坚持法律面前人人平等、坚持依法治国和以德治国相结合、坚持从中国实际出发。这五大原则之间是辩证统一的关系,共同构成了社会主义法治国家的中国特色。

1. 坚持依法治国和以德治国相结合是对中华法律文化精华的汲取

法治与德治之间的关系,是一个法学界长期探讨的命题。有的人认为德治与法治是不相容的,德治就是人治或者变相的人治,这种观点是值得商榷的。德治是中华法律文化精华的集中体现,是中国传统治国经验的结晶,不能简单地理解为等同于人治或必然与法治背离。坚持依法治国应当汲取中国传统法律文化的精华,坚持依法治国与以德治国的辩证统一。

2. 坚持法律面前人人平等是对国外法治有益经验的借鉴

法律面前人人平等是法治的基本要义,也是国外法治建设的重要经验,强调法律面前人人平等在我国现阶段更有现实性和特殊意义。除了强调坚持法律面前人人平等原则外,全会决定还有一个值得关注的特点,那就是一些法律格言式警句的多次出现。例如,"法律是治国之重器,良法是善治之前提""法律的生命力在于实施,法律的权威也在于实施""公正是法治的生命线""法律的权威源自人民的内心拥护和真诚信仰"等。这些语言特点既体现了深厚的法理根基,也同样体现了对人类法治共同经验与成果的吸收。

3. 坚持党的领导、人民主体地位、从中国实际出发,是决不照搬外国法治理念和模式的体现,也是法治中国的鲜明特征

在坚持党的领导、人民主体地位、从中国实际出发三大原则中,最核心的原则是坚持党的领导。习近平总书记在对全会决定的说明中明确指出:党的领导是中国特色社会主义最本质的特征,是社会主义法治最根本的保证;把坚持党的领导、人民当家做主、依法治国有机统一起来是我国社会主义法治建设的一条基本经验;宪法以根本法的形式反映了党带领人民进行革命、建设、改革取得的成果,确立了在历史和人民选择中形成的中国共产党的领导地位。"对这一点,要理直气壮讲、大张旗鼓讲。要向干部群众讲清楚我国社会主义法治的本质特征,做到正本清源、以正视听"。这种旗帜鲜明的立场,对于把握社会主义法治国家的基本方向具有重要的意义。

全会决定也同时提出,要坚强和改进党对全面推进依法治国的领导,具体而言要从坚持依法执政、加强党内法规制度建设、提高党员干部法治思维和依法办事能力、推进基层治理法治化、深入推进依法治军、依法保障"一国两制"实践和推进祖国统一、加强涉外法律工作等方面着手和

展开。

建设社会主义法治国家,实现法治中国的梦想,决不能脱离中国语境。脱离中国语境谈法治,只能是空谈。空谈误国,空谈也会将依法治国引向歧途。

二、勾勒法治中国的图景

全会决定开宗明义地指出:依法治国,是坚持和发展中国特色社会主义的本质要求和重要保障,是实现国家治理体系和治理能力现代化的必然要求,事关我们党执政兴国,事关人民幸福安康,事关党和国家长治久安。全面建成小康社会、实现中华民族伟大复兴的中国梦,全面深化改革、完善和发展中国特色社会主义制度,提高党的执政能力和执政水平,必须全面推进依法治国。

全会决定在强调必须全面推进依法治国,实现建设中国特色社会主义法治体系、建设社会主义法治国家总目标的同时,也勾勒出了法治中国的蓝图,深刻阐释了法治中国的内涵,清晰回答了何为法治中国这一重大理论问题。

全会决定所阐释的法治中国的特征可以概括为"五三三四",具体而言是:(1)形成五个体系,即形成完备的法律规范体系、高效的法治实施体系、严密的法治监督体系、有力的法治保障体系、完善的党内法规体系。(2)坚持三个共同推进,即坚持依法治国、依法执政、依法行政共同推进。(3)坚持三个一体建设,即坚持法治国家、法治政府、法治社会一体建设。(4)实现四个目标,即实现科学立法、严格执法、公正司法、全民守法。

全会决定在勾勒出法治中国蓝图的同时,也明确了实现法治中国的路径,即在中国共产党领导下,坚持中国特色社会主义制度,贯彻中国特色社会主义法治理论,并通过建设法治中国最终促进国家治理体系和治理能力的现代化。

全会决定还提出了到2020年建成法治中国的预期,而法治中国也将呈现出依法治国基本方略全面落实、法治政府基本建成、司法公信力不断提高、人权得到切实尊重和保障四大美好愿景。

依法治国基本方略的提出经历了一个曲折的发展过程,而其全面落实也是一个长期的过程。经过30年的积累,我国的法治建设已经取得了重大的进步,中国特色社会主义法律体系已经形成,法治政府建设稳步推进,司法体制不断完善,全社会法治观念明显增强。只要按照全会决定勾勒出的法治中国蓝图不断推进,依法治国基本方略一定能在2020年全面得以落实。

法治政府的基本建成也是法治中国的重要标志之一,法治政府的特点是职能科学、权责法定、执法严明、公开公正、廉洁高效、守法诚信。简单地说,就是将权力关进制度的笼子里。

尽管近些年来随着司法体制改革的深入,司法公信力有所提高,但与法治国家的要求还有不少的距离,司法还难以发挥定纷止争最后防线的功能。法治中国建成的重要标志即是司法享有崇高的公信力,人民群众可以在每一个司法案件中感受到公平正义。

法治中国的性质是社会主义,而社会主义的本质是人民当家做主。法治中国也意味着人民群众感受到法治建设的成果,人权得到切实的尊重和保障。

三、突破法治中国的难题

很多人把十八届四中全会公报解读为依法治国蓝图的"升级版",这一观点有道理,但在我看来全会决定更是依法治国、建设社会主义法治国家的"攻坚版"。

从1978年党的十一届三中全会提出"有法可依、有法必依、执法必严、违法必究"的十六字方针,到1997年党的十五大正式确立了依法治国的基本方略,2002年十六大将"依法治国基本方略得到全面落实"列入全面建设小康社会的重要目标,2007年十七大提出加快建设社会主义法治国家,2012年十八大提出"全面推进依法治国,法治是治国理政的基本方式",再到2014年十八届四中全会将依法治国作为会议的主题,建设中国特色社会主义法治体系、建设社会主义法治国家的探索与努力,我国追求法治的梦想已经走过了30余年的历程,也取得了举世瞩目的成就,但是必须承认的是,我国目前离法治国家、法治社会的要求还有一定的差距。

全会决定直面我国法治建设中所存在的问题,列举了法治建设所还存在的三大不适应、不符合的地方:一是立法中所存在的问题。主要是有的法律法规未能全面反映客观规律和人民意愿,针对性、可操作性不强,立法工作中部门化倾向、争权诿责现象较为突出。二是执法司法中所存在的问题。主要是有法不依、执法不严、违法不究现象比较严重,执法体制权责脱节、多头执法、选择性执法现象仍然存在,执法司法不规范、不严格、不透明、不文明现象较为突出,群众对执法司法不公和腐败问题反映强烈。三是守法中所存在的问题。部分社会成员尊法信法守法用法、依法维权意识不强,一些国家工作人员特别是领导干部依法办事观念不强、能力不足,知法犯法、以言代法、以权压法、徇私枉法现象依然存在。

从全会决定内容来看,十八届四中全会在提出依法治国总目标的同时,聚焦了我国法治建设中的沉疴积弊,如宪法权威性不足、司法行政化、地方化、司法专业性不足等,并针对性地提出了切实可行的改革路径和方向。

全会决定从四个方面做出了突破法治中国难题的战略部署:

一是完善以宪法为核心的中国特色社会主义法律体系,加强宪法实施。具体举措包括:健全宪法实施和监督制度;完善立法体制;深入推进科学立法、民主立法;加强重点领域立法。

二是深入推进依法行政,加快建设法治政府。具体举措包括依法全面履行政府职能;健全依法决策机制;深化行政执法体制改革;坚持严格规范公正文明执法;强化对行政权力的制约和监督;全面推进政务公开。

三是保证公正司法,提高司法公信力。具体举措包括完善确保依法独立公正行使审判权和检察权的制度;优化司法职权配置;推进严格司法;保障人民群众参与司法;加强人权司法保障;加强对司法活动的监督。

四是增强全民法治观念,推进法治社会建设。具体举措包括推动全会树立法治意识;推动多层次多领域依法治理;建设完备的法律服务体系;健全依法维权和化解纠纷机制。

这些改革路径与方向既有宏观顶层设计,如全面推进依法治国五个体系、六项重大任务,也有"四两拨千斤"的具体举措,如建立领导干部干预司法活动、插手具体案件处理的记录、通报和责任追究制度,建立健全司法人员履行法定职责保护机制,推动实行审判权和执行权相分离的体制改革试点,最高人民法院设立巡回法庭,探索设立跨行政区划的人民法院和人民检察院,探索建立检察机关提起公益诉讼制度等。

正因为如此,也可以将十八届四中全会公报称为依法治国的"攻坚版",而建设社会主义法治国家的理想也因此触手可及。

四、培育法治中国的人才

某种意义上可以说,能否建设一支忠于党、忠于国家、忠于人民、忠于法律的社会主义法治工作队伍,培育法治中国的人才,关系到社会主义法治国家建设的成败。

法律职业共同体的缺失,是长期困扰法治中国建设的难题。全会决定以专门部分对如何加强法治工作队伍建设提出了要求,除了强调政治素质外,还对于加强法律职业共同体建设提出了较为细致的要求。主要要求有三:一是畅通立法、执法、司法部门干部和人才相互之间以及其他部门具备条件的干部和人才交流渠道。二是推进法治专门队伍正规化、专业化、职业化,提高职业素养和专业水平。三是加强法律服务队伍建设,包括律师、公证员、基层法律服务工作者、人民调解员队伍建设。

全会决定还特别提出创新法治人才培养机制,培养造就熟悉和坚持中国特色社会主义法治体系的法制人才及后备人才。值得注意的是,全会决定还提出了要健全从政法专业毕业生中招录人才的规范便捷机制的要求。这一要求尊重了法学教育的特殊性,也为政法院校的改革与发展提供了难得的机遇,政法院校应当积极研究与应对,抓住契机推动法学教育的升级。

全会决定还对法学专家与法学教育工作者也提出了很多明确的要求,重点打造一支政治立场鉴定、理论功底深厚、熟悉中国国情的高水平法学家和专家队伍。正因为如此,有学者提出今后30年是法学家的时代。

在我看来,十八届四中全会的召开也意味着法学专家与法学教育工作者应当更具社会责任与担当。法学专家和法学教育工作者应当积极开展法学理论研究,促进社会主义法治理论体系的成熟,在吸收人类法治建设成功经验的基础上形成法治的中国话语;积极参与立法与行政决策,在培养适应法治中国需要的高素质法治专门人才中发挥应有的作用。

结语

法治梦是中国梦的重要组成部分,也是实现中国梦的保障。全会决定内容丰富,被形象地称为依法治国升级版,同时也引起聚焦了法治中国建设中的难点,因而也是依法治国的攻坚版。全会决定勾勒出了法治中国的美好前景,也让法治的梦想触手可及。

载《中国青年社会科学》2015年第2期,原标题为"四中全会依法治国之梦解读"。

如何走向法治国家
——对依法治国与青年责任担当的几点认识

十八届四中全会的召开及《中共中央关于全面推进依法治国若干重大问题的决定》的颁布,着实令法学界激动了一番,法学家们纷纷呼唤着:"法治的春天即将到来",甚至有的法学家还宣称21世纪是法学家的世纪。实际上早在1978年党的十一届三中全会、1997年的十五大、2002年的十六大、2007年的十七大、2012年的十八大,因为都不同程度地提到了"法治",所以法学界在每次会后几乎都会喊"法治的春天即将到来"。正像有的人所指出的,法学家似乎是一个比较喜欢喊叫春天的群体。

十八届四中全会在党的历史上首次将依法治国作为全会的主题,《中共中央关于全面推进依法治国若干重大问题的决定》也的确让法治的梦想触手可及。然而,通往法治的道路从来都不会是平坦的。

2009年4月,首届当代中国法学名家论坛在华东政法大学召开,那时虽然已经入春,但仍然很冷。80多岁的李步云教授在论坛上做主题发言,讲着讲着哽咽失声,最后李先生说的一句话是"我们法学家太苦了"。我还记得会场当时的诡异:全场沉寂了数十秒,然后突然之间掌声如雷,经久不息。

今年12月10日,上海市高院副院长邹碧华英年早逝,逝后哀荣备至,几乎整个法律职业共同体为之动容。在解释这一现象时,一位律师和一位大法官的悼词可谓入木。律师说:"非哀英年之早逝,亦哀法治之多艰。"大法官说:"悼念邹碧华又何尝不是在悼念我们自己,我们不正是在痛惜那些已经死去的和正在死去的法律人的职业精神与职业品格吗?"

十几年前,我在西南某地的一个戒毒所里当民警。戒毒所地处一座高山上，周围十分荒凉。那是我第一次体验法律职业，而且越体验越迷茫。当然，这种迷茫并不只是因为整座山上难见"雌性动物"。那时候的我，青春飞扬，献身法治的理想正浓。当我满怀祝愿地送走一批戒毒学员后，总是没过几天他们又回来了。一见到我还很高兴很热情地打招呼："嗨，姚干事，我又回来了！"有时候，我会发现有的人没有回来，询问才知，他们已经"永远"地"戒掉"了毒瘾。

后来，我决定离开戒毒所，继续求学。再后来，我成了华东政法学院的一名教师，还在长宁检察院挂职副检察长分管未检、公诉和研究室近三年，直接办了不少案子。再后来，我回到华政，不久又调任"野马浜大学"任教。在法学理论与实务部门来回折腾了这么多年，难得还保持着一种很"青年"的面庞，我觉得有一点点资格来谈谈"依法治国与青年责任担当"这一会议主办方指定的命题。

我们常说，青年是国家的未来。其实，青年同样决定着法治国家的成败与未来。就我个人的肤浅感悟，法治国家的青年责任有三个关键词：信仰、坚守、呵护。

法治，需要信仰。还记得初入法门时读伯尔曼的《法律与宗教》，当读到"法律必须被信仰，否则它将形同虚设"一句时，那种热血沸腾的感觉就和第一次读到《共产党宣言》中"无产者在这个革命中失去的只是锁链，他们获得的将是整个世界"一样。青年有了法治信仰，法治国家就有了希望。法治的发展进程，就像共产主义一样，不是一朝一夕的事情，但它的实现前提是——被信仰。

法治，需要坚守。今天下午在我国未成年人法治建设史上具有里程碑的意义。此时此刻，最高人民法院、最高人民检察院、公安部、民政部正在召开《关于依法处理监护人侵害未成年人权益行为若干问题的意见》新闻发布会，这一意见的出台意味着遭受监护人侵害的未成年人将可以及时得到解救。近些年来，我国持续曝光了很多未成年人遭受父母侵害的恶性案件。然而一个令人费解的现象是，其实早在1987年的《民法通则》第18条中就有关于监护人侵害被监护未成年人子女权益可以剥夺监护权另行指定监护人的规定，《未成年人保护法》第53条也再次重申了这一规定，然而剥夺监护权的法条竟然沉睡了27年无人问津。这么多年来，我们一直持续在呼吁激活这一法条，也经历过沮丧甚至是悲伤，但今天这一法条终于被激活了。有时候，需要给法治一些时间。而在这一过程中，需要我们每一个人的坚守。

法治,需要呵护。还记得李某某轮奸案发生后,国内某报社的记者打电话采访我。采访后,我特地嘱咐那位记者,请她务必遵守法律的规定在报道中隐去该未成年人的姓名、住所、照片、图像以及可能推断出该未成年人真实身份的所有信息。结果,这篇报道出来后,仍然披露了李某某的真实姓名等身份信息。当时我非常愤怒,打电话问她为何这么做。得到的答复是:"违反《未成年人保护法》《预防未成年人犯罪法》没事的,大家在报道时都这样做。"难道因为未成年人保护法规没有牙齿,就可以不遵守吗?其实法治并不如我们想象的坚强,而是十分脆弱。尽管离法治国家的理想还有一定距离,但我们每个人都已受到了法治的荫蔽,享受着今天的安宁与繁荣,我们每一个人也都有责任去呵护法治。

信仰法治、坚守法治、呵护法治,这就是依法治国语境下的青年责任,也是我们每一个人的责任。

2014年12月23日在"依法治国与青年成长"暨第三届12355上海青少年权益保护论坛上所做的发言。根据研究生王江淮的记录整理。

通过群团的间接治理值得期待

"间接治理"是古今中外国家进行社会治理的共同智慧,无论是古代还是现代,成熟的社会治理都具有"间接治理"的特征。

我国自古有"皇权不下乡"的说法,在封建社会的大多数时期政府权力只及于州县一级,县衙配备的"公务员"也非常少。国家如何实现对社会(在封建社会主要是乡村)的有效治理,是一个体现政治智慧的问题。一些学者认为封建社会的乡村是自治的,这种观点有一定的道理。不过,在乡村中有一种特殊的"中间力量"是国家实现对乡村治理的桥梁,这一桥梁也就是所谓的"乡绅"。

中国封建社会的社会治理具有通过乡绅的间接治理的特征。乡绅阶层是中国封建社会的特有阶层,主要是由科举及第未仕或落第仕子、退休回乡官吏、宗族元老等一批在乡村社会有影响力的人物构成。这一阶层具有"近似于官而异于官,近似于民又在民之上"的特点。乡绅充当了国家与社会之间的桥梁与缓冲区的作用,统治者通过乡绅实现对基层社会与民众的治理,基层社会与民众则通过乡绅反映诉求和维护利益。由于与封建统治者千丝万缕的联系,在统治者眼中,乡绅是"靠得住"的;而在基层社会的民众眼中,乡绅也是具有崇高威望的可信任的代言人。正因为乡绅阶层的这种特殊作用,它"一旦松弛、分解,社会政治秩序即会出现无序"。相对于欧美国家而言,中国封建社会之所以可以延续两千多年而具有超稳定特征,与乡绅阶层的特殊作用是密不可分的。

现代国家的社会治理也同样具有"间接治理"的特点,只不过是通过社会组织的间接治理。现代国家强调政府限权和充分发挥市场与社会的自我调节功能,尤其是大国治理更具有这样的特征。一个已经被注意到的经验是，小政府对大社会的有效治理也是通过特定的桥梁来实现的，这种特定的桥梁也就是所谓的"NGO"（非政府组织）"NPO"（非营利组织）等各种形式的社会组织。这些社会组织所发挥的作用非常类似于中国封建社会的乡绅，也即充当了政府与民众之间的桥梁，同时起到了缓冲区的作用。社会组织为社会提供各种形式的服务，实现了社会的自我调节和有序运转。而国家则通过法律、政府购买服务等方式，管理和引导各种形式的社会组织，将政府的治理方略通过社会组织传导于基层社会与民众，由此实现对社会的有效治理。

新中国成立以来，我国在社会治理理念上具有强调政府与人民之间"零距离"的特点，政府也改称"人民政府"。在社会主义改造过程中，乡绅阶层逐步消亡。改革开放以来，社会组织的发育还很不成熟。也就是说，我国长期采取的是"直接治理"而非间接治理模式，政府与民众之间缺乏桥梁和缓冲。直接治理有其可取之处，也是与特定历史与社会背景契合的治理模式。不过，随着我国改革开放的推进，随着党越来越强调民主、法治与市场经济，直接治理模式越来越不能适应全面深化改革发展的需要。需要强调的是，为人民服务并不等于政府要直接管理社会和民众，实际上间接治理更有利于服务人民，同时也有利于规避和化解社会矛盾，实现社会的和谐有序。

改革开放以来，"小政府大社会"的现代国家治理理念被引入中国。但是，一个长期的困扰是，政府限权后，如何才能实现对社会的有效治理？

近些年来，一些人主张吸取中国传统社会治理经验恢复或者重建乡绅阶层，这种观点吸引人但不具有现实性，而且是值得商榷的。古代乡绅之所以能发挥作用，还因为其与宗族之间的结合，即所谓"国权不下县，县下惟宗族，宗族皆自治，自治靠伦理，伦理造乡绅"（秦晖）。没有宗族，就不会有真正意义上的乡绅。而在当代中国，恢复宗族在乡村的影响力在某种程度上是危险的。本人以及不少学者在农村的调研发现，乡村宗族势力具有复兴的趋势，但是这种复兴是令人担忧的，譬如与基层政权关系紧张甚至对抗，以及黑社会化倾向等。

借鉴国外经验，大力发展社会组织也是近些年来非常流行的一种观点和吸引人的实践。然而，在中国语境下，国外这种经验在中国的借鉴还存在着如何与中国实际相结合的问题。我国是中国共产党领导的社会主义国家，应当强调社会组织在社会治理中的作用，但是首先必须确保社组织在政治上的可靠性,而不能具有潜在的失控危险。我国目前的法制建设程度还有待提高,仅仅通过立法规范与政府购买服务的经济杠杆,还并不能确保社会组织在正轨上运行。

现代国家的社会治理不可能再采取直接治理模式,然而恢复乡绅不可行,完全放开社会组织又存在潜忧,那么谁来充当当代中国社会治理的"桥梁"与"缓冲区"呢?

近日,党中央发布了《关于加强和改进党的群团工作的意见》(简称四号文件)。在我看来,四号文件体现了中央对"间接治理"模式的强调以及对群团组织的"深深"期待。正如四号文件所指出的:"群团事业是党的事业的重要组成部分,党的群团工作是党治国理政的一项经常性、基础性工作,是党组织动员广大人民群众为完成党的中心任务而奋斗的重要法宝。工会、共青团、妇联等群团组织联系的广大人民群众是全面建成小康社会、坚持和发展中国特色社会主义的基本力量,是全面深化改革、全面推进依法治国、巩固党的执政地位、维护国家长治久安的基本依靠。"

然而,要承担起间接治理中的"桥梁"与"缓冲区"角色,有两个最基本的要求:一是国家认可,二是群众认同。也就是说,必须是一支党和国家可依靠的、放心的力量,同时也是被群众广泛认同,在群众中具有权威性与号召性的力量。就群团组织而言,党和国家认同是没有问题的,问题是群团组织是否被各自所联系的群众认同,而这决定了群团组织能否真正在间接治理中充当起桥梁与缓冲区的"重任"。

脱离所联系的群众,不被所联系的群众认同,这是群团组织在当前所面临的一个现实的问题。例如,某地曾经的一项调查尴尬地发现:仅13.2%的中小学生、5.2%的在校高校学生、1.1%的在职青少年、3.9%的社区(闲散)青少年认为团组织是最能代表自身利益和反映诉求的组织,创业青年中则没有人认为团组织是最能代表自身利益和反映诉求的组织。也就是说,青少年对共青团这样一个青少年组织的认可度是低得惊人的,并且认可度与青少年的年龄成反比——越成熟越对共青团不认同。

四号文件强调:"群团组织要通过创造性工作增强发展活力、赢得群众信任。要把工作重心放在最广大普通群众身上,克服机关化、脱离群众现象,建好群众之家、当好群众之友。"某种程度上可以说,这一强调表达了中央对群团组织的深深期待。

间接治理是古今中外社会治理的经验,通过群团组织的间接治理是中国特色社会主义国家值得期待的间接治理模式。综观四号文件的内容,可以说把间接治理的期望寄托给了群团组织,这对群团组织而言,既是一次重大机遇,更是一次重大挑战。

写于 2015 年 3 月 13 日,作为专家建议提交团中央参考。

从严治团须重视团内法规建设

刚刚闭幕的共青团十七届六中全会强调：要贯彻全面从严治党要求大力推进从严治团，切实为党做好新形势下的青年群众工作。截至目前，全国共有共青团员8746.1万人，团干部21万名，共有基层组织387.3万个。如何将从严治团落到实处，是一个需要认真研究的大问题。

党的十八届四中全会通过的《中共中央关于全面推进依法治国若干重大问题的决定》指出："党内法规既是管党治党的重要依据，也是建设社会主义法治国家的有力保障……运用党内法规把党要管党、从严治党落到实处。"这一决定正式在法治意义明确了党内法规的地位，并且将党内法规建设作为党要管党、从严治党的重要路径。以习近平同志为核心的党中央指出，团的建设是党的建设的一部分。中央关于运用党内法规将从严治党落到实处的方略，为如何将从严治团落到实处指明了方向。在党内法规建设有序推进并取得重大成果、共青团十七届六中全会提出全面从严治团要求的背景下，应当加强对团内法规的研究，重视团内法规建设。

团内法规（简称"团规"）可以分为狭义和广义。狭义的团内法规是团的中央组织、团中央各部门和省、自治区、直辖市团委制定的规范团组织的工作、活动和团员行为的团内规章制度的总称。广义的团内法规，则是指团内各级组织制定的各类规范性文件的总称。团章是团内法规体系中的基本法，具有最高的团内法规地位、效力和最为严格的制定修改程序，是团内其他法规制定和实施的依据。其他团内法规是团章具体内容的细化，其内容必须与团章的规定保持一致，不得违背团章。

团内法规建设的基本指导思想是将以习近平总书记为核心的党中央

关于共青团与青少年工作的指示转化为全团一体遵循的制度性规定，保持和增强共青团的政治性、先进性、群众性，确保全面从严治团落到实处。党内法规是团内法规建设的依据，一切团内法规不得与党内法规相抵触。

目前，在共青团理论研究与从严治团实践中还没有明确提出和使用"团内法规"的概念，类似的提法是"规章制度""文件"等。相对而言，团内法规的提法更加严谨、规范和权威。提出加强团内法规建设的命题更加有利于引入法治思维深化共青团改革，更加有利于为全面从严治团提供制度性保障，更加契合全面推进依法治国的要求，也是党建带团建和党内法规建设理论与实践发展的必然结果。

建议明确团内法规建设的负责部门，研究制定《中国共青团团内法规制定条例》《中国共青团团内法规和规范性文件备案规定》，明确团内法规的内涵与类型、制定规划、制定权限划分、制定程序、适用与解释、备案及清理等有关团内法规建设的基本问题。同时建议适时对团内法规进行清理，并根据清理情况及时对相关团内法规作出修改、废止等相应处理。

本文写于 2017 年 1 月。

法治中国话语下的法学期刊

十八届四中全会专题讨论法治,并作出了《中共中央关于依法治国若干重大问题的决定》,这是我国推进法治建设的里程碑事件。

在浓重的法治中国背景下,法学期刊负有不可替代的重大使命。从《中共中央关于依法治国若干重大问题的决定》来看,中国语境下的法治既有对人类社会法治建设经验的吸收,也具有厚重的中国特色。如何将两者有机结合,形成法治的中国话语,这是法学理论界的责任,也是法学期刊的责任。由于法学期刊是法学理论发展的支撑与平台,具有引领法学理论发展的特殊功能,法学期刊的立场受人关注,责任重大。

一个不得不承认的事实是,长期以来我国法学界有关法治的话语,具有浓重的移植特色,一些被认为是法治基本认识甚至是所谓常识的判断,并不适合于复杂中国。在这样的背景下,法学期刊一方面应当积极参与推动社会主义法治理论体系的形成与成熟,另一方面也应注意将人类法治建设的成功经验在中国的本土化。

法学期刊不同于法律期刊,更非普法性刊物,因此应当始终保持必要的理论深度和问题意识。在保证政治正确的同时,也应当注意吸收、传播人类法治建设的共同经验,只有这样形成的法治中国话语才不会仅仅具有法治的中国"特色",而是能经得起历史的检验——这也是真正对法治国家负责。

正如《中国法学》主编张新宝教授所言,依法治国是有主语的。依法治国必须坚持党的领导,也要加强党的领导。这也意味着在依法治国的语境下,法学期刊不只是具有宣传部的功能,也具有组织部的功能——因为法学家都是法学期刊编出来的。正因为如此,法学期刊对法治中国具有根基性的影响。如果说"法律为治国之重器,良法为善治之前提",那么某种程度上可以说,法学期刊为法治之根基。也正因为如此,法学期刊界需要更高的职业操守与自律,坚持公平、公正与公开的原则选用稿件,培养法学人才。中国法学期刊研究会成立以来,对于推动法学期刊的交流发挥了重大作用,建议法学期刊研究会加强行业自律功能,而不能将重心放在如何对付作者。

相对其他学科,我国的法学期刊数量庞大。在值得商榷的期刊评价体系下,近些年来法学期刊出现了宏大化、趋同化的发展趋势。在法治中国的语境下,法学期刊应当向精细化、特色化方向发展,强化法学期刊的问题意识,在避免恶性竞争的同时推动法学研究更加关注法治中国的实践,服务法治中国建设。

2014年11月16日下午,在《法学评论》创刊30周年纪念暨"法学期刊与法治中国"理论研讨会上的发言摘要。

监狱改革的特殊性应当受到重视

在近些年的法治进程中,相较而言执行环节没有受到应有的重视。监狱这个环节,在整体上处于一种被动应对的状态,这是值得反思的。比如在重大的法律修改与司法改革中监狱系统的声音比较弱,更多地体现为如何应对。例如,刑法修正案出来之后,各监狱系统都在研究"如何应对刑修对监狱工作的影响"等,而在刑法修正之前及修改过程之中的声音非常薄弱,这是一个应当重视的问题。

法治建设的重要环节有三:立法、司法、执行,监狱属于执行环节,在法治建设中应当受到应有的重视,其特殊性应当受到应有的尊重,但总的来看,这种重视与尊重是有偏差的。若说不重视,目前很多监狱的硬件都是非常好的。例如,大部分监狱场所不管关押对象如何,一律按照高度警戒监狱的标准来建造,在硬件与安全建设上的投入在某种程度上可以说是"不计成本"。若说重视,但监狱至今没有一套独立的属于自己的话语系统,在法治建设与司法改革中的地位尴尬;对监狱工作的评价和要求,在不少方面明显背离了监狱工作的规律。例如,对于监狱"不能跑人"的极端性要求。

我在加拿大学习的时候,曾经问过教官一个问题,如果我是一名高级警察了,转到监狱做矫正官,可以对应什么级别的矫正官?结果加拿大教官回答,要从最基础的开始做起,意思是矫正官的专业要求不同于警察,两者不能等同。

然而,我国目前对于监狱民警与公安民警的异同、监狱工作与公安工作的异同尚未进行深入的研究。事实上,无论从专业系统还是话语系统来看,监狱民警(矫正官)与公安民警是存在重大差别的,监狱工作也与公安工作有重大差别。然而,目前监狱具有紧跟公安的特点,对两者之间差异性的认识还很不到位,这是值得反思的。例如,不少省市推行的监狱改革包括监狱民警管理多以公安作为参照,虽然有"搭便车"促进监狱工作发展的好处,但从长远来看,其弊端远大于利。

上海目前已经走到了全国前列,但是上海作为一个国际性大都市,参照物应该是全球同类的其他城市,在改革路径设计上应该有进一步的研究。

2016年3月18日在"首届上海青年法学创新论坛"(上海市法学会、上海交通大学主办)上的发言摘要,载律新社微信公众号《监狱干警:执法环节的最后守护者内心最渴望啥》一文。

禁毒工作纳入国家安全战略之省思

近日,中共中央、国务院印发了《关于加强禁毒工作的意见》(以下简称《意见》),要求把禁毒工作纳入国家安全战略和平安中国、法治中国建设的重要内容。据悉,这是国家首次将禁毒工作纳入国家安全战略。

从禁毒史的角度看,禁毒工作影响国家安全早已为历史所证实。毒品曾经给中国带来的深度的灾难,鸦片战争也成为开启中国近代史序幕的标志。中华人民共和国成立后,国民党残军败退金三角后推行的以毒养军政策,也曾经加剧了金三角地区国家的分裂与割据。尽管我国的毒品问题尚未发展到造成国家动荡、割据的程度,但历史的警示不容忘记。

从毒品问题现状来看,其对国家安全的影响也已经成为一种现实的威胁。近些年来,很多国家出现了毒品与恐怖主义合流的现象,贩毒是很多恐怖组织重要的经济来源,更有的恐怖组织将毒品渗透作为恐怖活动的一种策略。令人担忧的是,在我国,这种毒恐合流的现象已经出现。

另一种值得警惕的现象是,一些经济状况不佳的国家推行"以毒养政"政策,对周边社会治安乃至国家安全也造成了重大的威胁。这种以毒养政现象不仅仅出现在金三角、金新月等传统毒源地,而且已经在越来越多的国家蔓延,而我国也早已经深受其害。

由此可见,中央《关于加强禁毒工作的意见》要求将禁毒工作纳入国家安全战略既有对历史的借鉴,也有未雨绸缪的考虑,更有对禁毒工作复杂性、严峻性的判断。可以预见的是,《意见》将禁毒上升到国家安全战略的高度将对我国禁毒工作的开展产生重大的影响。

这种影响将首先表现为大大提高了禁毒工作的重要性与地位,为禁毒工作创造更好的发展环境。当然,如何将禁毒工作融入国家安全战略,还是一个需要深入研究和具体落实的问题。无论是中央还是地方,均应当着手具体考虑在现行国家安全体系中给予禁毒工作一席之地,而禁毒工作相关部门则应主动考虑与国家安全体系的对接。

不过,将禁毒工作提升到国家安全战略的高度,也可能会产生负面效应。在大多数人看来,国家安全工作具有秘密性与非常态性特征,也具有强烈的国家本位性。然而,禁毒工作与通常的国家安全工作仍然有着显著的差异,应当避免传统的国家安全思维对2008年《禁毒法》颁布实施以来所确立的依法禁毒、重视吸毒人员权利保障等基本原则的影响与冲击。

正如《意见》所要求的,禁毒工作既应纳入国家安全战略,也应纳入平安中国、法治中国建设的重要内容。在讨论禁毒工作提升到国家安全战略高度的同时,绝不应忽视后两个要求,尤其是法治中国建设重要内容的要求。

本文主要观点以《毒恐合流危害国家安全　对接国安战略极有必要》为题,发表于2014年8月1日《上海法治报》。

对社区戒毒与社区康复试点工作的几点思考

我国现行戒毒体系存在管理与执行主体多元化的特点,其中自愿戒毒由卫生行政部门主管,强制隔离戒毒的管理与执行由公安机关和司法行政部门负责,社区戒毒与社区康复的管理与执行由乡镇人民政府、城市街道办事处负责。戒毒康复场所在法律上由政府设置,但实际上公安机关和司法行政部门均分别设置和管理戒毒康复场所,此外还存在社会力量兴办的戒毒康复场所。

戒毒体系管理与执行主体多元化的特点符合我国现阶段戒毒工作的实际,但是从长远来看不利于戒毒体系的科学化运作,也不利于戒毒工作的专业化发展,也可能存在戒毒异化的可能与风险。从《禁毒法》与《戒毒条例》颁布以来我国戒毒体系的运转实际情况看,上述问题已经不同程度地暴露出来。如何在《禁毒法》与《戒毒条例》所重构的戒毒体系基础上,进一步推动我国戒毒体系的改革与发展,是一个理论界与实务部门需要认真对待的议题。从这个角度看,上海市自2014年以来所推行的社区戒毒社区康复试点工作,不仅有助于加强社区戒毒与社区康复的执行,更有助于推动我国戒毒体系的进一步完善。

戒毒是世界性难题,各国对吸毒成员人员的立法与政策在总体上经历了从惩罚到治疗、从隔离到社区的转变。在国际上,对吸毒者采取强制隔离的措施已经成为一种被日益批判的做法。2012年3月,联合国毒品和犯罪办公室等12个联合国机构联合发布了《关闭强制拘禁戒毒中心和康复中心的联合声明》。这一声明呼吁存在强制拘禁戒毒和康复中心的国家应毫不迟疑地关闭这些中心,释放被拘留人员;并在社区为需要这些服务的人，在自愿、知情基础上，为他们提供适合的卫生保健服务。

在我国现阶段，强制隔离戒毒措施还有其存在的必要性和现实性，但是社区戒毒和社区康复等社区性戒毒措施的作用与地位应当给予充分的重视。从长远来看，正像刑罚执行体系中社区矫正的地位日益提升一样，社区戒毒与社区康复也将逐步在我国戒毒体系中居于日益重要的地位甚至是主体地位。

对于社会治理中的特殊人群，尤其是具有潜在或者现实危害社会性的特殊人群，"管得住、服务好"是最基本的要求。

社区戒毒（康复）的优势是在开放的社区进行戒毒，可以最大限度地避免对戒毒人员的工作与生活的产生影响，但是其最大的风险也在于如何在开放的社区中管理好这一特殊人群，避免其发生危害社会的行为并戒断毒瘾。司法行政部门以职能延伸、警力下沉、网格化管理等为特点的社区戒毒与社区康复试点工作，大大强化了对社区戒毒（康复）人员管理，对于提高吸毒成瘾人员的戒断率也正在发挥积极的作用。

当然，这一试点工作如何与现行戒毒法律规定协调，也是一个值得进一步深入探讨的议题，尤其是对于试点工作如何更加慎重地找到"嵌入"社区戒毒与社区康复的法律空间。

载郑善和主编：《崇法与善治：上海司法行政研究（2015）》，法律出版社2015年版。

改革完善我国禁毒体制机制的建议

一、禁毒严峻形势要求对我国禁毒体制机制进行反思

毒品问题关系到社会的长治久安,也关系到国家的安全与政权稳定。当前,我国毒情仍然面临着日益严峻的形势。一方面吸毒人数持续增长。早在2009年,LANCET(柳叶刀)统计表明我国物质滥用的流行率高达5.9%。公安部估计我国目前实际吸毒人数超过1400万,吸毒人口比为1%,是鸦片战争前夕吸毒人口比例的2倍。全国涉毒县市区增至超过三千个,占全国县市区总数九成以上。另一方面毒品犯罪案件保持持续高发态势。值得警惕的是,近些年来毒品问题还出现了诸多新的发展趋势。例如毒品问题开始与恐怖主义合流,公职人员涉毒显现蔓延趋势,吸毒人群低龄化等,必须引起高度重视。

党和国家高度重视禁毒工作,2014年中共中央、国务院专门印发了《关于加强禁毒工作的意见》(以下简称《意见》),提出要不断创新禁毒工作体制机制,进一步完善毒品问题治理体系。

我国现行禁毒体制机制初步形成于20世纪90年代初,以1990年国家禁毒委员会的成立为重要标志。2007年通过的《禁毒法》第四条正式确立了"禁毒工作实行政府领导,有关部门各负其责,社会广泛参与"的工作机制。2014年《意见》进一步提出了"禁毒工作责任全面落实,党委和政府统一领导、禁毒委员会组织协调、有关部门齐抓共管、全社会共同参与的禁毒工作社会化格局真正形成"的要求。

中央关于我国禁毒体制机制的要求符合我国禁毒工作实际,但现行禁毒体制机制的运行状况与中央的要求尚有较大的差距。面对日益严峻

的禁毒形势，为了落实中央关于禁毒工作的要求，有必要对我国现行禁毒体制机制做必要的反思和改革。

二、现行禁毒体制机制所存在的主要问题

现行禁毒体制的基本构成是"一委两局"。以国家层面为例，"一委"是国家禁毒委员会，包含38家成员单位，在面上将所有负有禁毒职能的部门予以了归口。"两局"是指公安部禁毒局和司法部戒毒管理局这两大禁毒专门机构，分别主要负责毒品违法犯罪打击与戒毒管理职责。这一体制所存在的问题主要体现在以下几个方面：

1. 禁毒委员会部门化，亟待反思

《禁毒法》规定："国务院设立国家禁毒委员会，负责组织、协调、指导全国的禁毒工作。县级以上地方各级人民政府根据禁毒工作的需要，可以设立禁毒委员会，负责组织、协调、指导本行政区域内的禁毒工作。"在理论上禁毒委员会是代表政府负责组织、协调、指导禁毒工作的机构，但实际上无法真正履行组织、协调与指导禁毒工作的职责。以国家禁毒委员会为例，禁毒委主任由公安部负责人担任，禁毒委员会办公室实际为公安部二级机构——禁毒局。这种由禁毒委员会成员单位之一公安机关代行禁毒委职责的运作模式，具有强烈的部门化特色，一方面削弱了禁毒委员会的权威性，另一方面也很难避免禁毒工作的部门化。此外，禁毒委员会成员单位中包括最高人民法院和最高人民检察院，由公安部牵头的运作模式是否符合法理，也值得进一步研究。

2. 禁毒工作责任稀释，亟待破解

《禁毒法》规定："禁毒是全社会的共同责任。国家机关、社会团体、企业事业单位以及其他组织和公民，应当依照本法和有关法律的规定，履行禁毒职责或者义务。"确定禁毒共同责任原则有利于动员全社会力量参与禁毒，但是如果缺乏有效的责任与激励机制，这种"谁都有责"的禁毒模式，容易陷入"谁都实际无责"的责任稀释困境。由于禁毒委员会设置的部门化，禁毒委员会实际难以对所属38家成员单位行使有效的监督、考核职能，"有关部门齐抓共管"的局面远未形成，责任稀释困境客观存在。

3. 禁毒专门机构职能配置不合理，亟待改革

值得反思的是，作为缉毒专门机构的公安机关承担了禁毒委员会日常工作职责，还承担了部分强制隔离戒毒与戒毒康复的执行职责，无法专

司对毒品违法犯罪的打击职责,分散了公安机关的缉毒力量与禁毒精力,影响了对毒品违法犯罪的打击。司法行政部门专设的戒毒管理局并不能管理所有的戒毒事务,而只被赋予了强制隔离戒毒、戒毒康复的部分执行权。同时,这种由传统刑罚执行与劳教执行机构承担以"治疗"为主的戒毒执行工作是否合理,尚值得进一步研究。

4. **全社会共同参与的禁毒工作社会化格局远未形成,亟待改进**

当前,客观上存在对于机构式戒毒机构的过度依赖现象,对于新建、扩建强制隔离戒毒所的要求远超过对禁毒工作社会化的要求,这种偏差影响了禁毒工作社会化格局的形成。当前,无论是对禁毒社会参与的鼓励激励,还是禁毒社会组织的培育状况,无论是禁毒社会工作人才队伍的建设规模,还是禁毒志愿者队伍的常态化参与,均存在较大的问题,禁毒社会化格局的形成亟待重视和改进。

三、从"一委两局"到"一体三支":改革的基本建议

为了加强禁毒工作,建议我国禁毒体制机制的主体构成从"一委两局"(禁毒委员会、禁毒局、戒毒局)改革为"一体三支",做强、做实我国禁毒体制,以实现中央关于"禁毒工作责任全面落实,党委和政府统一领导、禁毒委员会组织协调、有关部门齐抓共管、全社会共同参与的禁毒工作社会化格局真正形成"的要求。

"一体"即改革禁毒委员会设置模式,使其名副其实在我国禁毒工作中真正居于主体地位。"三支"是指建立健全我国禁毒体制的三大支撑体系,分别是缉毒专门化体系、戒毒专业化体系以及禁毒社会参与多元化体系。具体建议如下:

1. **禁毒办实体化:赋予禁毒委员会实际领导职能**

建议提升国家禁毒委员会领导层级,将其设置于中央,由中央政法委书记担任禁毒委主任。同时,改革禁毒委员会办公室设置于成员单位公安部下属局的做法,将禁毒办实体化,具体可以参考中央网信办的设置模式,让禁毒委员会真正在禁毒工作中居于主体地位,给予禁毒委员会的组织、协调、指导职能以组织支撑。

地方禁毒委员会参照中央设置,同时考虑到目前《禁毒法》规定禁毒委员会设置于县级以上区域所带来的"头重脚轻"弊端,建议明确规定街镇也应当设置禁毒委员会,并确保有专职人员负责禁毒工作。

禁毒委员会的首要职能应当是督促各成员单位以及其他负有禁毒职能的组织切实履行禁毒职能。除了建立更加完善的禁毒责任制、考核办法外,建议借鉴近代禁烟委员会的职能配置经验,赋予禁毒委员会可以提请处罚禁毒不力行政机关领导的督查职能。

2. 缉毒专门化:解脱公安部机关让其专负打击职能

公安机关的专业与专长是打击毒品违法犯罪,建议分离公安机关的非缉毒职能,让公安机关专司缉毒职能,同时强化公安机关缉毒力量,以加强对毒品违法犯罪的打击力度。考虑到毒品违法犯罪案件查处的特殊性,在强化公安机关缉毒力量的同时,也应考虑加强对公安机关缉毒权的监督制约。

3. 戒毒司法化、医疗化与管理一体化:让戒毒名副其实

我国现行戒毒体系存在较大的问题,建议做如下专业化改革:

首先,强制性戒毒措施(不仅仅是指强制隔离戒毒,也还包括社区戒毒、社区康复)适用的司法化。2012年新修订的《刑事诉讼法》规定了精神病人的强制医疗措施所采取的司法程序,此可为强制性戒毒措施适用的参考。具体而言,决定强制性戒毒,必须由法庭以裁定的形式作出。参考国外经验,可以考虑在人民法院内设毒品法庭(或者治安法庭),专门审理毒品滥用的案件。

其次,强制性戒毒措施执行的医疗化。目前,除自愿戒毒主要由医务人员负责外,强制性戒毒措施的执行均主要由警察来负责(公安民警和原劳教人民警察)。医务人员反而居于辅助地位。如果强制性戒毒措施尚具有存在的必要性,那么其执行就应当以医务人员而非警察为主。建议强制隔离戒毒所尽快脱离公安与司法行政系统转归卫生行政部门,并主要由医务人员具体负责对戒毒人员的治疗。考虑到戒毒人员管理的特殊性,司法行政机关可以派民警进驻强制隔离戒毒场所承担警戒职责和协助进行戒毒人员的日常管理、教育。社区戒毒与社区康复的执行也应采取医务人员和禁毒社工为主,警察、志愿者等其他人员为辅的方式,即将社区戒毒与社区康复也从"管制措施"改革为"治疗措施",并遵守医疗规范。

再次,戒毒管理的一体化。我国目前对于戒毒管理多头与交叉的状态必须改变,因为这不利于戒毒工作的规范与发展,也难以避免戒毒工作的异化。戒毒管理的一体化有三种方案:一是由公安机关统一负责戒毒

工作的管理;二是由司法行政部门统一负责戒毒工作的管理;三是由卫生行政部门负责戒毒工作的统一管理。戒毒首先也主要应当是医疗行为,由卫生行政部门负责戒毒工作的统一管理,是一种较为理想的方案。具体而言,可以考虑在省级卫生厅(局)设置戒毒管理局,将司法行政部门的戒毒管理职能、公安机关的戒毒管理职能、禁毒办的戒毒管理职能,以及乡镇(街道)的戒毒管理职能等均统归该局。

4. 禁毒社会化:社会问题应由社会解决

毒品问题是社会问题,社会问题应由社会解决,而不能单纯依赖禁毒专门机构,尤其不能过度依靠强制隔离性戒毒机构来管控吸毒者。近些年来,在我国禁毒工作中所提倡的"应收尽收""全员收戒"等做法,值得反思。

在国际上,对吸毒者采取强制隔离的措施,已经成为一种被批判与摒弃的做法。2012年3月,联合国毒品和犯罪办公室等12个机构联合发布了《关闭强制拘禁戒毒中心和康复中心的联合声明》。这一声明呼吁存在强制拘禁戒毒和康复中心的国家应毫不迟疑地关闭这些中心,释放被拘留人员;并在社区为需要这些服务的人,在自愿、知情基础上,为他们提供适合的卫生保健服务。

为了适应禁毒工作发展的趋势,应当树立社会问题应由社会解决的思路:首先应当发挥禁毒社会组织的作用。国家要积极培育禁毒社会组织,形成必要的竞争机制。同时,明确禁毒社工队伍建设要求,至少应按照禁毒社工与吸毒人员1:50的配置要求,培育一支30万人规模的专业化的禁毒社工队伍。其次,应当发挥禁毒志愿者的作用,引导禁毒志愿力量有序、常态参与禁毒工作。再次,应当完善对禁毒社会力量的管理、服务、引导职能,建议在禁毒委员会办公室下设专门的禁毒社会工作局。

《禁毒法》颁布已超过9年,建议尽快启动《禁毒法》的修订,参考上述建议完善我国禁毒体制与机制。

本文系2016年提交禁毒法修订调研组参考论文。

社区检察的理论基础与争议问题

和未成年人检察一样,社区检察一直是上海检察改革的特色之一。在司法体制改革背景下,社区检察改革的情况还没有进行一个比较好的评估,大体仍然处在埋头试点实验这样一个阶段。学术界的了解很少,公众对社区检察的了解也很少,即便在检察机关内部,对社区检察的定位、意义的认识等,也还处于比较初步的阶段。今天的研讨会是第一次专门关于社区检察的理论研讨会,具有总结性的意蕴,不仅仅是针对上海将近五年来社区检察试点情况的总结,也涵盖了对海南、山东、重庆等省类似试点的总结,相当于对全国社区检察工作做一个系统性的总结。从我个人角度来说,是一个非常好的学习机会。基于这样一个背景,我想谈一些关于社区检察不成熟的想法。

首先,我觉得有一个问题可能不能去回避,还需要进一步去探索,就是社区检察的理论基础问题。有一个问题一直没有探讨清晰,比如说大家可能会注意到,《人民检察院组织法》对于检察机构的设置以及检察权的配置,基本上遵循了"检察权不下乡"这样的一种模式,检察权被限制在区县层面,没有被配置到乡镇、社区的层面。那么我们怎么去理解组织法的这样一种规定呢?当然组织法并不是明确禁止社区检察,只是现行的配置是到区县这一层级为止,如何看待社区检察工作,在理论基础上需要去研究这个问题,比如说这种配置有没有自身的合理性,以及它未来应该进行怎样的发展,这需要我们做进一步的探讨。

我曾经提出过一个不成熟的观点:检察权是一种间接权,它和警权、司法行政权、审判权不一样。检察权有非常强的"间接权"的特点,或者换句话说它和老百姓之间有一种天然的距离,老百姓的诉求和纠纷在检察权这个层面它只能承接，但是不能直接解决，不像警权和审判权等可以直接面对老百姓。正因为如此，老百姓对于检察机关是做什么的不是太清楚。上海一直流传一个段子，某区检察院旁边是妇幼保健院，很多大肚皮经常跑到检察院去检查身体。这个我觉得其实并不奇怪，检察权本身无论是基于它的法律监督权性质，还是具有行政属性的司法权色彩，它和老百姓之间是有一定的距离感的，是一种间接权。这是不能回避的一个问题，但是这种间接权我们怎么去理解它，之后我会进一步地分析。

其次，检察权在我国的司法体系中是司法权的一个组成部分，但是它同时又具有行政属性。大家都知道司法权很重要的一个特点就是具有被动性，司法权的本质是一种判断权，但是社区检察主要体现的是一种主动性权力。社区检察改革在检察权的属性配置上更体现的是一种行政属性，而不是司法权的被动性，当然，这也是还需要继续探讨的。检察机关内部对于检察权的改革具有一些感性的认识，比如说我到某地一个检察院去调研，他们实行窗口化服务做法，你进检察院还需要去取号排队，就跟银行是一样的，不同的窗口提供不同的服务。结果，去的人多了之后，这家检察院感觉到不堪重负。所以检察机关内部对于社区检察这样一种主动出击、延伸职能的改革会有争议，很多人会觉得应该有一个比较合理的定位，离老百姓有点距离好像会更好。在检察权改革的探索之中，如何去协调司法属性和行政属性之间的关系，以及两者之间应该如何权衡，这是两个非常基础性的问题。

还有一点，我注意到非常有意思的一个变化，就是上海的改革是基于大中城市的这样一个特点的，不像一些地方叫"乡镇检察室"而是改称了"社区检察室"，我觉得社区检察这样的提法可能更符合检察权的属性，但是对于社区本身可能还需要进一步地做探讨。我本人在华政时教过"社区管理"这样一门课，对社区还是有一些感受。社区在翻译时需要同社会相区别，就是"community"与"society"的区分，原来都是直接翻译成社会，后来觉得不太恰当，才创造了"社区"这样一个词。对于社区，一般认为它是一定地域范围内人们社会生活的共同体，有五个构成要素：人口要素、地域要素、设施要素、文化要素和心理要素。其中比较重要的有两个：文化要素和心理要素。文化要素是指一个共同体的生活方式和文化背景；心理要素是指心理上的认同感和归属感，而这就是对于社区检察改革的一个挑战。社区检察如何成为社区文化中的一个组成部分，而且能被社区内机构、单位尤其是民众认同和产生归属感,这个问题我觉得是不能回避的。这个问题存在着一定的纠结性,如果检察机关同社区之间过度的融合也会产生一定问题。检察机关的法律监督权定位,要求它还是需要同监督对象保持一定距离的。所以说我觉得社区检察除了研究检察之外还需要重点关注社区,我发现当前我们对社区的关注还是少了一些,这两者之间如何去协调需要持续的探索。

基于前面的陈述,我认为检察权是一种间接权,与老百姓有天然的距离,但是它不应该与监督的对象有天然的距离,应当紧贴监督对象,这样才能去实现它的监督任务。同时,它又需要与监督对象有一定的距离,我认为这两者之间是不矛盾的。比如说社区检察对于派出所的执法监督就是基于这样一个特点,我们要消除与监督对象过度的距离感,但是又要保持必要的距离,这也是社区检察复兴非常重要的一个原因。社区检察中很重要的一个问题是它的行政属性和司法属性之间的关系,社区检察的探索更注重的是它行政权的属性,我觉得如何去把握这个度是需要探索的。

另外,本人对于社区检察实践有一些思考,同时也是从这个角度出发来论述社区检察改革的意义。

大家可能会注意到,社区检察实际上如果追根溯源可以追溯到20世纪80年代对于乡镇检察的探索,可能海南等地现在仍然是在坚持这样一种模式。乡镇检察的探索具有中国本土的特色,基于当时的背景下,特别是通讯、交通不便这样的一个背景,乡镇检察一度非常红火,这是有一定道理的。之后在90年代末21世纪初的时候社区检察受到了批评和调整,很多地方被叫停。在通讯、交通不便的状况得到了改进之后,依托于这样一个基础上的乡镇检察如果不进行改进,的确就很难在全国范围内推开。2008到2010年左右,乡镇检察改名为"社区检察"又开始在一定范围内恢复了探索。

就上海的社区检察探索而言,我认为需要注意一个很重要的问题,就是把检察权的科学界定提上了前台,从一项工作的便利变成了探索检察权科学结构的改革。如何去清晰地界定检察权中的司法属性和行政属性之间的关系,社区检察有其优势,这也正是社区检察改革的价值所在。至今为止,我认为学术界一直没有回答清楚检察权的行政属性和司法属性之间究竟是一种什么样关系的问题。长期以来,检察权被笼统地界定为法律监督权,用这样一个小口袋把它装进去了。社区检察的探索实际上就是把如何处理检察权中的行政属性和司法属性的关系摆在了前台,也给理论研究提供了方向。社区检察改革重要意义在于,有助于在改革中帮助检察权走向科学化。

最后,提出一些思考也算是建议吧,在听了各位的发言和学习完会议材料之后,我觉得还有几个问题可以做进一步的探究。

其一,社区检察的职能不是很清晰。我觉得可以换一个思路去弄清楚这个问题,比如可以参考自贸区的"负面清单"做法。我在想,如果说不清楚社区检察究竟是什么,那么是否可以考虑下说清楚社区检察不能做什么。社区检察职能的配置不能模糊也不能越位,至少在检察系统内部需要合理界定社区检察和已有的职能部门之间的关系。上海在这个问题上做了一个比较好的界定,就是以个案和控告申诉窗口等方式做界定区分,当然我感觉这还需要做进一步的完善。需要注意的是,社区检察并不是一个"派出检察院",更不能做成党委政府的附庸,如何处理好其与各个单位、部门之间的关系,还需要进一步去探讨。

其二,社区检察的存在要和谐,让其在社区中的存在不突兀,不能让老百姓站在门口想了半天到底是进去还是不进去。我发现上海的社区检察室还是比较注意自身的宣传工作,让老百姓了解自身的各项工作。我之前说过,社区需要人们有一种心理上的认同感和归属感,如何把这一点强化我感觉还需要作进一步的探索,不能让老百姓不明白,也不能让老百姓误解,更不能让老百姓有过度的期待。我到其他几个省也去看过,老百姓最后对社区检察存在过度的期待,往往超出了检察权界定的范围。在社区中如何显得不突兀,我之前也说过,需要紧贴监督对象,也要处理好与监督对象之间的一个适度距离,否则会产生一系列的问题,还有,社区检察要依靠社区才能存在,在此基础上如何做到保持检察机构的特殊性也是需要持续探索的。

其三,对于社区检察室,其效果要评估。我看到会议材料对此的梳理非常好,但是对于检察室的效果能否做一个更加科学化的评估,比如说第三方评估、定量评估等,当前阶段可能我们仅仅做的是学术性方面的评估。

其四,就是理论上的跟进。我觉得今天是一个非常好的开始,从学术研究的角度来说,对社区检察不能产生陌生感,一陌生就容易产生隔阂,容易出现批评的声音。所以,需要有一些措施,鼓励和吸引学术界的关注和关心。

2015年10月17日,在"上海市首届社区检察论坛"(上海市人民检察院主办)上的发言。根据录音查理。

腐败犯罪防控的激情与理性

今天的五位发言人来自东南西北,纵横古今中外,综合理论与实证,对腐败犯罪的防控进行了精彩的解析。但我相信,所有发言肯定都没有贪官在落马前对腐败犯罪防控的阐述精彩和深刻。

我特别注意到叶良芳教授论文中有两处非常有意思:一是文中有一个"依法贿赂案件统计图",也许是一个笔误,但正是这种无意识可能更能反映真实。二是文中引用透明国际2014年清廉指数,说中国的清廉指数2014年36分,比2013年降4分,比2012年降3分,排名下降20位。奇怪的是,最近几年我国的反腐败可谓声势浩大,打了老虎苍蝇无数,怎么清廉指数不但没有上升反而下降了,与老百姓的感受怎么会有落差呢?这说明,中国的腐败问题很复杂,也很难准确分析和评价。这是我们研究腐败犯罪防控需要考虑的。

受五位发言人和点评人启发,对于腐败犯罪防控我也有几点不成熟的想法:

1.八项规定重塑了我对中国反腐的信心。我曾经做过警察也做过检察长,需要承认的是,我曾经对中国腐败问题是信心不足的,但是八项规定的出台与执行让我重塑了信心。这种信心不是来自打了多少大老虎和什么样的大老虎,也不是来自拍了多少苍蝇,甚至也不是来自立法的进步和政策与制度的完善,而是来自八项规定。请注意,八项规定一出台竟然能够将官员的嘴管住,车管住,腿管住,而且中间没有缓冲期,几乎是戛然而止,官场风气为之一新,这太让人惊讶了,也让我们对中国的反腐败前景有了信心。治标为治本赢得时间,这不是一句空话,而是值得期待。

2.从运动反腐走向法治反腐,就是要让每个人有安全感,要让人们对打老虎拍苍蝇有预期性。有人把新中国成立以来的反腐分为运动反腐、权力反腐、制度反腐和法治反腐四个阶段，十八届四中全会谋划的是法治反腐的图景。无论是运动反腐、权力反腐还是制度反腐，最大的特点是暂时性、随意性和突然性，而法治反腐追求的是可预期性，让权力中心与权力周围的人有安全感。法治反腐是把权力关进制度的笼子里，让权力不再任性，同时也是让反腐不任性。

3. 在中国腐败是一个文化现象，必须破解腐败文化，反腐才有出路。腐败文化的可怕之处是让每一个被其笼罩的人深陷其中、无法抗拒，甚至任何外在的纠偏力量都会失灵。比如说今天的研讨会，主持人事前提醒、事中警告、事后教育，殚精竭虑，然而大部分发言人包括点评人仍然都超时了。当开会发言超时成为一种文化现象时，主持人的任何努力都是徒劳的。如何破解腐败文化，这是一个需要深入研究的议题。

4. 反腐需要理性和平和，激情反腐必须走向理性反腐。我们经常会看到一些透着凉气的反腐豪言，尽管振奋人心，但也值得反思。这种激情式反腐已经对立法产生了影响。比如，刚刚生效的刑法修正案九所增设的终身监禁制度，我个人认为是非理性的。这一制度在修正案三读时突然增加，没有经过一读和二读，据我所知学术界多持保留意见。一方面，对于这种涉及对刑罚结构的重大调整与修改，在立法程序上是得商榷的。另一方面，终身监禁适用的对象竟然不是首先用在那些社会危害性与人身危险性最大的暴力犯，而是已经没有再犯可能性的职务犯，的确有些费解。

中国的腐败犯罪防控前景是光明的，但如何走向法治和理性，是一个需要认真对待的问题。

2015年11月7日在中国犯罪学学会第二十四届学术研讨会（上海检察官学院主办）上，对"腐败犯罪的防控"研讨单元的点评，根据回忆整理。

第六辑

有情怀的青春最美丽

忠诚、纪律、孝悌、责任
——在上海政法学院刑事司法学院2015级监狱、
戒毒人民警察学员入警宣誓仪式上的演讲

同学们好,请允许我再称呼你们一声同学,从今天开始,你们将获得了新的身份——监狱戒毒人民警察。

首先我要祝贺大家,学院经过两年的"含辛茹苦"终于把你们送进了监狱、戒毒所。此时此刻,我想起了16年前,那时候的我和你们一样,成为一名戒毒人民警察。我还记得当年的警号是5032139,还记得正式入警那天拍了一张标准照,到现在我还留着,因为大家都说这张照片很珍贵,怎么看都像是一个吸毒人员而不是人民警察。鲁迅先生说过,如果一个人没有在监狱里待过,他的人生是不完整的。很高兴我的人生是完整的,也祝贺你们的人生是完整的。

今天,我很高兴地看到你们成熟了,"小飞机"终于飞起来了。两年前你们入学的时候,我还记得你们幼稚、迷惘的眼神,而今天你们的眼神中充满着自信和刚毅。我在想一个问题,你们这些从刑事司法学院走出去的监狱戒毒人民警察和从警校培养或者社会招录的监狱戒毒人民警察有什么区别。在我看来,区别是你们更具有家国情怀,更具有人文素养和专业素能。在上海政法学院刑事司法学院你们接受了完整的监狱学、禁毒学教育,你们是真正科班出身的监狱戒毒人民警察。当然,你们是否能够在今后的工作中表现得不一样,是否能够成为监狱戒毒人民警察中的精英,还需要时间去检验,也需要你们的继续努力。上海政法学院刑事司法学院是你们的起点,也是支点,能飞多高,能飞多远,还取决于你们自己。

在这样的特殊场合,我打算送给你们八个字,这既是要求也是建议:

忠诚。我必须强调，你们是监狱戒毒人民警察，和其他专业的毕业生不同，你们是国家机器的重要组成部分。忠诚于国家、忠诚于党、忠诚于人民，这是你们最基本的政治属性。

纪律。在任何一个国家，警察或者矫正官都属于纪律部队的组成部分，穿在身上的警服意味着约束而不是可以耀武扬威的"虎皮"。从今天开始，收起你们的个性与任性，时刻牢记党纪国法，做一名懂礼节、守纪律、清正廉洁的人民警察。

孝悌。将"孝悌"二字送给你们，并不是主张复兴所谓封建伦理，只是提醒大家孝敬父母、友爱兄弟姐妹是为人的基本准则。你们以后的工作很特殊，但高墙绝不能隔离人伦与亲情。

责任。任何一个岗位、任何一个角色都有其特定的责任，我希望大家记住，无论是在什么样的岗位和角色中都不要忘了"责任"二字。

最后，祝福你们事业有成、家庭幸福、一路平安！

2015年6月12日上午，于上海政法学院求实楼视频会议室。

和大学新生讲几句大白话
——在上海政法学院刑事司法学院 2015级新生入学典礼上的演讲

祝贺同学们考入上海政法学院,也欢迎你们来到刑事司法学院这个大家庭。我原来在华东政法大学刑事司法学院教书,目前也在国内大约十所大学担任兼职教授、研究员等。曾经有人问过我,你们上政的刑事司法学院和其他学校比有什么差别?同学们到这个地方来读书,和在其他地方读书有什么不一样?

很多时候,我会和他们谈谈我的感想。我会说,到上政刑事司法学院学习,你可以接受到一个纯正的、完整的刑事司法教育。可以这么说,国内可以提供完整刑事司法教育的学校还是比较少的,有时间的话我们可以做进一步的探讨。而且通过比较你们可以发现,尽管上政是一个二本院校——当然在很多外省市是一本招生,在上海也是前有狼后有虎,但是经过仔细比较,你会发现,我们刑事司法学院还是非常强的。

我们的师资力量,无论是放到国内任何一所刑事司法院校去比较,去PK,一点也不逊色。我们的老师有三个特点:一是几乎都在实务部门工作过,有丰富的刑事司法实践经验。我们专业老师里面有25%的老师曾经在上海区县检察院挂职副检察长,这一挂职机制是学院的特色,而且还将继续坚持下去;二是学历都非常高的,基本都是名校博士,师出名门。三是你别看我们的老师都很低调、谦虚,但在自己的专业领域都有独特的建树。

和国内的其他法科学生相比,我们的学生也非常地有特色。曾经有人问我,你们上政刑事司法的学生到底有什么特色。从历史传统到现在,我总结出四个特点：第一，特别能吃苦。你看现在国内政法大学还在坚持晨训的很少，但是上政刑事司法学院一直在坚持；第二，特别能战斗，战斗这里指的是学习，可能有些同学不知道，我们刑事司法学院学生的司法考试通过率、研究生录取率、公务员考取率都是非常非常高的；第三，特别能打架。当然，现在这个传统和特点已经没有了，我来了之后主张大家都不准打架，而且从这届开始我们的女生比例已经远远超过男生，可能这个传统即便想恢复也不太可能了；第四，特别能喝酒。这也是曾经的"优良"传统，现在好像也快不行了。这个传统是因为我们的毕业生去监狱、戒毒、公安部门工作的比例非常高形成的，我觉得这个传统可以继续发扬。总之，我希望同学们成为刑司人的第一天起，就要继承和发扬特别能吃苦、特别能战斗的优良传统。

过去几次师生见面会，我和新生们谈的多是公平、正义这些大道理，可是我发现新生不一定能听得懂、想得明白。今天我想讲一些大白话，谈谈大学生应当是什么样的人，算是给诸位新生的建议吧：

一、大学生应是生活能自理的人

新生报到那天，我和书记还有辅导员一起到寝室里面去看望新同学，今年一个最深的感受，就是我们新生里面，很多自理能力似乎都比较差。在宿舍里我没有看到一个学生在打理自己的床铺，都是爷爷、奶奶、爸爸、妈妈、哥哥、婶婶等在帮着整理，没有看到一个新生自己在动手，我觉得这个是有问题的。我曾经和其中几个同学当场说过，刑事司法的同学不可以这样，这是我们的专业及未来的职业特点所决定的。

教了那么多年书，我越来越发现大学生的生活自理能力是个大问题。我曾经带一个学生到外省市去开会，结果我到了机场，办好登机牌，发现那个学生一直还没来，我就给他打电话。我急了，我问他，你怎么还不来。他说，姚老师，我刚刚出校门。我说你不用再来了，因为你根本赶不上飞机，因为他不知道怎么坐飞机。如果是第一次坐飞机，为什么不知道问问别人，或者百度一下怎么坐呢？

还有一次我带四个学生去参加我的恩师80岁生日活动，结果发现他们衣服的搭配明显和这样喜庆的场合不相匹配。我说这么郑重的场合不可以这样，立即回去把衣服换好，男生正装配领带，结果三个男生都不会系领带，也没有领带。我觉得大学生，不应当是这样的。所以我给大家的第一个建议,也算是一个提醒,希望同学们都能做一个生活能自理的人。

二、大学生也应是会说话的人

这几天,有这么一件事在网上炒得很热。人民大学的一个学历史的学生,还是研究生,在自己的微信里面把几个权威的历史学家骂了一顿,大意是普天之下,就他是腕,其他的大学教授都是垃圾,结果气得他的导师直接公开宣布,和他断绝师生关系。然后这个同学又发了一个公开信,最后一句,我印象特别深:"我将采取一切手段",后面加了六个点。一切手段干什么呢?我不知道,大家可以去猜猜。

我问问大家,在大学里面,你觉得最基本的修养应该是什么?这是需要思考的。作为一个大学生,不应该是个愣头青,一个最基本的修养是知道怎么样好好说话。谦逊而不卑微,激情而不张扬,这是大学生应当具备的修养。说白话一点,就是"会说话"。

三、大学生应当是会敲门的人

这个建议是有感而发。因为刚开学的原因,我接待了不少新生包括研究生,结果发现没有一个学生会敲门。当我的办公室门开着的时候,有的学生直接闯了进来;当门是虚掩着的时候,有的学生直接推门进来;当我的门是关着的时候,"咚咚咚咚咚……"剧烈的敲门,准确说是砸门的声音。发现我正在和其他老师谈话,几乎来找我的学生都直接站在了边上,我每次都善意地提醒,能否在外边等一会,等我们把事谈完之后再进来,然后他才"噢!"的一声跑了出去。

我竟然没有发现一个会敲门的学生,这让我感到非常困惑。作为大学生,请注意,基本礼仪还是应该懂的。不要认为会敲门是件小事,你未来的人生就是这么敲开的。

我今天早上收到一条短信,短信大意是说:姚老师,我现在在图书馆看书,希望你帮我推荐一些书读。短信字数不多,但是有两个特点:一用的全是"你"字,二表达的都是这位同学对我的希望。我可以告诉大家,这么多年,我和我的老师们说话,书面用语用的全是"您"而从来没有用过一个"你"字,更不敢对老师希望这个希望那个。怎么我们的学生会这么发短信,我感到非常惊讶。

大学生不是高中学生,会敲门很重要,懂些最基本的礼仪很重要。

四、大学生应当是有同理心的人

什么叫同理心？同理心简单来说就是设身处地地站在对方的立场去考虑问题。我为什么给大家提这个建议呢，也是有感而发。

最近我教的两所大学两个班级的研究生给我交论文，其中一个班的论文分成平时论文和期末论文分别用报纸包好，按学号顺序依次排好，而且负责这件事的同学还特别告诉我论文都收齐了。我们上政同学交给我的论文，用塑料袋装着放在我办公室，杂乱无章。在批阅前，我需要去分清楚学号顺序以便登记分数，同时还需要一个个去确认哪些人交了论文，哪些人没有交。这其中的差异，就是同理心的差异。

你们不要觉得同理心是小事情，它有时候会在你的人生中发挥奇妙的作用。给大家讲一个故事，希尔顿饭店的故事。一个风雨交加的夜晚，一对老夫妇走进一家宾馆的大厅，想要住宿一晚，但很遗憾没有房间了。接待他们的夜班服务生并没有把老夫妻打发走，而是说：十分抱歉，今天的房间已经订满了，可是我无法想象你们要再一次地置身于风雨中，你们何不待在我的房间呢？它虽然不是豪华的套房，但是还是蛮干净的，因为我必须值班，我可以待在前台休息。这位年轻人很诚恳地提出这个建议，老夫妇大方地接受了他的建议。几年后，这位服务生收到了来自这对老夫妻的一封邀请信，邀请他去曼哈顿一家专门建造的酒店担任总经理。原来这对老夫妻是非常著名的富翁，在信中他们说，你正是我们需要的人才，相信你一定会打理好这间酒店，这就是第一家希尔顿酒店。

一个人若能设身处地地替他人着想，就会为自己的人生随时埋下可能的机遇。

五、大学生应当是有家国情怀的人

大家还记得周恩来总理为中华崛起而读书的故事，这个故事太遥远了。现在的大学生太实在了，你问他为什么读书，99%会说为了找份好工作。于是，在大学里面凡是和找工作无关的课程都乏人问津。我没敢希望大家为中华民族的伟大复兴读书，但是只有你具有家国情怀，有理想和担当，才可能成为一个真正有才华、有成就的人。当代大学生还是要有一些家国情怀，别把自己弄得层次太低了，别把大学读得太庸俗了。当然，我们这些教书的人也是有责任的。

最后,祝同学们在未来的四年里,生活好,学习好,谢谢大家!

2015年9月22日于上海政法学院天马讲堂。根据录音整理。

给研究生新生的五点建议

各位同学早上好,学校安排我和大家来交流一下。前面由我来讲,最后会给大家留时间提问。

从五个方面和大家做些交流。

第一点是明确定位。2000年9月份我考入华政刑法专业研究生。在这之前在重庆市劳教戒毒所做管教民警,感谢当时的领导,他批了51天的假给我复习考研,否则我不太可能考上。由于2000年还没有博士点,所以说硕士研究生是最高学历。由于当时招生的刑法研究生不多,所以一名导师带一名学生,导师对我的影响重大,经常带我去参加各种研讨会和学术会议,在这期间学到了很多东西。那时青少年犯罪专业不算是热门专业,而我读的是青少年犯罪方向,我发现很多刑法大家在刚开始都研究过青少年犯罪问题,青少年犯罪研究属于刑法研究的上层领域。

记得我第一次"闭关"写的是《女性性犯罪与性受害》这本专著,为了很好地写这本书,我特意在华政旁边的棚户区租了个房间,而这个房间是最上一层,我还清晰地记得当时的房租是280元一个月,由于一到下雨天,房顶就会漏水,只有书桌这么点地方是不漏雨的,由于一直滴水,我戏称这个闭关场地为"滴水阁",这也是我的第一个书房,名字听似很美但其实也是无可奈何。

很多学生在选择专业这个问题上花了好多时间,当时的我也不例外。所有有法律的地方都有不公平。起初我认为自己的青少年犯罪专业方向有点边缘化,就想着说好好研究刑法学。当时华政将法学研究生分为两个班级,一班和二班。一班是热门专业的学生包括民商法、国际法、经济法;而二班却被称之为其他法学。当时的我们很气愤,怎么说刑法学也是主流学科,应该被列为一班。感觉自己研究的学科地位一下子就变得低下了,于是乎我想研究经济刑法,然后又有一段时间考虑到上海是一个金融化的大都市,于是乎我又想研究金融刑法,在经过了无数次的思想斗争之后,我最终还是在导师的带领下专心研究青少年犯罪。要知道选择是有成本的,所有当下都是最佳的选择。所以说,趁早定位是学术研究的第一步。

第二点是生活要有规律。学会认识自己,测试自己的最佳睡眠时间,我当时测试我的最佳睡眠时间是 5 小时,而最好恢复体力的方法就是打个盹。从研究生时期一直到我去年 39 岁生日之前,我都是每天睡眠保持在 4—5 小时,直到去年过 39 岁生日时,我觉得自己年龄大了,是时候调整一下作息时间了,我才给自己定了每天休息不少于 6 小时。

还要学会安排自己的时间,了解自己的情绪周期,了解自己效率最高的时期是哪一段时间。因为养成良好的生活规律对于学术研究有着十分重要的影响;还有就是养成对于数据、基本概念具有敏感性的习惯,这会让你在学术研究时大大节约时间,要知道学术方法是养成的,学术研究要有规律,方可节约大量时间。很多时候每天强化自己保持某一种生活规律,久而久之这种生活规律就会融入你的生活中,成为你的一种习惯,习惯的力量是强大的。

第三点就是人生不能斤斤计较。我常常与我的学生讲,人生决不能太精细,太斤斤计较,你只需要埋头专注做好你手中的事情,机会自然会来到你的身边,许多事情会水到渠成。所以写书、发表论文、参加会务不应该仅仅停留在能够获得什么,索取多少,而应该抓紧学习机会。我认为合作伙伴无非两种,一种是共同的利益;另一种是共同的信念。所以我们应该抱有一种合作精神而非太过势利。我一直告诉我的学生"情商比智商重要"。我碰到过一些比较实际的学生,让他写论文就会问自己能够担任第几作者、让他做点事情就问有没有报酬,如此一来就丧失了师生之间最基本的合作精神。凡是都那么斤斤计较又能做好几件事情呢?更何况你们现在正处于一个求学阶段、一个不断研究深造的阶段,要做到平心静气地搞学术不要让其他的一些杂事扰乱你的心境。我和导师徐建合作了十几年了,我从来没有看到过徐建老师大声说话更别说是发火了,徐建老师的学术素养以及博大的胸怀是值得我们佩服和尊敬的。胸怀决定你的世界。

第四点是一心多用。我给我带的研究生要求每月一万字,自己开题自己写,每月必须完成。为什么这样要求呢?因为这是我多年搞学术研究的心得,通过以写促读的方式,让你带着问题去研究、去阅读、去思考。你对某个问题不清楚,你就去写,在写的过程中你就会读很多书、参阅很多资料,那么这个过程其实你就是在读书了,而且效果比你去读一本五六十万字的书速度要快得多。很多同学反映自己在读一本书时,往往是读到后面的忘了前面的内容,这就是我为什么让我的学生去写的原因。写到最后,你就会发现这个问题原来如此。很多人认为我对我的学生要求太严格,其实不然,我在读研究生时,我给自己定的要求是每个星期至少一万字论文,我就是这么一直坚持做的。而且我还时常告诉我的学生要学会同时写多篇论文,因为在这个过程中,很多时候是能够相互影响的。就像我对我的学生说,你们现在是幸福的,一人吃饱全家不饿,你们现在有三年的时间不用肩负养家糊口的压力,不用面对工作压力,不用面对领导的压力可以专心于学术。但是当若干年之后你的社会角色开始转变了,你从一个孩子转变成了家长,从一名学生转变成为了一名员工,你要同时处理工作关系、家庭关系、夫妻关系、子女关系、朋友关系、合作关系等等,不能因为要做一件事而导致你所有的事情都要搁置。就好像我的学生要复习司法考试,在复习司法考试的时候就什么事都不能干。而我仍然坚持,司考固然重要,但是不能因为司法考试就耽误学术研究,论文依然要写,其他事情依然要做,不然以后踏入社会的时候如何适应来自全方位的压力呢?而且不仅仅要学会一心多用,还要保证同时进行的工作必须要细致认真地去完成。

我一直认为学术研究就是一个由博而雅的过程。当你认为你不可能做到某件事的时候,你就去思考别人是怎么做到的。很多同学问我读书的速度和效率为什么这么高,有没有什么诀窍,在这里我给大家个方法,就是通过兴趣引导的方式进行阅读,粗读一本书先看书名、大标题和小标题,然后选择其中感兴趣的几章内容进行阅读,最后就可以判断出这本书这本书是否有可读性。

最后一点是学术有道。写论文不可抄袭、不可剽窃,要尊重别人的学术观点。很多学生在写论文时把别人的论文大篇地引用而不加注释,或者在去听某个讲座时,把讲座老师的观点自己整理出来以自己的名义发表文章,这都是学术欺诈、不道德的。要知"学术有道",学术界也是一个江湖,要懂规矩。

学术研究的道是什么呢?我一直推崇综述式的研究方法。综述研究方法起初是医学的研究方法。我国第一本法学综述类型的书是高铭暄教授写的《新中国刑法学研究综述》,通过研究综述的方法,你可以高效、准确地了解某一研究主题研究的现状与过去、他人的研究方法以及研究中的不足和尚未解决的问题,现阶段你们要重视这一方法。我在做青少年犯罪研究时,写了一本书是《中国青少年犯罪研究综述》,也是按照这个综述方法来研究的,发现了青少年犯罪的很多问题,对我的研究帮助很大。

由于时间有限,以后我们再进一步的交流。

2016年3月4日于上海政法学院庸夫楼,邓林记录整理。

把生命浪费在美好的事物上
——在上海政法学院2016级新生开学典礼上的演讲

亲爱的同学们,欢迎你们来到上海政法学院。我很佩服你们的眼光并且祝贺你们的成功,因为这所学校不仅仅拥有上海颜值最高的校园,颜值最高的学姐、学长,还有颜值最高的校长,更有一批很特别的教授。

前些天一位包工头向我抱怨招不到工人。我问他你给多少钱工资,包工头回答:小工的工资是每天200元,大工每天300以上,也就是说在建筑工地上打杂小工的月收入实际超过4000元。

另一个有意思的调查是,去年某机构发布的《就业蓝皮书:2015年中国大学生就业报告》显示,2014届中国大学生平均月收入为3773元,比建筑工地的小工还低。顺带说一句,这份报告还煞有介事地强调:参与调查的专业中,法学就业率是87.9%,连续三年垫底。

苦读四年,竟然收入还不如在建筑工地上帮忙的小工,那还读大学干什么?而且还来政法学院读大学?这看上去似乎是一个很有杀伤力的问题。

生命原本就应当浪费在美好的事物上,我很诧异,什么时候开始用月收入和就业率作为评价大学尤其是法学院的标准甚至是唯一标准了。如果仅仅是为了就业和收入,建议诸位立即退学组团去工地和工厂打工,包你百分百就业和超过年度大学生平均工资水平。

初入大学,你必须想明白,为什么要在大学,而且是政法学院度过你生命中最美好的年华。

大学,让你的人生变得完整。在今天,大学已经并非人生中的"奢侈品",但却是必需品,只有读过大学的人生才是完整的。

大学,让你的未来一切皆有可能。谁能说,今后的国家领导人不会出现在在座的诸位之中呢?

大学,让你在人生最美的时光,遇见最美的自己。有一句俗话生动诠释了大学可能带给你们的蜕变:"大一土,大二洋,大三大四不认爹和娘"。只有在美丽的大学校园,你才会发现自己竟可能会如此美好。

大学,让你在生命中最曼妙的年华,邂逅美丽的学姐或者学长,之后还有每年定期更新的学弟和学妹。

这都是读大学的意义,但我觉得,在政法学院读大学最重要的意义还并不仅仅在于此,更在于以下三个方面:

在这四年里,校准和预设未来一生的轨迹

我的大学读的是商学院,四年学习最大的收获是,发现自己的兴趣不在经济而在于刑事法学。因此毕业时我放弃了去名企的机会,而是去了戒毒所。

大学时同学给我取的绰号是"姚博导",其实这是略带嘲讽意味的。但诡异的是,毕业10余年,在经历了警察、检察长等多种职业体验后,我真的最终变成了教授、博导。

知道自己"想成为什么,适合什么",这是大学四年必须想明白的事情。千万别"大一玩,大二睡,大三成绩已掉队",到了"大四不想进社会"。

在这四年里,培养和修炼理性而高贵的品格

大学是高贵的,法学院更是古老而高贵的。世界上最早的大学,一般都设三个学院——神学院、医学院、法学院,法学和神学、医学也并列成为世界上最古老的三个专业。

在今天有三种仍然穿袍褂,一眼就能看出与众不同的职业——牧师、医生和法官。法律职业有着比普通职业更高的职业操守和品格要求,穿袍是为了提醒你,从那一刻开始你不是人了,是神,时刻提醒你要克服人性不足——比如偏见、情绪、私欲等,因为只有这样才能主持正义。

法治的假设是人性本恶,并据此进行法律制度的设计。法律人首先要学会克服人性中与生俱来的劣根性。光靠法袍并不能遏制和消除人的野性,更需要在此之前经历严格的训练和修炼。而这种训练首先是培养符合现代法治国家要求的法律思维,理性、平和、公正、良善等品格,而这样的培养也将让你受益终身。

在这四年里,确立胸怀天下的担当与志向

也许工科生只需埋头实验,但法科生必须仰望星空,他们的眼中是家国。正是在这个意义上,用就业和收入作为评价标准是对法科生的侮辱。

法学之所以和医学、神学并列为世界上最古老和最重要的专业,是因为医学给了人肉体的健康,神学给了人灵魂的平静,法学则给了人类行为的规则与秩序。有此三门学问,人类成为万物之灵,并能持续存在和繁衍。没有法学和法律,社会将陷入混乱和无序。法学是正义之学,是善良和公正的艺术,法律人天然的使命就是维护社会的公平与正义——胸怀国家与社会,法律人必须要有这样的视野和担当。

现代国家的领导人大都出自法学院,多有法科背景,原因正在于法学致力于确立社会规则与维护社会秩序这一特性。美国历届43位总统中有26位是律师、检察官、法官出身,超过60%。我国现任总书记习近平拥有法学博士学位,总理李克强毕业于北大法律系,标准的法学背景。也许你以后并不一定从事法律职业,也许你今天读的专业还可能不是法律,但在政法学院熏陶四年后,应当确立起胸怀天下的担当与志向。

如果说读大学是一种浪费,读政法学院更是得不偿失,那就让我们一起将生命浪费在美好的事物上吧。

最后,我想引用昨天我院微信公众号上一篇文章中的一句话结束我的唠叨,这也是我们全体教师对各位同学的承诺:

"在最美的年华遇见你,你将是我生命中最重要的,我将陪你蹉跎年华。"

谢谢大家!

2016年9月10日,于上海政法学院训练馆。

你们这一代矫正警察
——在上海政法学院刑事司法学院2013届政法干警改革试点班毕业典礼上的演讲

今天我的心情很复杂,因为每次看到大家我就想起来16年前的自己。那时候是在6月份,不是在这个时间,我从大学毕业,不幸沦落戒毒所,成了大家中的一员。不过,我那时还是穿的89式的老式警服,橄榄绿。当换装的时候我离开了这支队伍,当时有种庆幸感,我终于离开了这支队伍。然后,经过学院的两年培养,终于把大家送去了我原来离开的地方,所以今天我的心情比较复杂。

那时候我工作的地方可能跟在座的诸位还不太一样。如果有重庆的同学应该知道西山坪,那就是我当年工作的地方。那是个什么地方呢?如果你在重庆的街头买水果,只要说是从西山坪下来的,老板肯定都不敢要你的钱。因为当地人都知道,西山坪那个山头上只有劳改劳教农场,从那下来的肯定不是好人。

当年的监管场所管理不太规范,参加工作后我学得最好的本领是怎么打人不留伤痕。可能在座的诸位难以想象,当然,也可能有的同学会抱怨在校学习的时候怎么没有老师教你们这些。我曾经开玩笑说,学院应该教教大家怎么样才能打人不留伤痕,而且不留内伤但是又能让痛苦极致化,这可是当年我作为一个管教民警需要学会的基本技能。玩笑归玩笑,我必须明确地告诉大家,这种事情原本就不应该存在。可以说,当年我至少是带着一丝失望离开这支队伍的,后来我在择业的时候选择了做老师。我希望我教出来的学生不需要再去掌握打人不留伤痕这样的技能。

为什么要给大家回顾我的这段经历，我只是要告诉大家，你们这一代矫正警察和我们那一代两劳民警，应当是不一样的，而这也正是中央政法体制改革试点班开办非常关键的原因，也是之所以要送在座的诸位到大学培养的一个非常关键的原因。你们不仅仅应当具有警务知识、法学理论知识，更需要具有大学生的涵养与人文素养。你们在座诸位是新一代的监狱和戒毒人民警察，新一代的矫正民警。我也希望，我们刑事司法学院培养的这一批新一代的监狱戒毒人民警察不会也不需要像我那个年代一样。

昨天晚上我陪我儿子睡觉，他突然告诉我说，爸爸你知道明天很特殊吗？我没反应过来，问他明天为什么特殊，他说明天是黑夜最长、白天最短的一天。听得我悲凉感油然而生，转念一想不对啊，明天是一个很好的日子啊，是我们政法干警学员的毕业典礼呀，怎么会是黑夜最长呢？刚才我才突然醒悟，今天是冬至，确实是一年中黑夜最长的一天。

冬至在古代中国是一个非常重要的节日，在没有春节之前我们是过冬至的，因为冬至那一天被称为万象更新的一天。黑夜最长的一天也意味着从第二天开始白天会越来越长，黑夜会越来越短，这跟普希金所讲的"冬天已经到了，春天还会远吗"是一个道理。所以在古代中国，冬至是个好日子，意涵天地阳气见长，代表着下一个循环的开始。冬至这个日子的寓意正好契合今天在座的诸位。毕业典礼的这个时间正好是冬至，也正好意味着你们未来的人生将翻开新的一页，正是你们人生新的一个开始。请允许我代表学院，也代表我个人，祝愿所有的同学，祝愿你们的未来能够有新的开始，能够有一个美好的未来。

冬至还有一个寓意。不知道大家是否知道，冬至这一天在古代非常特殊，如果边关在打仗，到了这一天要休战，不能打仗。这一天，百官也是不上朝的，放假。农贸市场在这一天也休市。为什么这样做，因为冬至不只蕴含着新的开始，还含有休养生息的内涵在里面。大家在刑事司法学院学了两年的时间，受苦了，每天早上五六点钟就要起床晨训，按照冬至的说法，要休养生息了，但是我要强调一下，休养生息的目的不是为了消极度日，而是为了更好地开始新的人生。在这个地方也要祝愿大家，也算是给大家一个期待，毕业是人生新阶段的开始，也许你这个时候需要重新静下来，想想你的未来，想想你未来的职业发展规划，欲动而心静，欲静而先退，只有这样才能走得更远，这也是我给大家的一个建议。

要毕业了,上海政法学院刑事司法学院也将成为你们一生永远走不出的"阴影"。什么意思呢?你们以后发展得好,是学院培养出来的,以后发展得不好,也是学院培养出来的。这一点你们一定要记住。从今天开始,学院和你们真正融为一体了,你们的每一天,也是刑事司法学院的每一天!

2015年12月22日于庸夫楼。根据录音整理。

不忘初心　方得始终
——在上海政法学院刑事司法学院2014届政法干警改革试点班毕业典礼上的寄语

同学们,中午好。

和你们一样,我也是2012年来到上政,你们也是我在上政完整带过的第一届学生。首先,我要祝贺大家,也要感谢诸位。

12月份的毕业典礼是专门为大家准备的——为在座的145位政法干警班学员。之前我看了大家的资料,发现你们很"多元"。从专业来看,有监狱学,有社区矫正,还有矫正教育学;从类型来看,有专升本,还有二学位;从生源地来看,包括了江苏、浙江、安徽、四川、广西、海南、山东7个省;从入学前的身份看,有教师,有村官,还有法院文员等等。

但是请记住,从今天开始,你们都有了一个共同的身份——正式成为法律职业共同体中的一员。按照马克思·韦伯的观点,法律职业共同体是基于职业的特定内涵和特定要求而逐步形成的。那么什么是法律职业共同体的特定内涵和特定要求呢?换句话说,你们当年来到上政,是为什么而来呢?

在我看来,法律职业共同体的基本特性可以概括为三个词:"专业""公正"与"良知",这也是大家在上政修学所应当领悟的,也应当成为诸位毕生的追求。

专业是法律职业共同体的外在特征

法律职业是有专业槽的,不是谁都能拱过来吃上一嘴,没有经过特定且专门的筛选与训练就不能从事这一职业,所以才有你们经过入学考试和公务员考试之后还必须在我们上政培训两年。从事法官、检察官、律师执业的要求更高,还必须通过司法资格考试。对专业的追求是没有止境的,今天你们虽然毕业了,但并不意味着你们就当然地成了一个符合专业性要求的法律人,希望你们能够到了工作岗位后继续学习,不断提高专业素养。

公正是法律职业共同体的基本操守

法律职业人的基本职责是追求公平与正义。在我看来,公平和正义并无复杂的哲理,也绝非玄乎不可追求的空理,而只不过是依据常识、常理、常情"让人民群众在每一个司法案件中"都能感受得到。某种程度上可以说,在座的各位就代表了法律的公平和正义,在你们穿上警服的那一刻,老百姓就会在你们的一言一行中感悟什么是公平与正义。希望诸位在以后的执法过程中,能够始终保持在校求学时的纯真,将法律作为信仰,将公正作为信念。

良知是法律职业共同体的底线品格

今年国内法律界出了很多事情,讨论最多的案件就是呼格吉勒图案。一位刚满 18 岁的孩子,仅仅 61 天时间就被公检法联合冤杀。尤其令人难以理解的是,这起案件早在 9 年前就因为真凶再现而证实为冤案,但却直到今天才被平反。有人说,当年专案组的那些人,实际上也是体制的受害者,是替罪羊,难道真的是这样吗?

不久前我到某省去开会,我们学院毕业的一位正在某监狱工作的同学送我去机场,一路聊了很长时间。这位同学迷茫地对我说:"姚老师,我现在在工作单位不想学坏,但是我不知道怎么去做。"几个星期前,我曾经在华政教过的一位正做刑警的学生深夜打电话给我说:"姚老师我心里很烦。"我一看表,凌晨一点多钟,我说"估计你确实烦得很"。这位同学说刚刚根据领导的要求对一个嫌疑人动了手,因为想起我曾经在课堂上讲的一些话心情难以平静,所以想我和聊一聊。我当时就问他,你在动手的时候有没有想过什么。他说,没有想过什么,因为根本没法拒绝。

诸位马上要毕业了,即将走上工作岗位。很多时候我也在想,在诸位中会不会出现类似呼格吉勒图案专案组那样的警察,说实话我无法断言。你们觉得自己能够始终保持作为法律人的良知吗?

("能")

非常好,我要建议在座的所有人为你们的这句话——也是承诺鼓掌。

无论你们以后到了什么地方,走上了什么样的岗位,都希望大家能够记住这三个词:专业、公正与良知,这也正是我对诸位未来职业生涯的期望。

也许,法律职业在当代中国还并非理想的职业。记得 2009 年 4 月华政举办了首届当代中国法学名家论坛,我当时还在华政任教。80 多岁的李步云老先生做主题发言时,讲着讲着哽咽失声,最后来了一句:我们做法学家太苦。在李先生哽咽的时候,全场鸦雀无声,沉静数秒钟之后,掌声持续如雷。我还有一些搞法律的朋友,行为诡异和乖张。也许你们需要在未来的职业生涯中才能去与他们的内心世界产生共鸣。

刚刚发言的毕业生代表讲的"勿忘初心"非常好,我要再加上四个字:"方得始终"。不要忘了你们当初来到上海政法学院是为了什么,难道只是为了有一份工作,只是为了养家糊口?无论通向法治的道路如何崎岖,我都希望诸位能够始终保持对法律的信念与坚守。我更希望在座的诸位以后能够产生在中国法治史上留下浓墨重彩一笔的人物,但是请记住,我说的不是留下污名的那种。

这就是我今天在这里要给大家讲的几句心里话,也许不一定对,仅供参考。最后,我要再次祝贺大家终于毕业了,也祝愿大家以后能够生活得好、工作得好、发展得好。

谢谢大家,刑事司法学院与你们同在!

2014 年 12 月 23 日中午于天马讲堂。根据录音整理修改。

既然选择远方,便只顾风雨兼程
——在上海政法学院刑事司法学院 2015届毕业典礼上的演讲

各位家长,各位同学,各位老师,朋友们:

大家好!首先,我要代表学院,祝在座的309位同学顺利毕业。有句话说得好,"为了享受这一刻,我们奋斗了一生",为了享受毕业典礼的这一刻,我们奋斗了四年,所以我一定要向在座的诸位表示诚挚的祝贺。

最近在网上流行一篇文章,不知道大家有没有看到,文章的名字叫"少壮不努力,长大学法律"。刚才江维龙教授的讲话让我想起了这篇文章,江教授的演讲令人心潮澎湃——做个法律人一定要有一颗道德之心、正义之心,要匡扶正义,奋勇前行。江老师讲得非常好,但是这篇文章也非常有意思,我想借这个机会给大家念几段。

文章这样写道:"学习法律之后,才知道电影里都是骗人的,我不可能是《全民目击》的周莉、童涛,也不会遇到《离婚律师》里池海东和罗鹂一样的爱情,更不会有让人膜拜到哭一晚的容颜和法庭审判场面,才知道《何以笙箫默》故事有多扯淡,《爱情公寓》才是真实画面。因为放眼望去,何以琛真的是千年难遇,而张益达却果真遍地都是的。"这里面还写道:"学了法律之后才知道律师是很苦的,案源是要靠自己找的,衣着并没有电影的那么整洁,皮鞋并没有电影里那样贼亮,更没有凯迪拉克、梅赛德斯,通常是自行车、电动车、公交车,最后才能选择出租车,还得征求领导同意并出具发票才予以报销。学了法律之后才知道公诉人不全都是'公'的,检察院里女性反而是居多的。检察院的颜值普遍都挺高的,但绝不会有童涛、郭富城这种级别。"后面还有一些我就不给大家一一念了,那么这篇文章为什么能够引起法律圈的强烈共鸣呢？因为它揭露了法律职业真实的一面。我相信在座的诸位在选择法律的时候，的确有像我本人当时的想法。我当时学法律的原因很简单，有人欺负我，我学法律就让他不敢欺负我。我以为学了法律自己会多厉害，结果发现法律职业人是这个样子的。也许我今天在这样一个非常特殊的时刻来告诉大家法律职业的真实状况是不恰当的，但是我觉得作为老师，在大家最后的大学时光里，我有责任告诉大家一个真实的法律职业，也算是一个过来人给大家的几句忠告。我自己做过警察，做过检察长，在华东政法大学教过书，在北师大做过博士后，在国外好几所大学做过访问学者，又来到上海政法学院教了几年的书，我觉得我有资格来给大家谈谈我对法律职业的一些感性的认识，你们以后有机会体会我的这些感受。在这里给大家一些赠言：

第一点，我认为做个法律人从事法律职业，需要一颗强大的内心。我之所以这么说，是因为我自己的研究专业的原因，尤其是我们研究青少年犯罪和未成年人保护法的。我经常能够在与全国的学者交流中，第一时间接触很多恶性案件及鲜为人知的案情。我记得在去年的7月份，我带着几个学生专门到南京去祭奠2013年6月份在南京饿死的两个小女孩，一个叫李梦雪，一个叫李彤。到了公墓之后，我们在一个最低的最角落的地方找到了墓碑，献上了一些从宾馆带来的矿泉水、鸡蛋和一些面包。那个时候我的心情非常复杂。当然，在随后我们调研之中，我发现一个非常奇特的现象，我访谈了这个案子的两位主审人员，一位是主审法官，一位是陪审员，据说这个陪审员直到今天仍然在接受心理辅导。因为在参与案件审理中，她知道了两个小女孩在十几天里被活活饿死的整个过程，包括尸体最后变成干尸，所以到目前为止，她现在还在接受心理辅导。主审这个案件的法官是南京少年法庭的庭长，按他自己的说法，他杀人无数，因为他曾经专门办死刑案件，他所有办的死刑案件中，没有一起被最高院驳回的，所以他自认为心理非常强大。但他审完饿死女童案之后一段时间，回到家，被老婆发现了异样，因为他坐在沙发上，一坐就呆住半天。作为一个心理如此强大的法官，他也受到了影响。因为他接触了很多这个案件的细节资料，他觉得灵魂受到了强烈的震撼。我本人也是这样，很多人会第一时间把接触到的恶性案件发给我，所以很多时候我说做我们这一行，你一定要有强大的内心。在座的诸位，我相信很多人也要走上警察、检察官等一些法律职业，所以这就是我要跟大家谈到的，你需要一颗强大的内心。

第二点,你需要冷静地去面对人性的罪恶,这也是我经过很多年才有的体会。作为一个法律职业人在从业过程之中,需要去完成这样一个修炼。很多时候我们会假设人性是美好的,我们会去假设人是善良的,但是在切实接触的案件之中,我们会发现,人性往往不是想象的那样,有时候我们需要去承认和面对人性的罪恶。比如说,最近一段时间有一件案件,信阳干尸男童案,一个9岁男童走失后,被救助站收留,当家长找到他的时候,已经变成了一具干尸,原来七八十斤,拿到尸体时,只有不到30斤。民政部认为这样一起案件是由于基层的一些同志理念观念不到位造成的,所以最近一年多的时间内,我应民政部要求,做了大量的讲座,去给他们培训基层救助站的这些同志,但是我在做了那么多讲座之后突然有种感受,尤其在进入这些个案之后,我突然发现,个别救助站的人,他的良心坏了,他不是一个观念和理念的问题,这是不愿承认的一个事实,但我不得不去面对。所以你们在接触这些案件后,就要和我一样,需要去面对这些人性的罪恶,我们不要去假定人性是善良的,确实有些人人性是罪恶的,而我们这时候不得不要去面对事实。

第三点,这么多年的法律职业生涯,我发现我们很多时候不得不去承认,真相有时候可能永远无法发现。我经常在媒体发声,但是对最近一起案件我一直保持了沉默,拒绝了许多媒体关于这个案件的采访。很简单,我不知道事情的真相是什么,到底是警察蓄意击毙,还是在暴力反抗中被合法击毙,也许我们永远不知道真相是什么,所以无法基于真相对事实进行判断。我做过检察官,我自己处理过许多疑难案件,很多时候也是这样,很多案件的真相没办法去抓寻,这也是我们不得不承认的事实。

第四点,你很多时候会绝望地发现,正义时常会迟到,甚至会缺席。刚才江维龙副教授说我们要匡扶正义,但是你在法律生涯中会发现正义是会迟到的,甚至它会缺席的。大家可能知道2014年的时候,念斌被北京市高级法院宣判为无罪,而最近的聂树斌案至今为止仍然没有结果。聂树斌作为一个已经被埋在坟墓里的亡灵,他的正义到底能不能被实现,被匡扶,其实我们到现在还不知道。前段时间我的一个师兄来找我,他是一个退休的检察官,他追查一个案子已经追查了20多年,他坚信这个案子中的两兄弟是冤枉的,他已经持续追查20多年,但是仍然没有把案子翻过来。和他一起合作的几位律师,还有几位同行,有的都已经去世了,但是这个案子仍然没有被翻案，所以按照他的说法，他希望在他的有生之年能还这个案件一个公道，能够还这个案件当事人一个正义。所以很多时候不是我们所想的那样。正义要去匡扶，你们会发现，正义经常会迟到，甚至会缺席。

第五点，很多时候你还会有一种无力感。大家都知道我是有实名微博的，经常会有人在网上或者通过电话给我发很多求助信息，各种信息都有，很多时候我都是苦笑着回答：我只是一介书生，百无一用。我们每个人能量是有限的，对这些事尽管我认为从道义的角度说我应当去做些什么，但是实话说我无能为力。所以说你在参与法治建设的进程中，包括你作为一个法律职业人，其实很多时候都会有这种无助感和无力感，而这是作为法律职业人不得不去面对的。

第六，我们在座的诸位请记住，你们还要避免成为曾经自己最讨厌的人。我为什么说这句话，有一个非常敬重的教授曾经做过一个研究统计，这个研究统计的结论是这样的，中国普通民众的犯罪率是四百分之一，国家机关人员犯罪率为两百分之一，司法机关人员犯罪率是百分之一点五，是所有职业中犯罪率最高的群体。某政法大学有一个很辉煌的年级，据说犯罪率超过百分之十，当然它的省部级干部比率也是非常惊人的。我们为正义而来，我们学的法律，我们为的正义。我们知道正义女神的形象是一手持剑一手拿天平，但是蒙住她的眼睛。我们都在追求正义，我们甚至试图去匡扶正义，但是你们要记住，我们在座的诸位，你在未来的职业生涯中，一定要去避免成为曾经最讨厌的人，我的很多同学，包括以前的老同事，有些现在都在监狱里关着。其中一位当年谆谆教导我的形象，还牢牢地印在我的脑海之中，我没办法将两者联系在一起，但这就是我们要去面对的事实。我知道我们今天的很多同学还沉浸在成为一名法律职业人的兴奋之中，还有些同学在为成为法律职业人继续努力，可能有的同学在学完四年的法律之后，他一辈子不会从事与法律职业有关的职业。无论怎样，我们都要去面对。

尽管我在前面给同学们谈了六点感受，也许会让大家有很多联想，但是我相信在座的诸位并不会后悔选择了法律这样一门专业，选择法律这样一个职业，正是有了我前面说的这些困惑，法律职业的价值和意义也就体现出来了。我还要告诉大家，法治是需要信仰的，法治也是需要坚守的，我也非常希望在座的所有同学，能够继续保持曾在大学的那种激情和热情,去保持对法律的信仰,同时保持对法治的坚守,这也是我对在座诸位职业生涯的期待。

大家可能都知道有个诗人,他的名字叫作汪国真,我还记得他有一首诗的名字叫《热爱生命》,其中有句"既然选择了远方便只顾风雨兼程"。这句诗很符合今天这样的场景。既然选择了法律,我们便只顾风雨兼程。最后我还要把纪伯伦《先知》中的一句话改编一下献给大家:"不要因为走得太远而忘记了为什么出发"。

谢谢大家,祝一路顺风!

2015年6月23日,于上海政法学院天马讲堂。根据录音整理。

第七辑

呐喊也是学者的使命

法治护航未成年人健康成长
——正义网《博论法治》访谈实录

记者：在未成年人保护方面，您主要的个人专著有四部《长大成人：少年司法制度的建构》《少年刑法与刑法变革》《超越刑事司法》《权利的细微关怀》，就您的研究领域，您认为目前我国在未成年人刑事责任问题上存在哪些问题？

姚建龙：我国未成年人刑事责任制度主要存在的问题是：对未成年人及未成年人行为的特殊性缺乏必要的尊重，可以说基本没有接受现代少年司法的理念。"教育、感化、挽救"总体上还只是一种缺乏具体制度支撑与落实的方针。具体而言，有三个明显问题：

第一，刑法规定刑事责任起点年龄是14周岁，但是对于不满14周岁未成年人实施严重危害社会行为的，缺乏科学的干预措施。不承担刑事责任，并不意味着不需要进行干预。刑法规定的责令父母严加管教、收容教养等现有措施要么起不到期待的作用，要么惩罚色彩过重。比如，在重庆10岁女孩摔童案中，就面临不能惩罚一放了之的困境。

第二，对于未成年人刑事责任的实现方式仍然是以刑罚为中心，并且采取的是比照成年人从轻减轻的原则，这与域外主要适用刑罚替代措施——保护处分，有着重大区别。打个比方，这就类似孩子生病了到医院去，医生只简单地给他按照药量酌减的原则开和成年人一样的药，这显然是有问题的。对于儿童疾病的治疗，我国已经设立了专门的儿童医院，研制了专门的儿童药物，但是刑法的发展还严重滞后。

第三，刑事责任"阶梯"设计还不合理，未成年人和成年人之间还缺乏过渡段。我国现行刑法对于虽然满了18周岁，但是生理、心理发育还不成熟，社会化还未完成的青年，被完全当作了成年人处理。而国外少年法大都会设定一个过渡年龄，规定对于年纪较轻的成年人可以参照适用未成年人的刑事责任规则。

记者：据统计目前我国农村留守儿童数量保守估计超过6000万，这是一个非常庞大的数字。相对于农村，城市这个问题稍微好点，针对这个情况，您认为该如何通过法律来平衡城乡之间的这个差距？

姚建龙：儿童问题是社会问题的折射，留守儿童问题也是户籍、教育、监护等问题的综合性折射。需要正视的是，留守儿童问题的形成是诸多制度性因素形成的结果。尽管在短期内还很难通过对户籍制度、城乡差别、教育公平等制度性问题的根本改革来从源头上解决留守儿童问题，但这显然并非改革此类明显不合理制度的借口。完善监护制度、推动教育公平、改革户籍制度、尊重迁徙权利等，应当逐步推进。留守儿童问题不仅仅是一个法律问题，也无法通过单一的法律途径就可以解决。但是，法律在留守儿童保护上可以发挥独特且重要的作用。另一个需要注意的问题是，目前农村留守儿童问题较受重视，但实际上城市留守儿童也是一个数量庞大且需要关注的群体，其生存状况并不必然比农村留守儿童好。

记者：2012年幼儿园老师虐待儿童，2013年校长带女学生开房，这一系类事件的发生，让我们认识到校园似乎并不是看上去那般美好，当然不止校园，社会上也经常发生类似事件。那么我们应该如何通过法律来防止"校园暴力"和"社会侵犯"呢？

姚建龙：很多国家都颁布有将有性侵儿童前科者往"死里逼"的法律——"梅根法案"。这所体现的是一个看起来有些过分的儿童保护思路——儿童权益是法律的高压线，谁将黑手伸向儿童，就别怪法律把你往"死里逼"。这是一种理念，也是法律应有的儿童立场。因为没有法律的高压线，就没有儿童的安全。

法律的完善需要一个过程，在现阶段可以首先在以下方面进行完善：首先，明确确立零容忍原则、儿童最大利益原则；其次，应将已有的法律法规、签订的国际条约规定的保护措施落到实处，并从严惩治侵害儿童权益的行为；再次，应尽快堵塞法律漏洞，将一些侵害儿童的行为入罪处罚，比如虐童行为、性侵男童行为等。

记者：国外在如何保护未成年人权利方面有较为完善和严格的规定，对我国法律而言，有什么经验是可借鉴的？

姚建龙：在我看来，首先要向发达国家学习未成年人保护的观念与意识——国家监护与未成年人最大利益原则，这话说起来好像有些空，但却是问题之核心所在。因为只有有了这样一个认识，我们才能理解发达国家未成年人保护中的诸多制度设计与做法，譬如儿童福利制度的精细设计、未成年人保护的巨大投入、未成年人保护的零容忍原则、未成年人保护具体制度设计的特别性与优先性、侵犯未成年人权益的法律责任高压线设计等等。

以监护制度为例。发达国家对疏于监护这种行为在法律上有很严格的责任规定，如果经常发生这种情况，儿童福利部门和法院可以判定你没有监护能力，就可以启动剥夺监护权的程序，有可能会把孩子从监护人身边暂时带走。如果疏于照管造成孩子发生意外，还会追究监护人法律上的责任，轻则训诫，重则可能还要坐牢。我国法律对家长的监护责任也有一些强制要求，比如《未成年人保护法》规定，不得让未满16周岁的未成年人脱离监护，单独居住；再比如禁止侵害未成年子女的权益。但《未成年人保护法》对疏于照管的法律责任，没有明确规定。在我们国家的传统观念中，家长跟子女之间是一种非常独特的家庭关系；如果未成年子女出了问题，对这个家庭来说是一个灾难，对监护人已经是一个非常大的惩罚。立法者也有这样的考虑，不能在伤口上撒盐，所以疏于照管导致孩子发生伤亡事故或者犯罪侵害之后，家长是否应该承担相应的责任，现行法律态度不明确，在绝大多数情况下也没办法去追究监护人的责任。

记者：以李某某轮奸案为例，尽管在很多报道中图片打了马赛克，真名也被李某某代替，但大家对事情的主角心知肚明。像在这种情况，如何保护未成年人的隐私？（在公众事件中，媒体报道对未成年人存在的伤害，如何通过法律来避免？）

姚建龙：关于媒体报道中应当对未成年人进行保护的问题，我国的法律中早有规定。例如《未成年人保护法》第58条规定："对未成年人犯罪案件，新闻报道、影视节目、公开出版物、网络等不得披露该未成年人的姓名、住所、照片、图像以及可能推断出该未成年人的资料。"但是《未成年人保护法》第58条设立的这一原则，在中国往往无人理会——因为这一法条并没有规定相应的处罚措施。事实上，媒体就是这么干了，你能把他怎么样？所以这就相当于一只没有牙齿的"老虎"，虚有威严，而无实际的反击能力。当众多媒体明目张胆地触犯了该条法律时，我们的执法机关也很难做出反应。

因此，为避免此类案情况的发生应当修订《未成年人保护法》，在法律责任章中规定相应的法律后果、法律责任，谁敢违反就追究谁的责任。这样才能激活第58条，更好地保护未成年人。此外，要向媒体人做必要的未成年人保护法方面法制宣传，不能使其成为一部被冷落的法律。

记者：各国关于未成年人犯罪的立法模式可以归纳为三种：第一种为附属立法模式；第二种为独立立法模式；第三种为半独立立法模式。我国在未成年人立法上，需要有什么改进？

姚建龙：总的来看，我国目前关于未成年犯罪人的立法模式尚属于第一种——附属立法模式。这种立法模式与我国改革开放30年来法治建设已经取得重大进步的状况明显不相适应，也与我国少年司法实践发展的需求严重不相适应。

目前我国在《刑事诉讼法》中虽然有规定适用于未成年人的特别程序专章，但总体上还是远远不够的。未成年人立法应当采取独立立法模式，并形成一个体系。我国未成年人法律体系的理想结构应是1+5，即《未成年人保护法》加《未成年人福利法》《家庭教育法》《义务教育法》《预防未成年人犯罪法》《未成年人司法法(少年法)》。这一法律体系中最核心和最有实质意义的两部法典是《未成年人福利法》与《未成年人司法法》。

记者：在未成年人保护上，我国相关法律的执行落实有很多困难，您有什么好的建议来解决这个困境？

姚建龙：执行落实难与未成年人保护相关法律没有"牙齿"或者不够"硬"有关，也与未成年人保护观念的缺乏有关，这需要立法的完善及未成年人保护观念的逐步强化。

在我看来，近些年我国未成年人保护领域经常发生震惊全国的案例，反映出我国未成年人保护机制存在着诸多硬伤。未成年人保护机制的完善需要有顶层设计的思维，应当树立国家监护的理念，按照政府是未成年人的最终监护人与未成年人最大利益原则去设计与完善我国的未成年人保护机制，未成年人保护立法应当形成体系，并且应当建立专门机构与形成专门机制。

2014年3月11日，正义网直播间 http://www.fyfz.cn/zt/201401/bolunfazhi2/index.html。

设立未成年人专门保护机构是迟早的事

随着十二届全国人大常委会第十次会议的召开,提议国家应设置保护未成年人保护专门机构的建议再次进入公众视野。上海政法学院教授、上海市未成年人法研究会会长姚建龙对中国青年网记者表示,全国人大专门提出是件非常好的事,不过他预计各方达成共识还需要一段过程。

昨日,提请全国人大常委会审议的全国人大常委会执法检查组关于检查《中华人民共和国未成年人保护法》(以下简称未保法)实施情况的报告建议,国务院及有关部门适时研究设立未成年人专门保护机构,统一管理、协调落实未成年人保护相关工作。

现行未保法难落实

"国务院和省、自治区、直辖市人民政府采取组织措施,协调有关部门做好未成年人保护工作。具体机构由国务院和省、自治区、直辖市人民政府规定。"这是现行未保法第七条第三款的规定,说明了政府在未成年人保护工作上应承担的责任。

姚建龙认为,"采取组织措施""协调相关部门"的这样的表述,基本回应了各方的要求,但写得非常含蓄、模糊,缺乏一个统筹性和专门性的机构,这也是导致我们政府在未成年人保护事务这块存在严重不足的关键原因。

目前,未成年人保护是由团中央、妇联、民政部、教育部、公安部等多个部门在负责,国务院设有妇女儿童工作委员会,它的办事机构设在全国妇联。

"妇女和儿童的工作有联系又有很大的不同,而且这是一个议事协调机构，并不是一个部门。我一直的主张就是要将妇女和儿童拆分，领导和协调机构分开，综合性的领导协调机构不能替代专门机构，国务院下面应该有未成年人保护事务专门的部门。"姚建龙呼吁。

设立进程任重道远

据姚建龙介绍，设立未成年人专门保护机构，最早在1991年起草未保法时就有提出过。由于争议过大，秉着求同存异的原则，争论暂时搁置下来。2006年，未保法修订时，这个提议被重新提出，但依然未达成共识。

今年3月9日，全国政协委员、团中央书记处常务书记、全国青联主席贺军科在全国政协十二届二次会议上做了题为《突出特殊优先保护，保障未成年人安全健康成长》的发言，提出建立未成年人特殊优先保护的国家机制。

对此，中国政法大学教授皮艺军在接受中国青年网记者采访时曾建议："应当在国务院下面设立一个专门机构，名字叫青少年事务部，或者少年事务部，所有有关儿童保护、少年司法的事务，由这个机构来进行协调。"

如今，全国人大常委会执法检查组在十二届全国人大常委会第十次会议上公开提出这一建议，是否意味着争议已经解决？

"也不好说统一了立场，因为人大和政府的视角不一样。尽管我认为国家设置未成年人保护专门机构是一个迟早的事，但可能还需要一个过程，因为国际社会所普遍认同的国家亲权观念与儿童最大利益原则并未在我国普遍接受。还需要发生多少儿童保护悲剧性事件才能促进制度与观念上的转变呢？期待这一过程能尽量快一些。"姚建龙表示。

本文由中国青年网记者李晗采写，载中国青年网2014年8月26日。

别让流浪成为孩子的生活方式
——对话上海市未成年人法研究会会长姚建龙教授

从无家可归,到有家不回,未成年人流浪是个"老大难"问题。

"别让流浪成为孩子的一种生活方式。"流浪的根源何在?又该如何根治?记者专访上海政法学院教授、上海市未成年人法研究会会长姚建龙教授。

家不成家　流浪成"理性选择"

记者:近年,未成年人流浪情况发生变化,自发离家出走的比例逐年上升,您认为这是为何所致?

姚建龙:我们经常说,家是停泊的港湾,是温暖的依靠,尤其是在孩子的成长过程中,对家庭、对亲情都有非常深的依恋。那么,未成年人为什么会选择离家出走?除了受到诱骗或是教唆外,更主要、更深层的原因,是家已经无法提供应有的庇护、抚养、教育等功能。

被父母遗弃、虐待或者父母双亡、离异、服刑、被强制隔离戒毒等,是中国很多留守儿童、困境儿童的现状。所谓两害相权取其轻,面对"家不成家",流浪成为这些孩子的"理性选择",正因如此,导致"送了跑,跑了送"反复流浪成了不得不直面的现象。

记者:这种情况下,送孩子回家存在哪些困难?

姚建龙:首先是身份不明,各种原因导致难以甄别核查,找不到家。其次有些孩子先天残疾,或是轻微犯罪,父母不愿接回。还有一种特殊情况,是孩子对流浪地有了感情,例如我遇到过一个孩子,救助站帮他买好返乡车票,但他觉得已经融入上海,就偷偷把车票退了换成钱,继续留了下来。

特殊群体　救助需要"专业化"

记者:目前,针对流浪未成年人,救助的流程与渠道是怎样的?

姚建龙:根据《未成年人保护法》和国务院颁发的《关于加强和改进流浪未成年人救助保护工作的意见》,公安机关、城管部门发现流浪未成年人,应当护送到救助保护机构。同时,也鼓励社区街道、居委会等基层组织,对这个群体予以劝告和引导,并及时提供线索。民政部门则要主动开展救助,承担临时性的收容安置、照顾教育和甄别送回的工作。

记者:您认为,目前流浪未成年人的救助工作现状如何?

姚建龙:这些年,各界对流浪未成年人的重视不断提升,从政策法规、执行配套均有所改进,各地也有专门承担相关服务的机构、人员和经费,并且做到与成年人分开。

救助需要大爱。流浪乞讨儿童经常伴有身体残疾或是不良行为,与他们打交道需要耐心与爱心,如果只是当成任务,难免会有疲惫和懈怠,所以我要向救助工作者表示敬意。

同时,救助需要专业。他们的服务对象是一个特殊群体,不是管口饭、管个住处这么简单,需要依靠社会工作、心理学、教育学、法学、医学等全方面的知识与经验。救助工作要逐步走向专业化,尤其是针对未成年人。

为了孩子　不是"听上去很美"

记者:您认为,"送孩子回家"需要遵循哪些原则?

姚建龙:"送孩子回家"听上去很美,但必须遵循"儿童利益最大化"的原则与方法。如果送往的地方已经不能称之为家,就是治标不治本,甚至是"饮鸩止渴"。

孩子的流浪,是因为没有家,那就要让家成为家,这主要不是恢复家庭结构,而是恢复家庭功能。让孩子重拾安全感、幸福感,家庭功能需要社会替代和补足,重建这个家,需要社会各方与国家力量的协力。例如,所在的社区、街道提供支持,不仅是福利保障,更要关爱与辅导。

此外,需要流入地与流出地的衔接机制,例如针对长期或是重复流浪的孩子,他可能已经不适应原本的生活方式,要依靠两地的沟通与对接,只有当真正有了家,我们才能说是把流浪儿童送回了家。

记者:对于未成年人流浪的救助,您有什么建议?

姚建龙:孩子的问题,一直都是社会问题的折射。救助流浪未成年人,需要跨部门的合作机制。民政部门是救助流浪乞讨者的第一责任人,但它主要是起到了"托底"的作用,主要发挥的是避免发生最坏结果的功能。

义务教育是否到位?居住保障是否完备?监护权问题是否存在?孩子的身心是否得到了关怀?流浪的原因是多元的,既然这是一个社会问题,就得依靠社会各机制联合运转,才有可能改善与解决,做到从"送孩子回家"到"吸引孩子回家"。

本文由记者范洁采写,载2015年7月4日《新民晚报》。

转移监护权是个复杂的系统工程
——答《人民日报》记者郝洪问

记者：去年底(2014年12月24日)出台的《关于依法处理监护人侵害未成年人权益行为若干问题意见》，引发了社会强烈反响，它是否达到了您预期的打通了撤销父母监护权另行指定监护人的司法通道？

姚建龙：我更愿意将这一意见称为"李梦雪·李彤法案"，以纪念2013年在南京饿死的两名女童。事实上，这一恶性事件也是促成这一法案出台的重要动因。"李梦雪·李彤法案"明确确立了儿童最大利益原则和国家亲权原则，通过细化可以撤销监护人资格的监护侵害行为标准、完善撤销监护人资格的诉讼程序、建立未成年人保护的多部门协作机制等方式，激活了《民法通则》和《未成年人保护法》沉睡多年的撤销监护权条款，在我国未成年人保护法治史上具有里程碑的意义。

"李梦雪·李彤法案"在这样一个问题上立场鲜明而不再顾左右而言他：当父母不能、不宜或者拒绝履行监护权的时候，国家有责任也有权力接管监护权。讲白了，就是国家要"托底"——一旦父母靠不住，国家必须得靠得住。这一法案有助于革新"孩子是父母的"、法不入家门的传统滞后观念，必将对促进我国儿童福利制度与少年司法制度的完善产生深远的影响。

记者：儿童伤害案层出不穷，但监护权转移案例却相当少，法律缺失是主因，但仅仅是法律体系不健全吗？

姚建龙：转移监护权不仅仅是个司法问题，更是一个复杂的系统工程。至少需要考虑建立以下机制：一是监督与报告机制，即要有对监护侵害行为的及时发现和报告机制，包括要有专门的人员与机构监督父母监护权的行使；二是评估机制，即要有对父母监护资质的科学评估机制，确保撤销监护权的准确性，防止转移监护权的滥用；三是回转机制，即允许在父母恢复监护能力与资质时，让孩子回到父母身边；四是托底机制，即通过家庭寄养、助养、收养等方法确保被从父母身边带走的孩子能够尽快重新生活在家庭环境之中。

需要强调的是，如果不能保证孩子在转移监护权后生活得更好，单纯启动剥夺监护权诉讼是很危险的。没有保障就没有干预，如果保障机制没建好，孩子必然处于一个悬崖边缘，父母推出去之后，假如没有完善的"接盘"机制，后果可想而知。

记者：《意见》规定，包括民政、共青团、妇联这些组织都可以充当临时监护人，但是由机构充当监护人，是否会存在具体监护落实难的困境？

姚建龙：监护权的履行需要专业和技巧，但更具有情感依赖性和人身依附性。孩子应当生活在家庭环境中，由机构充当监护人并不是理想的做法，但如果剥夺了监护权之后，由这些机构充当临时监护人或是充当托底的机构，则是必要的。需要注意的是，无论谁来承接监护权，都要有监护能力评估与监督机制。剥夺监护权要慎重，选择新监护人要精心，这样才能确保新的监护人能够履行好监护职责。

记者：监护缺失的困境儿童，多遭受精神和肉体双重伤害，需要有专门的机构进行心理干预和行为矫正。不少人呼吁要有专门机构来接收，您如何看？

姚建龙：从实践中的案例看，遭受长期精神和肉体伤害的困境儿童被解救后直接由新的监护人接收往往会存在适应性不良，这种适应性不良通常是双向的。因此，由具有专业技能的专门机构进行心理干预和行为矫正，是必要的。但是，这只是临时和过渡性措施。机构监护并不符合儿童最大利益原则的要求，通过寄养、收养等方式，尽快让孩子回归到正常的家庭环境中，才是对未成年人最好的保护方法。

记者：采访中我们也发现，随着国家对困境儿童救护力度加大，有些不负责任的父母觉得将孩子交给政府机构来管养省钱省力，而目前尚未有对这类父母处罚的法律依据。

姚建龙：很多国家的法律允许父母在不伤害孩子的前提下将监护权转移给国家，国家不追究父母遗弃罪的责任。我国民政部门试点的"弃婴岛"，也是这样一种"两害相权取其轻"的选择。这的确可能会引起一些人的不解。

基于儿童最大利益原则的立场,国家需要大爱和担当。国家和父母过多博弈的结果,往往是"撕裂"孩子。因为如果将孩子硬推向不负责任的家长,事实上就是把孩子推向了一个危险的、缺乏救济的环境中,近些年曝光的很多恶性事件应当引起我们的惊醒。需要特别指出的是,被撤销监护人资格的父母仍应当负担未成年人的抚养费用和因监护侵害行为产生的各种费用,还可能会因其监护侵害行为承担行政甚至刑事责任。

儿童最大利益原则是处理涉及儿童事务的行动标尺,决定了我们在面对儿童问题的时候应当采取什么样的立场和解决方案。譬如,"李梦雪·李彤法案"并没有明确被撤销监护人资格的父母是否可以探视孩子,也没有规定孩子是否还享有对生父母的财产继承权,因而产生了不同的观点之争。但按照儿童最大利益原则,这样的所谓不明确其实是明确的:探视可能对孩子有利也可能不利,因此要个案处理;继承权对孩子有利,当然应当享有。

本文主要观点为 2015 年 1 月 16 日《人民日报》"保佑童年"一文采用。

剥夺父母监护权后，民政托底非最佳选择

经过法医鉴定，女童小武的伤情被法医鉴定为轻伤一级。

"从母亲的行为来看，可以考虑监护权的转移问题了。"上海政法学院教授、上海市未成年人法研究会会长姚建龙对中国青年报记者表示。

2014年12月18日两高、两部颁布的《关于依法处理监护人侵害未成年人权益行为若干问题的意见》规定了六种可以撤销监护人资格的具体标准。在本案中，母亲的行为符合"暴力伤害未成年人，严重损害未成年人身心健康"这一撤销监护权的法定情形。

"轻伤可以构成故意伤害罪，也可以刑事和解。"作为儿童保护法律专家，姚建龙坚持认为，"转移监护资格不如修复监护关系。"

但是，他认为修复监护关系有一个重要的前提，即要有修复可能性同时必须符合儿童最大利益原则。正因为如此，需要有专业和中立的第三方进行专门的监护评估。这是一个不能马虎的环节，如果评估下来，孩子与母亲在一起并不符合儿童最大利益原则，则应当坚决剥夺母亲监护权，另行指定监护人，同时原监护人仍应当继续负担抚养费用和因监护侵害行为产生的各项费用。

与心理专家的观点一致，姚建龙还坚持认为，即便剥夺了母亲的监护权，仍应当尽快让孩子进入家庭环境中照料和生活。

"儿童不宜通过机构抚养，这对于孩子的成长会产生不利的影响。"姚建龙强调。

就本案来看，如果法院认定应当剥夺母亲监护权，他更加倾向让孩子回归到生父的家庭中。尽管媒体披露生父已经组成了新的家庭，但毕竟

血缘背后是割舍不断的亲情,更有利于孩子的融入和新生,况且父亲有监护意愿。监护人的工作与家庭经济状况等并不是决定性的因素。

根据媒体披露,小武的父亲已授权律师向法院提出申请,要求撤销女童母亲监护人资格。

法律规定了监护人的序位,判决撤销监护人资格的,应当依照序位选择合适的新的监护人,未成年人有其他监护人的,应当由其他监护人承担监护职责。据此姚建龙认为,在本案中即便小武是她父亲的非婚生的女儿,从监护人的序位来看,他也是指定监护人的优先人选。

"国外的思路也是这样的,虽然有儿童福利体系来托底,但我并不认为这是最佳选择。我一直强调家庭的环境才有利于孩子成长,这是儿童最大利益原则的要求。"姚建龙一针见血地指出。

记者在采访的过程中发现,在该案中,地方民政部门介入的过程中仍然显得有些生疏。

姚建龙认为:"尽管民政部门的托底不是最好的选择,但并不意味着民政部门可以消极作为。我国《民法通则》《未成年人保护法》等法律将困境儿童救助与保护的职责赋予了民政部门,依法治国的要义之一就是'法定职责必须为'。根据国家亲权原则,国家机关未成年人保护职责的行使应当积极、主动。如果没有积极、主动和跨前一步的思维,而只是消极托底,必然是既托不住也托不好。"

姚建龙还特别强调:"《未成年人保护法》明确规定保护未成年人是国家机关、武装力量、政党、社会团体、企业事业组织、城乡基层群众性自治组织、未成年人的监护人和其他成年公民的共同责任,未成年人保护是一个系统工程,需要全社会的共同努力与配合。如何让负有未成年人保护职责的部门都能够积极履职,仍是需要努力的方向。"

本文由记者章正采写,载 2015 年 11 月 23 日《中国青年报》。

孩子的事不仅仅是"家务事"
——对话上海市未成年人法研究会会长姚建龙

19世纪末的英国,一个8岁小女孩被养母长期虐待,但法庭以没有相关法律为由,视而不见。

某次开庭,曾推动"禁止虐待动物"立法的律师洛克抱着一个斗篷走进法庭,在法官面前露出那个遍体鳞伤、奄奄一息的小女孩,义正词严地说:"我要求法庭援引动物保护法,对这个小女孩施以保护!因为这个孩子,也是一个备受虐待的动物!"

由此,诞生了世界上第一部儿童福利保护法案。然而,一个多世纪过去,中国的儿童权利保障法体系仍在踟蹰前行,记者就此对话上海政法学院教授、上海市未成年人法研究会会长姚建龙。

目前我国儿童保护存在"硬伤"

记者:中国儿童保护法律体系现状如何?

姚建龙:我国未成年人保护立法经过了一个发展过程。1987年6月,《上海市青少年保护条例》出台,这是我国制定的第一部地方性青少年保护法规;1991年,我国第一部全国性未成年人保护专门法典《未成年人保护法》正式颁布实施;1999年,《预防未成年人犯罪法》制定。

这是一条非常清晰的发展主线。总的趋势是,改变传统的未成年人保护附属条文立法模式,逐步向独立立法模式演进。这种转变符合国际未成年人保护立法的发展规律。现代儿童观认为,未成年人与成人不仅是量上的区别,而且是质上的区别,也就是说未成年人被认为是与成年人本质不同的特殊群体。正因为如此,有关未成年人的立法也应当与成年人区别开来,以尊重未成年人的独特性。

尽管如此,我国目前的未成年人保护制度还很不完善,保护未成年人的专门法规仍很欠缺,已经制定的《未成年人保护法》的可操作性不强,存在"硬伤"。例如,"所有公民、机构、组织都有权力和义务去保护未成年的人身安全",却没有专门的机构执行。

再如,多数情况下,惩治虐待、伤害儿童行为所依据的刑法没有专门的未成年人篇章,更无专门的少年刑法,这是不科学的,导致对未成年人刑法保护的不力。例如,虐待儿童在刑法中并无专门的罪名,同样适用于成年人的"虐待罪"构成标准并未对受虐儿童的特殊性予以必要的尊重,导致一些情节恶劣,可能对受虐儿童终身产生严重负面影响的虐童行为无法给予必要的惩罚。再如"故意伤害罪"这一罪名也存在严重问题,很多故意伤害未成年人情节恶劣的行为,常因为司法鉴定通常达不到"轻伤"标准而无法予以必要惩治。

监护权转移"看上去很美"

记者:近日,最高人民法院公布的典型案例中,福建省出现首例因母亲长期对未成年儿子施以虐待,依法撤销监护人资格的案件。是否意味着"监护权转移"可能明朗?

姚建龙:欧美、日本等都先后出台儿童福利专门法案,从法律层面确立"困境儿童的监护权转移"原则。

然而,转移监护权不仅是司法问题,更是复杂而系统的工程,否则就是"看上去很美",转移监护权的制度设计至少应当考虑建立以下机制:

一是监督机制:专门的人员与机构监督父母监护权的行使,对于不履行、怠于履行或者不当履行监护权的父母,及时发现和干预;

二是评估机制:对父母监护资质的科学评估方法,确保撤销监护权的准确性。例如,对"有心无力"父母的监护权不能剥夺,而应提供支持性儿童福利服务;

三是回转机制:在父母恢复监护能力与资质时,基于"儿童最大利益"原则让孩子回到父母身边;

四是托底机制:通过家庭寄养、收养等方法确保被从父母身边带走的孩子能够重新生活在家庭环境之中,并对此跟踪与监督,确保被从原父母身边带走的孩子能够生活得更健康、更美好。

未成年人保护应进行顶层设计

记者：未成年人保护法律制度的未来在哪里？

姚建龙：不能再零敲碎补，而应确立顶层设计的思维。譬如，未成年人保护立法应当形成体系，并且应当明确要求建立专门机构与形成专门机制。

未成年人立法的理想结构为"1+5"，即至少应当包括五部专门法典：《未成年人保护法》《未成年人福利法》《家庭教育法》《义务教育法》《预防未成年人犯罪法》《未成年人司法法（即少年法）》，其核心是《未成年人的福利法》与《未成年人的司法法》，而这两部法典正是我国目前欠缺的。

此外，应借鉴国外经验，完善我国未成年人法律制度设计，譬如儿童福利制度的精细设计、未成年人保护的零容忍原则、未成年人保护具体制度设计的特别性与优先性、侵犯未成年人权益的法律责任高压线设计等。

本文由记者范洁采写，载 2014 年 08 月 23 日《新民晚报》。

温岭虐童行为是一种"非典型"寻衅滋事行为

10月24日,在浙江温岭发生一起民办幼儿园老师双手拎男童双耳、致其双脚离地的事件。相关照片在网上曝光后,当事老师颜某即被辞退,并以"涉嫌寻衅滋事罪"被公安机关刑事拘留。今日下午,上海政法学院刑事司法学院院长、中国预防青少年犯罪研究会常务理事、上海市未成年人法研究会会长姚建龙做客人民微博微访谈就"幼师虐童现象频发"现象与网友互动。

对于网友提出"严格意义上来说寻衅滋事罪是不是有点不妥?"姚建龙表示就此案而言是可以成立的。温岭虐童行为是一种"非典型"寻衅滋事行为,但基本符合"随意殴打他人,情节严重"的入罪标准,以此罪名定罪尽管可能会有争议。

"如何根本上消除教师虐待儿童现象的发生?"姚建龙表示,一方面,应当对教师虐待儿童以及其他任何行为的虐待儿童实行"零容忍原则",规定严格和严厉的处罚措施;另一方面,更重要的是应当重视预防,从教师职业准入、儿童活动场所监控、幼儿自我保护意识的培养等方面综合努力。

姚建龙认为,我国应当考虑建立未成年人法律体系,除了进一步完善《未成年人保护法》《预防未成年人犯罪法》外,还应当考虑制定《未成年人司法法》《未成年人福利法》,同时通过配套修改《刑法》《刑事诉讼法》《治安管理处罚法》等法律来解决处罚疲软的问题。

"最近的这次修改《未成年人保护法》《预防未成年人犯罪法》是为了保持与新《刑事诉讼法》的衔接,这种修法思路本身就是值得反思的。未成年人法是一个独立的法律部门,未成年人立法也应当是一个法律体系。现有的这两部未成年人法律属于"软法",很难通过修订它们来解决可操作性问题。"姚建龙说。

本文由记者李楠楠采写,载 2012 年 10 月 29 日人民网,http://society.people.com.cn/n/2012/1029/cl008-19425576.html。

"虐童案",给中国父母一个警告

在很多人眼里,南京"虐童案"是一场情与法的冲突。

"虐待儿童就是法律问题,在这个问题上不要纠结。无论出于什么样的目的,对儿童的暴力都要禁止。因为,一切对孩子的伤害都是以爱的名义进行的。"上海政法学院教授、上海市未成年人法研究会会长姚建龙直言。

儿童最大利益原则应当成为社会共识

在小毛的生母张传霞看来,养母李征琴被判重了,顶多只能算是管教孩子的方式失当。

"生母这样的评价也不奇怪,她与养母存在亲戚关系,评价的角度也不是从儿童最大利益出发。"他说。

姚建龙分析,现代儿童观在当下中国还远未建立起来,大部分父母认为管教孩子只是一项"技术问题",而不是原则问题。"棍棒底下出孝子"这样的观念还非常有市场。加之,很多人觉得家庭教育是"家事"——法不应入家门,因此会造成类似的悲剧。

1990年8月29日,中国代表签署了《儿童权利公约》。其中规定,各国应保护儿童免受身心摧残、伤害或凌辱,忽视、虐待或剥削。

《儿童权利公约》提出儿童最大利益原则的核心要求是:"关于儿童的一切行动,不论是由公私社会福利机构、法院、行政当局或立法机构执行,均应以儿童的最大利益为一种首要考虑。"

对于中国而言,儿童利益最大原则应当成为社会的共识。

他认为,如果认为家长打孩子是可以允许的行为,孩子将永远生活在暴力伤害的阴影之中。打孩子是父母无能的表现，这是中国家长需要反思的。

"从披露的案件来看，对于是否能打孩子，还是存在比较大的争议。反观瑞典等很多发达国家都已经立法明确确立了对儿童暴力的零容忍原则，即无论基于什么样的目的都不能打孩子。"姚建龙表示，"我国法律明确禁止学校体罚学生，但是在父母能否打孩子的规定上存在一定的模糊性，除非造成打死打伤的严重后果，父母通常不会受到法律制裁，以至于很多孩子都是被父母打大的。暴力具有诡异的遗传性和传染性，要想消除暴力文化，这种现象必须改变。"

养母错失被不起诉的机会

姚建龙认为，在所有涉及未成年人的案件中，还适用"国家亲权"的原则。国家亲权原则认为国家是未成年人的最终监护人。在父母不能、不宜或者拒绝履行监护职责时，国家有权力也有责任进行干预，直至剥夺和接管监护权。孩子并不是父母的私有财产，而是属于国家的。

姚建龙说："当然，国家的干预权并不能滥用，需要通过儿童最大利益原则来制约，即必须是为了孩子的最大利益。因而司法机关在处理父母与孩子关系上，需要精细地权衡，考虑怎样裁决才最有利于孩子今后的健康成长。"

对于南京"虐童案"，作为青少年保护专家的姚建龙一直坚持认为，考虑到孩子与养父母长期生活在一起并且有一定的感情基础，重新建立监护关系，不如修复这个孩子的监护关系。

"实际上司法机关一直在做这方面的努力，在案件侦查阶段，检察院并没有批准逮捕养母。不逮捕意味着有修复监护关系的回旋余地，司法机关始终在追求儿童利益最大化。"姚建龙一针见血指出。

"我感到非常遗憾，养母没有珍惜这样的机会，律师表现得也很糟糕，对未成年人法律的理解很不到位，对少年司法运作的规律与特点也缺乏必要了解。养母原本具有不起诉的可能性，或者定罪免刑的可能性，最坏也可以努力争取缓刑。"姚建龙觉得有些无奈，"爱需要平和与理性，在孩子面前能控制情绪与行为是基本要求。而他们都是站在自己的立场上，而不是站在孩子的立场上恣意妄为——那就不能怪法律动真格的。"

在审判结果出来后，姚建龙在微信朋友圈写下了这样一段话：被告人被判六个月实刑结果,律师难辞其咎。当年的李某某案早就警示过,不是所有的律师都适合办涉及未成年人的案件,律师接受必要的少年司法专业训练很重要。

"这是一个判六个月实刑不重,不起诉也不轻的案子。"姚建龙认为,关键在于是否真正为孩子考虑,"此案判决,是对中国父母的警告,法律绝不会允许你恣意妄为。"

他认为,最理想的状态是,养母感谢举报人,向国人公开道歉,最终改正错误和孩子幸福地生活在一起,同时法律的达摩克利斯之剑能悬在她头上。可实际情况是,养母和生母一家人却迁怒于举报者和司法机关,这是一个很糟糕的表现。

本案暴露我国收养程序的漏洞

在本案中,争议点之一在于李征琴所提交的收养手续造假,其中养父母在无子女证明的两份材料中,使用了假的政府公章。

"要办理收养手续,需要提交很多材料,民政部门有审核的责任,但要求其做到100%甄别出材料真假,难度和成本都会非常高。"姚建龙表示,"问题的关键不在于材料是否造假,而在于是按照最有利于被收养孩子健康成长的标准严格评估了收养人的资质。"

如何避免类似的问题产生?

他认为,在收养程序制度上,不妨借鉴西方国家的经验。"比如澳大利亚,所有收养关系的建立,重心并不是审核材料,而是审核人,即要由专业的人员对收养人进行全方位评估,而且这个过程是非常严格的。"姚建龙介绍。

他结合在当地的访学经历说:"澳大利亚儿童福利部门设置了专门评估机构做收养评估这件事情,而且一般还要给收养家庭设立一定的考察期,以保证孩子生活在最有利的环境之中。"

而根据我国《收养法》的规定,收养人要同时具备四个条件:无子女;有抚养教育被收养人的能力;未患有在医学上认为不应当收养子女的疾病;年满30周岁。

"中国的收养条件设定得非常窄,很多家庭想收养孩子,但是条件不允许,办理不了。"他说,"收养孩子这件事上,都是国家垄断在做,但是又做不好,还不允许民间来做,这是问题所在。"

姚建龙透露,目前国家相关部门已经关注到收养制度存在的问题,专家学者也在进行研究和讨论。

本文由记者章正采写,载 2015 年 10 月 11 日《中国青年报》。

拐卖儿童犯罪为何多发

主持人：本报记者　任欢

特邀嘉宾：上海政法学院刑事司法学院院长、教授　姚建龙

日前，浙江省温州市中级人民法院连续三天公开审理一起特大跨省拐卖儿童案。26名被告人中，既有来自边远山区的农民，也有曾在医院工作的妇产科医生。本案中涉及的被拐婴儿，大部分都经历了多次转手买卖，被贩卖的价格从一两万元到近十万元不等。

据悉，在本案中，该贩卖婴儿团伙成员分别扮演"介绍人""运送人"等角色，并从中获取相应的"报酬"。团伙成员分工明确，一应俱全，已形成了环节齐全的"产业链"。

记者：此类"产业链"的出现，意味着我国当前的打拐工作又面临怎样的新形势？

姚建龙："产业链"的出现，意味着当前的拐卖儿童犯罪已经达到了新的高度。随着现在社会的分工越来越细，犯罪行为也开始越来越多地采取精细分工的团伙作案模式，更具隐蔽性，反侦查能力也更强，它的危害性是不言而喻的。这也给打击拐卖儿童犯罪带来了不小的难度和挑战。

此外，拐卖儿童的形式也有所变化。过去的拐卖儿童案件往往呈现出如陌生人犯罪等特点，但是现在有很多拐卖儿童案件呈现出亲生父母参与实施犯罪的特点。更有甚者，部分地方还出现所谓的"定制服务"，犯罪团伙接受"订单"后安排人怀孕并由亲生父母生下子女后直接出卖给他人。这给警方开展打拐工作造成了很大的阻碍，减少了被拐卖儿童获救的机会。一方面，此类犯罪行为的实施比较隐蔽，被发现的几率较低；另一方面，被拐卖儿童获救后，因其亲生父母本身也是实施犯罪的一方，也

造成了被拐卖儿童很难与家人团圆的现象。

记者：您认为造成拐卖儿童犯罪行为屡禁不止的原因究竟有哪些？

姚建龙：近年来一个现象越来越为公众所关注，即从事拐卖儿童犯罪的人员大多来自经济贫困和落后地区。这些人员普遍贫困且文化水平较低，由于受到金钱利益的驱使，部分父母会出卖自己的亲生子女，甚至以出卖亲生子女为业来谋求经济利益。在某些特定地区甚至形成产业化，毫无罪恶、羞耻感。此外，一些地方和人出于传宗接代等陈腐思想的影响或者因为生育障碍等原因，对儿童尤其是男婴存在购买的客观需求，形成了一个潜在的买方市场，让拐卖儿童犯罪有利可图，利益驱动下一些犯罪分子会铤而走险。

还有一个原因在于法律对"收买即犯罪"的震慑作用还不够。在很多拐卖儿童犯罪案件中，大部分收买人都辩称自己不清楚收买孩子触犯刑法。这不能成为其开脱的理由。尽管2015年11月1日起实施的刑法修正案（九）中强化了对买方的刑法惩治力度，取消了对被买儿童没有虐待行为、不阻碍对其进行解救可以不追究刑事责任的规定，确立了"收买即犯罪"的原则。但是目前，刑（九）实施一年多，因收买行为而获罪的还很少，法律还尚未发挥出应有的震慑作用。打击拐卖儿童犯罪，必须对买方市场进行坚决打击，根据法律强化追究收买人的刑事责任。

记者：您认为应该如何破解打拐难题？

姚建龙：首先需要健全社会保障制度，加大对贫困地区的扶持力度，从源头上减少拐卖儿童犯罪行为的发生。政府应加大精准扶贫的力度，对于拐卖儿童犯罪行为比较严重的地区，制定针对性的扶贫措施，从经济源头上进行化解。

此外，从法律层面上，还应该加大对拐卖儿童行为的惩治力度。比如最高人民法院于去年12月22日公布的《关于审理拐卖妇女儿童犯罪案件具体应用法律若干问题的解释》就明确规定，对婴幼儿采取欺骗、利诱等手段使其脱离监护人或者看护人的，视为《刑法》第二百四十条第一款第（六）项规定的"偷盗婴幼儿"，进一步严密了打击拐卖儿童犯罪的法网。

打击拐卖儿童犯罪其实可以概括为费时、费力、费心。目前我国多采用加大打击力度的手段来处理相关问题，实际上，这更多是一种应激式的反应，还缺乏一种长效机制对未成年人进行有效保护。我个人认为，应当加大我国当前的警务改革力度，推动未成年人警务改革，将未成年人警务作为警务活动中的独立且专业组成部分。很多发达国家都有专门的少年警察,比如日本就有1万多名少年警察,专门来负责处理儿童失踪、校园安全、少年犯罪预防与控制等类事务;美国、法国、我国台湾地区等也设立有专门的少年警队。而目前在我国的公安系统里,仍然没有专门的少年警察,未成年人特殊、优先保护等观念也还较为缺乏。

记者:数据显示,自公安部儿童失踪信息紧急发布平台上线以来,截至去年12月31日,平台共发布失踪儿童信息648条,找回儿童611名。其中解救被拐卖儿童27名,找回离家出走儿童358名。有人说,这一平台为打拐工作插上了"互联网+"的翅膀,对此您怎么看?

姚建龙:目前不少人使用高德地图、滴滴打车等手机软件时,会收到平台推送的有关儿童失踪的信息。有研究表明,儿童失踪后的找回率是与其失踪时间呈反比的,失踪时间越长,找回率越低,而快速向公众发布儿童失踪信息,可以大大提高找回率。平台的推出,与民政部2015年开发的全国打拐解救儿童寻亲公告平台一起,一方面可以尽可能地防止儿童失踪、被拐,另一方面可以尽可能地帮助被解救的儿童寻找到亲人。

在平台的协助下,每一个人都可以依靠手中的智能手机,获取准确信息,提供失踪儿童线索,从而成为人贩子的"监视器",共同编织出打击与震慑拐卖儿童犯罪的"天网"。但要注意的是,打拐进入"互联网+"时代,仍然需要进一步强化监护人的责任意识和法律责任,消除监护盲点,避免监护缺失。对因此产生的儿童伤害事故、儿童失踪等严重后果,监护人应该承担相关法律责任。监护人是儿童安全的第一责任人,而不只是儿童伤害、失踪等事件的受害者,如果失职也要承担法律责任,这种观念必须确立起来。

本文由记者任欢采写,载2017年2月13日《光明日报》。

"熊孩子"不完全等于"反社会人格"

"熊孩子"这个又萌又叫人头疼的热词,也可能掩盖了一些行为极端的孩子,让后者缺乏正确的管教。但也有人担心,如果降低刑事年龄,可能把本来只是犯错的"熊孩子",误当成"反社会人格"惩治。

姚建龙称他8岁的儿子为"臭小子",他眼中的儿子是个"好动、调皮,有自己性格特点"的小男孩,"再调皮再熊,也不过是个孩子呀"。

姚建龙是上海政法学院刑事司法学院院长。他长期从事预防青少年犯罪问题研究,现在也担任上海市法学会未成年人法研究会会长。工作原因,他接触过无数给社会带来麻烦的孩子,但提及"熊孩子"的说法,他显得格外谨慎:"首先要确定熊孩子到底是哪一群孩子。"

他认为,"熊孩子"这个词的出现,融合了传统与现代社会的双重观念。"(熊孩子)过去主要是调皮、不听话的泛指,比如我小时候就很'熊',我儿子现在也是。但如今这个词已经从单纯意义上的顽皮,上升到惹是生非的概念了。"

的确,随着近年来不断爆出的青少年"辱骂殴打、强迫脱衣、拍摄裸照、持刀威胁"事件,现在人们谈起"熊孩子",除了惹是生非的印象,还多了触犯法律的"问题少年"。

低龄儿童犯罪案例,正在引发学界的巨大担忧。

"现在的孩子成熟较早,建议刑事责任年龄提前。"

"10岁女孩电梯摔婴""9岁孩童火烧同伴",一个又一个劲爆的新闻标题令人错愕,也激发出一部分网友"慈母手中线,勒死熊孩子"的戏谑式愤怒。

那些施暴闯祸的极端"熊孩子",作为不满14周岁的未成年人,不能成为犯罪主体。但行为上触犯刑法的"熊孩子"频频出现,令业界展开争论——是否需要为疑似有"反社会人格"的孩子将刑事年龄降低,从而修改相关法律?

在这个问题上,原本轻松的"熊孩子"话题,变得格外严肃。

20世纪90年代,英国曾出现过"小詹姆案",两名10岁左右的男孩残酷虐杀了2岁的小詹姆,然后被逮捕。他们在审讯环节情绪失控,导致刑期一再推迟。对这个案例,中山大学心理学系教授高定国说,心理学上有一种人格障碍叫反社会人格,具体体现为缺乏同情心、冲动、难以自控等特征,"小詹姆案"中两名10岁孩童,应该算是典型的反社会人格案例。"这种情况不能以熊孩子的淘气来简单解释,而应该看到确实存在一小部分心理有障碍的青少年群体。"

目前,国内法律对反社会人格青少年人群的约束,一部是《预防未成年人犯罪法》,其中第44条规定:"对犯罪的未成年人追究刑事责任,实行教育、感化、挽救的方针,坚持教育为主、惩罚为辅的原则";另一部是《刑法》,规定"14周岁以下青少年实施任何刑法禁止行为,均不负刑事责任"。

在中央政法委宣教室副主任陈里看来,两部法律对青少年犯罪的制约和打击过于落后,刑罚过轻,仅仅是劝服教育为主,起不到惩罚的作用。他提出对于暴力犯罪的青少年,该惩罚就得惩罚,该追究刑事责任就得追究刑事责任。"现在的孩子成熟较早,建议刑事责任年龄提前。"

对于"刑事责任年龄提前",姚建龙极力反对。他认为如今的国民都患上了"全民性焦虑症",并且坚持认为这是新媒体时代"孕妇效应"的结果——偶然因素因为关注多了,使人认定那就是普遍现象。"青少年犯罪就是典型的孕妇效应。未成年人'熊'得过火,那不是犯罪,而叫犯错。"

国内刑事责任年龄划定在14岁,在他看来,这是经过较长时间的检验后保存下来的,有科学依据,不能看到极小部分反社会人格的孩子出现,就急于把刑事责任年龄降低,让那些未成年的孩子承担成年世界的惩罚,把那些本来只是犯错的"熊孩子",真的当作"反社会人格"的成年罪犯。

"7岁以下儿童犯法都不叫犯罪,但法律要对其父母进行惩罚,因为你没有教育好孩子。"

国内还在为"最低刑事责任年龄变动"吵得不可开交,国外一些发达国家,则已经调低了刑事责任年龄。

在日本,最初的刑事责任年龄最低点是16周岁,1997年,因为神户一名14岁学生接连杀害一名11岁男童和一名10岁女童,促使国会在3年后将刑事责任最低年龄从16岁降到14岁;英国将未成年人划分为不满10周岁、已满10周岁,以及不满14周岁和已满14周岁几个阶段,分别给予不同的减免处罚;而在美国,由于20世纪80年代受经济腾飞和社会发展的影响,美国的转型期发生众多青少年犯罪事件,各州均把追究刑事责任年龄降至10岁。

姚建龙更推崇的,还是英美两国在限制犯罪青少年方面所做的措施。它们目前施行的"恶意补足年龄原则",除了10岁以下的超低龄儿童不适用,只要有证据能证明那些10—14岁之间的儿童,行为是出于恶意的,就可以把他们看作是年满14周岁而追究刑事责任。"这种原则比较灵活,既避免了10岁以下儿童的犯错行为被追究,也可以让那些确实有害社会的青少年受到法律的惩罚。"

"国外的法律对于未成年人犯罪秉持两点核心原则,一是宽容不纵容,二是以教代刑。"姚建龙说,宽容不纵容,在"恶意补足年龄原则"上得以体现,而以教代刑原则,是中国需要学习和反思的一点。

他介绍,美国少年法庭在处理未成年案件时,其父母也要受到审判。"7岁以下儿童犯法都不叫犯罪,不受任何处罚,但法律要对其父母进行惩罚,因为你没有教育好孩子。"

他曾用"养猪困局"形容国内目前惩戒低龄犯罪青少年的困境。"年纪小的时候没有合理的引导,只是喂养一些饲料了事,即使要惩罚,也得养大了再杀,养肥了再杀。"

"其实归根结底还是国人的禁锢思维,不足以对犯错青少年进行正确引导。"姚建龙说,中国的家长普遍存在抱残守缺思想,缺乏西方亲子教育的系统学习,所以在面对低龄儿女的出格行为时,只能选择拳脚相加或者放任了之。同时,国内法律在相关论述上也过于模糊。

据他了解,14岁以下青少年一旦触犯法律,首先放人,然后有三条路可以进行再教育,"一是严加管教,二是转送工读学校,三是进行收容教养"。

所谓"严加管教",姚建龙说,自然是流于口头劝诫;将问题少年送工读学校的做法一般会遭到家庭反对;而在劳动教养废除之后,收容教养基本上名存实亡。三条路其实都不好走。"青少年司法机制如何完善,确实必须提上日程。"

本文由记者赵渌汀采写,载《新周刊》杂志第453期,2015年12月。

建议遵循"不出校园"原则防控校园欺凌

近年来,校园欺凌、校园暴力事件不时被媒体曝出,使得这一问题备受社会关注。日前,《江苏省预防未成年人犯罪条例》立法研讨会在南京举行。据了解,《江苏省预防未成年人犯罪条例》已纳入今年江苏省人大正式立法项目,其中专门提到了应对校园欺凌这一问题。

校园欺凌不等于校园暴力

今年5月,国务院教育督导委员会办公室向各地印发《关于开展校园欺凌专项治理的通知》(以下简称《通知》),要求各地各中小学校针对发生在学生之间,蓄意或恶意通过肢体、语言及网络等手段,实施欺负、侮辱造成伤害的校园欺凌进行专项治理。

上海市预防青少年犯罪研究会副会长、上海政法学院刑事司法学院院长姚建龙说,《通知》中并未使用校园暴力而是使用了校园欺凌一词,校园欺凌并不等同于校园暴力。他将校园暴力定义为"发生在中小学幼儿园及其合理辐射地域,学生、教师或校外侵入人员故意侵害师生人身以及学校和师生财产,破坏学校教学管理秩序的行为"。

姚建龙介绍,与国外校园暴力主要是指校园欺凌不同,我国的校园暴力主要有三种类型:外侵型校园暴力、师源性校园暴力、校园欺凌。三种类型校园暴力的主要区别在于加害人的差异性。

发生率超30%,须高度重视

今年4至6月,姚建龙受教育部政策法规司委托承担"学校安全风险防控研究"项目的课题研究,在对全国29个县104825名中小学生的抽样调查中发现,校园欺凌发生率为33.36%,其中经常被欺凌的比例为4.7%,偶尔被欺凌的比例为28.66%。而根据全球儿童安全组织提供的数据,西方国家85%的女孩和80%的男孩在学校受到过至少一次欺凌,10%—15%的学生曾经欺凌过他人。

"超过30%的校园欺凌发生率足以提醒我们,必须对这一现象高度重视与反思。"姚建龙说。

加强对校园欺凌的预防性教育

记者了解到,《江苏省预防未成年人犯罪条例》第35条规定了校园欺凌的预防措施和处理措施:要求学校对未成年人的欺凌行为采取"零容忍"原则,预防欺凌行为,对可能构成校园治安或刑事案件的应立即向公安机关报告。

如何减少校园欺凌现象?姚建龙认为:"除了完善法律制度之外,校园欺凌的防控应当遵循'不出校园'的原则,即主要在校园内预防和处理校园欺凌问题。首先,每所学校均应当对本校校园欺凌发生状况进行调查评估,并在此基础上制定专门的校园欺凌防治方案。其次,应当将校园欺凌防治纳入法制教育、生命教育的重要组成部分,加强对校园欺凌的预防性教育,教育学生尊重他人及掌握同学之间纠纷的正确解决方式。"

对于美国在应对校园欺凌时采取的校警制度做法,姚建龙认为也可以借鉴。"在中小学设置校警,是国外校园欺凌防控的重要经验。美国的校警是三种角色的合一:教育者、法律顾问(非正式)以及执法者,防治校园欺凌是其重要职责。据美国学校资源警官协会发布的报告,过去20年美国的公立学校安全状况明显改善,其中校警制度的推广功不可没。"

本文由见习记者陈佩珍采写,原标题为"江苏拟立法应对校园欺凌 专家建议遵循'不出校园'原则加以防控"。载2016年8月29日《文汇报》。

建议设少年法院、
增刑法"未成年人专篇"

昨天在沪召开的全国法院少年法庭30年座谈会暨第三届少年审判论坛上,最高人民法院党组书记、院长周强提出,要牢牢抓住新一轮司法体制改革的大好机遇,推进少年法庭工作制度机制改革,促进形成系统完备、科学规范、运行有效的中国特色社会主义少年司法制度体系。

我国少年审判迈入而立之年,在取得进步和成绩的同时,还有哪些不足?从体制机制、法律上还有哪些完善、健全空间?记者就此专访了与会专家上海政法学院刑事司法学院院长、上海市未成年人法研究会会长姚建龙。

未成年人保护缺乏顶层设计

姚建龙表示,我国的少年审判工作30年以来取得了很大的进步,"但整体来说,目前我国刑法中还缺乏对未成年人保护的顶层设计,一些侵害未成年人权益的内容还不完善"。

尽管历年来在每次刑法修正案中,都有一些涉及未成年人的条款,但是并没有系统性地考虑如何加强对未成年人的保护,"从立法观念上来说还有待改进",姚建龙建议,在刑法中增设未成年人专章或专篇。

姚建龙透露,团中央已向全国人大提出在刑法中增设未成年人专篇的立法建议,"增设未成年人专篇是未来的一个必然,是迟早的事,但目前来看,还存在理论上、观念上等一些争论和不足,因此真正落实还需要一个较长的过程"。从内容上来说,姚建龙认为,这一专篇应该主要包括两个方面的内容,一个是未成年人犯罪及其处置,另一个是侵害未成年人犯罪的惩治。

我国未成年人犯罪预防存两大困局

姚建龙认为,目前,我国在未成年人犯罪预防方面存在两个困局。"一个我称其为'养猪困局',就是对于一些因为年龄较低或犯罪程度较低的一些未成年犯,我们还缺乏一个完善的干预机制和干预措施。从预防重新犯罪来说,这是一个重大的缺失。"

另一困局被姚建龙称之为"逗鼠困局"。"我们目前只有刑罚这一种单一性惩处措施,这就造成法院在审理此类案件中,要么刑罚要么就只能一放了之。缺乏'以教代刑'的中间措施和环节,在国外一般叫'保护处分措施'。"

姚建龙表示,学界对于修订《预防未成年人犯罪法》的呼声不断。今年全国人大进行了《未成年人保护法》的执法检查,同时对《预防未成年人犯罪法》也进行了调研,"我们也希望《预防未成年人犯罪法》的修订能尽快提上日程"。

建议设立跨行政区划少年法院

姚建龙坦言,国外大多设有专门的少年审判机构,在我国,少年法庭目前还是设立在普通法院中,"这就好比专门的儿科和专门的儿童医院,小孩生病了都会到专门的医院去看。未成年人犯罪也是一样的道理,就像孩子生病了,也需要有专门的力量来进行保护,要有专业的机构、专业的人员、专业的程序、专业的方法和专业的立法来保护"。

此次司法体制改革,提出要建立专门的知识产权法院。姚建龙认为,"司法在整个未成年人保护中是最后一道防线,十分重要",建议可以设立专门的、跨行政区划的少年审判法院,可以在部分有条件的地区先行先试,促进少年司法制度的进步,提高未成年人保护水平,"其实早在1999年,在综合考虑少年法庭发展情况的基础上,上海就实行对未成年人刑事案件的指定管辖,由长宁、闵行、闸北、普陀4家法院的少年法庭对全市未成年人刑事案件进行集中指定管辖,有过成功的探索经验"。

本文由记者胡蝶飞采写,原标题为"少年审判而立之年,专家建议设少年法院、增刑法、未成年人专篇"。载2014年11月26日《上海法治报》。

多位专家反对因校园暴力降低刑事责任年龄：14周岁符合国情

近年来,"校园暴力"事件和低龄未成年人严重犯罪案件受到普遍关注,是否应该降低未成年人刑事责任年龄也引起争议。

6月3日,在上海举行的"少年司法改革与法律体系完整"研讨会上,多位法学专家表示,不主张降低刑事责任年龄,因为刑事责任年龄的认定不是社会群众对于极端个案的情绪发泄窗口,14周岁这一年龄的界定是经过历史检验,符合我国国情规律的。

同时,有专家认为,对于未达刑事责任年龄的未成年人犯罪,宽容而不纵容,要有教育性的措施去替代刑罚。"孩子生的病要用孩子的药物去治疗他,不能用成年人的药物去治疗。"同时,不能一味只怪罪孩子本人,应该更多地反思家长、学校、社会,甚至国家所存在的不足。

校园暴力呈上升趋势,未成年人犯罪呈低龄化趋势

根据刑法第17条规定,已满16周岁的人犯罪,应当负刑事责任。已满14周岁不满16周岁的人,犯故意杀人、故意伤害致人重伤或者死亡、强奸、抢劫、贩卖毒品、放火、爆炸、投毒罪的,应当负刑事责任。已满14周岁不满18周岁的人犯罪,应当从轻或者减轻处罚。也就是说,不满14周岁的人,实施任何危害社会的行为,都不用负刑事责任。

此前,据媒体公开的一份来自中国预防青少年犯罪研究会的统计数据显示:在发生犯罪行为的未成年人中,14岁至16岁年龄段所占比重逐年提升,至2013年已突破50%,未成年人犯罪呈现低龄化趋势。

就在日前由最高人民检察院召开的新闻发布会上,最高人民检察院未成年人检察工作办公室副主任史卫忠透露,近年来,以同学间欺凌弱小和敲诈勒索为典型的校园暴力事件呈上升趋势。校园暴力犯罪往往团伙性较强,部分案件中未成年人作案手段残忍,不计后果,引起社会强烈反响。此外,不满14周岁未成年人实施杀人、强奸等恶性犯罪案件的新闻不时见诸报端,让人非常痛心。

面对校园暴力和低龄未成年人恶性刑事案件的增多,是否需要降低刑事责任年龄?

在2016年的全国两会上,有全国人大代表认为,校园暴力已经严重到了一定地步,必须认真研究处理。"法律应当保护遵纪守法的好孩子,对那些施暴者也要有相应的制裁,有必要降低刑事责任年龄,对少年施暴者进行刑法制裁。"

还有人大代表提出,这些施暴但又未达刑事责任年龄的学生在法律上未能受到惩治,家长领回去如果能认真管教倒也好,如果不能有效管教,又流落到社会上,带来的危害更大。因此,降低刑事责任年龄是有必要的。

极端案例毕竟少数,不能以偏概全

在6月3日于上海举行的"少年司法改革与法律体系完整"研讨会上,不少业内专家表示,不主张降低刑事责任年龄。刑事责任年龄的认定不是社会群众对于极端个案的情绪发泄窗口,14周岁这一年龄的界定是经过历史检验,符合我国国情规律的。

华东政法大学法律学院教授杨兴培在会上表示,不要轻易调整、降低现有的刑事责任年龄。"目前我国并没有对14周岁以下未成年人犯罪情况做系统的统计,不知道犯案的具体数量,只是看到几个极端案例,不能单纯地以偏概全,以此作为修改刑事责任年龄的依据。"他说,我国刑法的立法基本要求包括:这种犯罪行为具有普遍性、并已经形成某一类型,才能设立一定的犯罪行为。而据他估计,14周岁以下未成年人犯罪的情况并没有存在普遍的情况,没有达到需要立法的高度,因此建议尽量保守起见。

同时,杨兴培还提出,刑事责任年龄的修改还涉及刑法上立法的技术问题,比如14周岁在刑法上是一个非常敏感的年龄,以14周岁作为幼儿、幼童等未成年人和具有独立意志的成年人的分水岭。"凡是未达14

周岁的,我国刑法上都认为其是没有认识的、没有意志的,算作一种特殊的对象保护起来。成年人对他们的侵犯,不管幼童同意与否,可以判为强奸罪、拐骗儿童罪、拐卖儿童罪、猥亵儿童罪等等。"

如果刑事责任年龄降低1岁,也就在刑法意义上承认13周岁的孩子有独立意志。"也就是说,未成年人犯罪的年龄标准降低了,幼女的界定年龄也降低了。那成年人若是和13岁的女孩在一起,还能不能叫强奸、拐骗等罪名?"他说,实施犯罪的12、13岁未成年人毕竟是少数,但是被侵害的这一年龄的未成年人肯定是大多数,这样一来,两者利弊怎么区分很容易看出来。因此,刑事责任年龄是否要修改关键看国情,在没有实证调查之前,不要轻易降低。

宽容而不纵容,用教育性的措施去替代刑罚

上海政法学院刑事司法学院院长、上海市法学会未成年人法研究会会长姚建龙则认为,目前单凭极端个案降低刑事责任年龄没有可操作性。"如果13岁孩子杀人,我们就把刑事责任年龄降到13岁。又出现一个12岁的孩子犯罪,再降到12岁。我们还有10岁摔童案,再降如果按照这……如果按照这个思路,没有一个底线,这是完全不具有可操作性的。"

同时,他认为从社会防卫的角度来说,冒昧地降低刑事责任年龄也是不理性的。"过早地让孩子接受刑法的处罚,贴上罪犯的标签,这种孩子更有可能在日后成为更严重的罪犯。"所以,从社会防卫的角度来说,要保持必要的宽容,这样一来,孩子在青春期过后他的不良行为会自动地放弃——这叫自愈。

"我们小时候打架、犯错误的事情都干过,青春期做坏事很正常的,没干过坏事我们经常认为他在青春期的时候是生活在畸形的高压的环境当中,他的心理肯定是有问题的。只不过网络时代把孩子的'江湖'放大之后才觉得可怕了。"

姚建龙说,对待孩子犯错误要有一个底线,宽容而不纵容。"现在最大的问题是两个极端,第一是一罚了之,第二是一放了之,缺乏中间的过渡措施——保护处分措施。我们要有教育性的措施去替代刑罚,不主张拉低刑事责任年龄用刑罚去对付孩子。简单地说,就是孩子生的病要用孩子的药物去治疗他,不能用成年人的药物去治疗。"

应更多反思家庭社会因素，可建立强制亲职教育制度

姚建龙还指出，孩子的问题主要不是他的问题，是家庭、学校、社会的问题。所以不能一味只怪罪孩子本人，应该更多的反思家长、学校、社会、甚至国家所存在的不足。

如果确实是家庭教育的缺失对孩子的犯罪负有责任，应该怎么办？姚建龙透露，在我国《未成年人保护法》中规定，未成年人父母放任未成年人严重不良行为的，公安机关可以对父母进行训诫。"训诫是一种强制性的教育措施，但从严重程度来说属于很轻的措施。从目前我国的实情来看，现在公安机关基本只会训诫孩子，不会对父母进行训诫。"

因此，他提出要建立更加完善的强制亲职教育制度，即教父母怎么做父母。

姚建龙说，以台湾地区的社会自治体系为例，如果孩子犯罪、有严重不良行为，台湾的少年法院可以要求父母接受规定时间的亲职教育。"给父母开学习班，作为父母你必须得去，不去就要罚款，每次罚一万新台币。父母若还是不执行，法院会公告你的姓名，甚至认定父母是拒绝执行法院判决裁定罪，可以入罪入刑。"在强制性的亲职教育制度下，责任缺失的父母能够及时得到矫正，给孩子未来的健康成长铺平道路。

本文由记者陈伊萍采写，载澎湃新闻2016年6月4日。

低龄未成年人暴力犯罪怎么治：与董倩对话未成年人暴力

主持人：

当我们关注完个案之后，看数字怎么体现这样的趋势？根据2015年7月1日《检察日报》，青少年犯罪总数占全国刑事犯罪总数的70%以上，这个数字令人吃惊。在70%里面在发生犯罪行为的未成年人中14—16岁年龄段所占比重逐年提升，到2013年已突破50%，这是数字呈现的状况。

而未成年人犯罪呈现出几个特点，两个低：文化程度低，年龄越来越低。两个高，外来的未成年人所占的比重高，而且所犯罪名集中度比较高，强奸还有其他的，共同犯罪居多，犯罪手段呈现出成人化、暴力化倾向。

我们再来看《刑法》第17条怎么规定孩子们的犯罪。有这样几个划分：

已满16周岁的人犯罪，应当负刑事责任。已满14周岁不满16周岁的人，犯故意杀人、故意伤害、致人重伤或者死亡、强奸、抢劫、贩毒、放火、爆炸、投毒罪的应当负刑责。很明显，刚才说的伤害同学，虽然用暴力的手段，但明显不在此列。已满14岁不满18岁的人犯罪，应当从轻或者减轻处罚。因不满16周岁不予刑事处罚的，责令他的家长或者监护人加以管教；在必要的时候，由政府收容教养。这是我们国家的法律规定的。

接下来请教的一位专家是来自上海政法学院刑法学院的姚建龙院长。姚院长，刚才通过我们国家的刑法的规定，给人一种感觉，就是对未成年人来说,让他们负刑责明显太重了。如果就批评教育的话,就像我们看到的一系列暴力伤害同伴的事件,不动皮毛又明显太轻了,这中间有一个很大的空间。那么,到了这些孩子18岁的时候,法律这种温情脉脉的面纱不再有了,该怎么样就怎么样,那么中间这一段该对犯过错的孩子做些什么?

姚建龙:

您刚刚揭示我们国家现在法律一个非常糟糕的现象,就是两极化的现象。对未成年人的犯罪,要么用刑法的方式惩罚,要么一放了之。对低年龄的犯罪缺乏中间性的措施,这的确是现在非常严重的法律障碍。但是在我们国家面临这种现象,应该把法律的障碍或者漏洞予以弥补。比如说,在很多的国家针对低年龄的未成年人在刑罚之外,专门设计的就是以教代刑的措施,往往是针对未成年人身心特点所设计的一种措施。比如说这个监管令,比如说社会服务,比如说赔礼道歉等等,像这样的措施用于矫正未成年人,这在我们国家是非常重要的。

主持人:

姚教授,刚才短片有一位专家也说了这样的话。她说这些孩子,如果不知道法律是怎么样,她犯了这些事还好办,因为的确可以批评教育,让他们有法律意识。但是可怕甚至恐惧的是,让人觉得很恐怖的是有些孩子虽然年龄小,但是他却知道对14岁以下法律是几乎没有办法,因此他就利用这样一个空间去犯罪,而且大干一场,您怎么看待这种孩子们的想法。

姚建龙:

这种现象有点过于夸大了,如果孩子有这样幼稚的想法,恰恰说明这个孩子他是不成熟的,他是属于发展中的一个青少年。这样的孩子正好是通过教育的方式,让他知道行为的边界在哪里,让他知道法律的边界在哪里,这是少年司法制度应有的价值。

主持人:

姚教授,如果从法理上来说,法律要保护未成年人,对于他们犯罪要宽容,在法理上的确是有道理的。但是在现实生活中,你宽容了之后,如果不继续做一些应该做的事情,那就变成了纵容。现在到底应该怎么不去纵容,就是我宽容了之后,我到底应该怎么做?

姚建龙:

您说得非常对。就是我们针对低年龄未成年人犯罪要防止一种困局,我把它称之养猪困局。不能等这些孩子年龄到了之后,或者行为的社会危害性达到非常严重的程度的时候,我们才进行干预,这的确是我们需要反思的情况。现在从国家法律的规定来看,确实存在很大的障碍,比如说刑法17条规定,对孩子可以责令父母严加管教,但是父母如果能够严加管教得好,那还会有如此严重危害社会的行为吗?法律规定对低年龄未成年人,必要的时候政府可以收容教养。由于我国的劳教制度已经废除,收容教养缺乏执行的场所,所以各个省市已经实际停止了收容教养的措施的决定。也有人说可以采取工读教育的措施,因为我们《预防未成年犯罪法》也规定了,但是工读教育按照《预防未成年人犯罪法》的规定,它有三个条件,我们称之为三自愿原则:必须本人同意、家长同意,还有所在学校同意,才可以送入工读学校。作为父母并不愿意去把自己的孩子送到这样具有非常强的标签性的学校去,所以导致工读在司法实践中基本上也是空置的状态。所以我们面临一个困境,对那些孩子,我们怎么办?这的确是我们面临的困局。我个人认为针对这样的情况,我们应当要进行反思,一方面修改相关的法律,让我们的法律所规定的现在这样一些措施能够把它有效地运行起来。比如说责令父母严加管教,对责令父母严加管教这种措施能够做一些改进,比如说责令父母严加管教,是不是可以要求父母提交一些保证金,责令父母严加管教,是不是应该给他一定的期限,或者再比如说可以要求父母接受相应的亲职教育,教这些父母如何去做父母,如何去管教孩子。

主持人:

姚院长,稍后我们有更多的问题谈及父母到底应该怎么做。其实刚才姚院长谈到一个养猪理论,他没有把这个事情展开说。我看了他的观点,觉得非常有意思。所谓的养猪理论,就是因为这个孩子14岁,不用负刑责,一旦等他到了18岁,就像养猪一样,要养他足够大的时候,到了磅才杀,这个明显是并不合理的。现在青少年犯罪低龄化的问题,引起了越来越多的专家的注意,社会各界也越来越关注这个问题,我们稍后继续关注。

对于孩子这个问题,什么人都知道给孩子不能穿成年人的衣服。孩子病了要去儿童医院,孩子吃药的时候,也不能服成人的剂量,要有孩子的剂量。但是对于孩子犯错了甚至犯罪了,是不是用成年人的法律约束他们,规范他们,又应该怎么样。我们继续连线姚院长,姚院长还有另外一个身份,他本人就是中国预防青少年犯罪研究会的常务理事。那刚才姚院长您说到了在预防方面,家长要做,刚才您说到一半,家长要做什么?家长应该怎么做?学校应该怎么做?我们法律是否做出相应的调整?

姚建龙:

我觉得您这个问题提得非常好。我觉得我们国家现在的法律对于那些有严重不良行为的未成年人,如果实施了危害社会的行为之后,家长应当怎么做,我们法律的规定基本处于空白状态。但是很多国家的法律对于那些低年龄未成年人犯罪,它往往把大棒不是砸向孩子,而是砸向父母。比如说有的国家很多的法律规定,如果监护人放任未成年子女有严重危害社会的行为,法院可以裁定、判决你监护人接受强制性的亲职教育。再比如说你在强制亲职教育过程中表现不好,还可以对家长进行罚款,甚至把家长的身份包括信息在网络或者媒体上进行通报;还有国家可以追究家长的刑事责任,尽管追究家长的刑事责任可能会有一些争议。有的人认为违法了罪责自负原则,是不是扩大了,但是强调家长在未成年子女犯罪之后的责任的追究的这样一种原则,在各个国家对于预防未成年人犯罪,是一种非常重要的做法。但是,反观我们国家,尽管法律有规定,如果家长放任未成年人子女有严重不良行为,可以对父母进行训诫,但是这种做法,这种法律规定,在司法实践中几乎没有实行过,对此我们需要反思。如果完善法律,我觉得我们要把针对未成年人犯罪的大棒不仅仅指向未成年人,还要把大棒挥向身后的家长,这是问题的一个关键。

主持人:

姚院长,少年司法制度这个问题,那是相当于有一个夯实根基这样一个作用,您认为这方面应当怎么做?

姚建龙:

有一个非常关键的价值追求我们需要坚持,宽容而不纵容。我们一方面要强调对低年龄的未成年人犯罪要教育为主,惩罚为辅。但同时一定要设计防止纵容的机制,也就是宽容之后,一定要有机制防止你重新犯罪,防止你实施危害社会的一种行为,这种防纵容机制的设计非常关键。而所谓防止纵容机制的设计,就是通常讲的以教代刑,不用刑法处罚你,不用成年人的药品治疗你未成年人的病,但是要求国家一定要设计适合未成年人的药品,适合未成年人的一个措施,包括建立类似儿童医院。

主持人:

非常感谢姚院长,刚才我们一直在强调宽容不等于纵容,要知道宽容和纵容之间,批评教育实在太宏观了,太事不关己了。现在要做的是怎么能够让未成年人意识到对和错,让他们培养起一种对法律的敬畏意识。好,这就是今天的节目。

本文节选自中央电视台 2015 年 7 月 1 日"新闻 1＋1"节目文字实录。

留美学生凌虐案量刑启示：
与白岩松对话留美学生凌虐案

解说：绑架罪、攻击罪、严重人身伤害罪，轰动一时的中国留美学生绑架、凌虐同学案，三名成年学生首先获刑。

记者：判定结果最终正式宣判，是在2月17日。

解说：参与绑架的，还有三名未成年学生。

……

主持人：

有很多的这种校园的暴力，包括年轻人之间的暴力，社会之所以知道，不仅仅是因为有了暴力本身，而是在于还要炫耀，自己拿手机把它拍下来，还要上传到网络上去给别人看。这反映在很多这种施暴者的内心完全没拿它当事，甚至是当好事去看待的。

我们来看一看有这样的调查，中国青少年研究中心，2010年对10个省市的5000多名中小学生调查显示：32.5%的人偶尔被欺负；6.1%的人经常被高年级同学欺负；49%的同学承认对其他同学有过不同程度的暴力行为；87%的人曾遭受到其他同学不同程度暴力的行为。

接下来我们就连线一位专家，上海政法学院刑事司法学院的院长、教授姚建龙。姚教授您好。

姚建龙　上海政法学院刑事司法学院院长：

您好，主持人。

主持人：

首先您怎么看待，其实关注了一段时间，我们的留学生在美国，可能觉得就是同学之间我欺负欺负他，修理修理他，但是却酿成了有可能是在减刑后还有13年、10年这样的刑期。

姚建龙：

美国的这起案件，按照美国的刑法规定是属于重罪，应当说如果不是因为使用辩诉交易的程序，他会受到更加严重的处罚，也就是最高刑可以达到终身监禁。

但我们国家可能很多人觉得类似的行为，在现实生活中发生得很多，但是并没有受到如此严重的惩罚，一个非常关键的原因就是很多案件因为施暴者的年龄没有达到刑事责任的年龄，或者最终的危害的结果没有造成被害人重伤死亡，或者轻伤以上的这些后果，所以没办法使用刑事处罚。这可能是我们国家相比而言，在法律上的一个漏洞。

主持人：

但是接下来该给我们什么样的启示呢？刚才透过很多的数据去显示，其实我们校园暴力的问题还是很多，是不是一个校园暴力这样相对轻柔一点的字眼，就遮蔽了很多法律的惩处？

姚建龙：

是这样的，我觉得校园暴力，可能在很多人看来，尤其是我们很多中国孩子在成长过程之中，似乎都遭受过类似的行为，甚至很多人认为这是一个习以为常的现象。但是特别要指出的一点是，这类行为在法律上是有非常明确的一个界限，类似于美国的这起案件，在我们国家也会受到相关刑法的处罚，比如说我们国家的刑法中有故意伤害罪的这个罪名，还有强制侮辱罪、强制猥亵这些罪名。

比如说故意伤害罪的最高刑可以达到死刑，强制侮辱罪、强制猥亵的最高刑可以达到15年有期徒刑。如果美国的这起案件放到中国，因为这3名被告是成年人，在我们国家，我估计也有可能会遭受到比较严重的刑法的处罚，应该在5年到15年的有期徒刑之间。

主持人：

接下来还有一个学校的责任的问题，涉及比如说校园暴力，尤其在学校里发生的时候，我们有很多的学校教育机构采用了息事宁人，内部就给解决或者是处理这样的结果。但是在美国的法律当中，你如果在校园里发生这样的比较严重一点的校园暴力，你要是敢不报警的话，你就是违法，今后这一点在我们依法治国的这种背景之后，学校该是一种什么样的态度面对校园暴力？

姚建龙：

我觉得这个问题非常关键，其实在美国的法律中，是把学校作为强制报告的义务责任方，也就是说，校方是作为特殊的关系主体，如果说碰到学生遭受校园欺凌不报案的话，学校方是要承担法律责任的。在我们国家其实相关的立法中可能也有类似的规定，不过规定并不是很明确，尤其关键的是，如果校方采取息事宁人的这一做法，并不会受到相关的法律责任方面的追究，或者说相权衡采取息事宁人的方法，可能更有利于校方的利益，这可能是我们国家的法律需要反思的一点。

主持人：

您觉得这方面是否还是进行相关的调整，或者说新的解释？

姚建龙：

我觉得这起案件对我们国家启发非常大。首先一个就是青少年的行为无论是成年人还是未成年人，法律应当划出一个非常明确的界限。像这起案件，如果说发生在中国，很多人会觉得在法律上不是一个严重的问题，但是我刚才特别提出，如果是成年人的话，在我们国家的法律定性也是非常严重的。

但是我们国家的法律中有一个非常大的一个漏洞，那就是对于未达成刑事责任年龄的未成年人，如果实施了校园欺凌行为，或者青少年之间的这种校园欺凌行为，但是现行的法律并没有一个非常有效的干预措施。

前面的短片中有很多内容报道这些案件，其实都属于这种情况，是因为他们刑事责任年龄没有达到，而我们国家法律中又缺乏有效的干预措施，所以这就会造成我们国家为什么对这起美国的校园暴力事件如此关注的一个非常关键的原因。

而且我也特别注意到之前的报道，特别强调终身监禁这种刑罚，的确是这样的，如果我们国家这种法律不在这个环节上做一个非常重大的调整，划出法律的一个红线，这一类行为的避免，我觉得是很难的。

主持人：

好，接下来我们继续去关注我们身边的孩子，如何通过法律和相关的调整，使这种未成年保护年轻人之间的暴力，大为减少。

……

主持人：

不是美国所有的东西你都该拿过来，比如说股市的熔断的机制。人家有了之后,9年后才有了第一次熔断,咱上来一礼拜就能给你弄两回。

但是,比如说涉及未成年人这方面的这种教育,包括这种法律之间的相对空白处,世界上很多国家这种做法却应该值得我们照照镜子,因为对于我们来说,也是一个很大的挑战。

这个问题要继续连线上海政法学院刑事司法学院的教授姚建龙。姚教授,您觉得我们的刑法规定,14岁以下就不承担刑事责任,14到16岁除非特重才会承担刑事责任,但是在这里留了大量空白的空间,现在这种议论的声音也很大,您的态度是?

姚建龙:

是这样的,在美国有一点我觉得非常值得我们去借鉴,就使用一个规则叫恶意补足年龄规则。就是你的刑事年龄没有达到,但是如果你的犯罪的恶性程度是非常严重,法官可以决定采取放弃管辖权的机制,把这个未成年人当成一个成年人对待。

那么这起留学生凌虐案件,现在法庭争辩的一个焦点也在这里,就是对那3个未成年人应当如何处理。如果法庭判断,这3名未成年人的凌虐行为非常恶劣的话,有可能会当成成年人进行处罚。

我觉得我们国家现行的法律体制中,可能缺乏这样一个机制,这是一点。第二点也要注意,就是惩罚这种机制本身并不是最有效的对付未成年人犯罪的方法,可能还是要坚持教育感化挽救的方针。也就是对这部分未达到刑事责任年龄的未成年人,可能我们需要去完善一种以教代刑的这样一个机制。

比如说工读学校的不足,尽管你不会受到刑法的处罚,但是应该要采取类似于送专门学校或者是工读学校的措施,或者收容教养等类似的这些以教代刑的措施,我觉得这一点是我们法律中所欠缺的。

主持人:

好,非常感谢姚教授带给我们的解析。的确,对于所有的人来说,面对未成年人的这种比如说涉及犯罪或者说有恶性行为之后,怎么样去更好地帮助和教育他、感化他,的确是一个很大的挑战,我们该思考。

本文节选自中央电视台2016年1月7日"新闻1+1"节目文字实录。

宽容不纵容，知难行更难
——姚建龙教授来我院做专题学术讲座

2014年11月14日下午，上海政法学院刑事司法学院院长、上海市"十大优秀中青年法学家"姚建龙教授在我院刑法教研室为师生们带来一场题为"宽容而不纵容：比较视野下的少年司法"的专题学术讲座，讲座由中国刑法学会副会长、武汉大学刑事法研究中心主任莫洪宪教授主持，我院刑法教研室老师何荣功、叶小琴、陈金林，国家检察官学院湖北分院副院长陈成雄，以及湖北省人民检察院未成年人刑事检察办公室夏红主任参加了讲座。

姚建龙教授一开始用近期受到热议的华东政法大学女生热水泼老师的事件引出了讲座的主题。在进入主题之后，姚教授首先通过日本的"少年F案"和"消失的少年A"两个著名的案例，介绍和分析了日本少年司法的现状。姚教授认为：日本的少年司法与刑事司法"二元"分立，将对少年犯的保护处分独立于刑事处分，对恶性少年犯罪并不排斥惩罚，而是通过少年司法带有"弃权"意味的逆送程序交给刑事司法去惩罚，而对留在少年司法中的少年施以刑罚替代措施和预防措施的"保护处分"而非一放了之，真正做到了宽容而不纵容。

接着姚教授介绍了少年司法的两大基本模式，即以英美法系国家为代表的经典模式和大陆法系国家为代表的刑事模式。他认为这两种模式实质上是殊途同归，而这种殊途同归体现在国家亲权和儿童最大利益这两个基本的原则上。

在讲解了国外相对成熟的少年司法模式之后，姚建龙教授也介绍和分析了中国少年司法的现状，一方面是少年司法非刑罚即一放了之的"刑罚一元主义",另一方面是少年司法依附于成人刑事司法尴尬的附属地位。姚教授还通过著名的"重庆摔婴案"等案例,深入地分析了中国少年司法现行模式的特点和弊端。讲座的最后,通过比较国外较为成熟的少年司法模式,姚教授对中国的少年司法如何做到"宽容而不纵容"以及中国的少年司法改革提出了自己的看法和具体的建议。

姚建龙教授的讲座深入浅出,结合了大量国内外生动的热点案例,以及自身在司法实务部门工作的切身经历和感受,给在座的师生提供了许多全新的角度和启迪,大家都表示获益良多。主持人莫洪宪教授在总结中鼓励广大硕士生和博士生向姚建龙教授这样的学者学习,做到研究多结合实际,理论不远离实务,多尝试在法学研究中运用实证研究的方法,踏踏实实地做学问。

本文作者胡骞,载武汉大学法学院网站 http://fxy.whu.edu.cn/archive/detail/101374。

附录

从西山坪到野马浜

各位校友大家晚上好,非常感谢大家来听我唠叨。徐会长非常敬业,之前一直通过小温与我联系,希望我能够在群里做一个讲座以感谢各位校友在评十大杰出青年时的网络投票支持,我觉得这个要求无法拒绝。

我之前从未在微信群内做过讲座,个人感觉在微信群内做讲座不太适应,因为不能感受到大家的状态和反应。所以讲得不好的地方请大家谅解。

之前徐会长要求我谈一谈"成功"的感言,但我觉得自己根本谈不上成功,世界上成功的人太多,高手太多。我经常讲一句话:"千万别把自己当回事,因为太把自己当回事那也就没有人会把你当回事。"今天还是与大家讲一讲自己的人生感悟吧。

我给今天讲的内容取了个题目:"从西山坪到野马浜"。西山坪是我第一份工作的单位所在地,也是重庆一个比较有名的地方。有名到什么程度呢,如果你在重庆一个小摊贩上买苹果说你是从西山坪下来的,那摊贩老板都不敢收你的钱。这个呢,主要是因为西山坪上只有劳教农场,我当时就是在其中的劳教戒毒所做管教干事。

野马浜则是我现在工作的学校所在地,它地处上海"西伯利亚",也被称为"劳改劳教一条街",上海的校友应该清楚,因为它与上海新收犯监狱共用一堵墙,也被称为中国离监狱最近的大学。今天,我想从西山坪讲到野马浜。因为我们许多校友也都是法律人士、从事着法律职业,毕业后都会有自己的想法、追求与探索,我想与大家做一些这方面的交流。

可能有一些校友知道,我比较重要的研究领域是青少年犯罪与青少年保护,尤其是少年司法,以及禁毒学、矫正制度、犯罪学、刑法学等,总之是与犯罪有关的一些内容。其实，我投入最多，或者说在学术界比较早被认同的标签呢应该是青少年犯罪与青少年保护。从事这一领域研究可以说是一种缘分，我今天也可能会曝光一些自己这么多年中极少与人提及的一些经历。

如果按照《预防未成年人犯罪法》第14条、34条对未成年人不良行为及严重不良行为的标准来界定，我个人在未成年时期应该是一个标准的不良少年。我在小学时成绩很差，那时候很流行加入各种帮派，我四年级便开始混学校的小帮派，还是其中一个四人小帮派的主要骨干，所以升初中的入学考试没有考上。后来，家里人也想了一些办法，即每学期多交80块钱扩招费让我进入了中学。到了中学时期，由于脱离了之前的不良帮派和伙伴，有些改邪归正，行为基本都得到了改正，但学习成绩仍然很不理想。初三时也不知什么原因，还是侥幸考上了高中，但因为分数比较低所以考上的是相对来说差的第二中学。

我高一、高二时期成绩仍然很差，基本上是混沌度日。然而，在高二时我大病了一场，休学了一年。在休学的这一年期间，我想了很多。由于医生的误诊和对病症的无知，家人当时认为我的病治不好了并有意瞒着我，那是一种非常诡异的气氛，我也因此从他们的表现中猜到了一二，所以说当时年龄不大但也算是从内心上经历了人生的生与死。对了，我在读小学时还有一次掉河里去差点淹死了，后来不知怎么自己爬上了岸。所以说，一个人能活着长大真是不容易，要珍惜。

虽说是一次误诊，但当时当真了。正因为如此，我第一次开始真正思考自己的人生，也就是所谓的男孩子终于开始懂事了。这次事情对我的影响非常大，带给我两个非常重要的感悟：第一，男生都"醒"得比较晚，但是他只要醒过来或懂事后，他的成长会非常快。我自己有一个儿子，他与我小时候一样，还不太懂事。我自己常说，他除了成绩不好外其他都好，因为现在的他还根本不懂学习的意义。有时候，我也会比较焦虑，但是想到我小时候的糟糕状态，我的心态也比较平和了。就如同我刚才所说，男生成熟得比较晚，但只要一懂事，那世界都会为之改变。我印象很深的是，高二休学结束回到学校后，成绩一下从倒数第七名排到了顺数第七名，并且整个高三都维持在全班前三左右。因此，大家对男生的成长要有耐心，只要他一旦醒悟过来就会成长得很快。

第二个感悟是，一个人在他的青春期都会多多少少干一些坏事，但是过了这个时期或特定的时间和环境,他(她)会自动放弃这些行为。尤其是这些孩子进入成年期后,会自动放弃青春期的不良行为,而不需外来的干预。这个现象我称为"自动愈合"。我对青少年犯罪一直主张教育、感化、挽救,即"教育为主、惩罚为辅"的这样一个保护优先、教育优先的观点,很大程度是来自于自己的切身体会。"自愈"理论在国外也有许多研究。美国有个学者叫沃尔夫冈,他在费城做的同龄青少年纵向跟踪研究中有类似的发现,包括德国的一些学者也有类似的理论,即大部分孩子在青春期都会有一些不良行为,但绝大多数孩子过了青春期也会自动放弃这些不良行为,这种现象称为"自愈"。

大家也可以想想自己在青春期内干过多少坏事,我可以和大家说说《预防未成年人犯罪法》中规定的九种不良行为、严重不良行为的标准,你们想想看有多少。这些不良行为,在国外又被称为"罪错行为""虞犯"、"身份犯"等,主要有逃课、逃学、夜不归宿、收看、收听不良读物,小的偷窃如偷拿父母的钱,抽烟、喝酒、打架、斗殴,以及辱骂他人等等,大家想想有没有干过?以上是我在青春期人生经历中很重要的两个感悟。

因为我读的高中那个学校比较差,所以每年能考上大学的人非常少,我算是其中一个。当时我第一志愿报考的是中南政法学院(后来变成了中南财经政法大学,去年我还应邀去做了个讲座,讲得还算可以,我竟然还很邪恶生出一丝"复仇"的快感),但因分数不高、正好处在本科分数线上,所以被调剂了,一直在等待结果。后来,终于在教育局门前的红榜看到我被重庆商学院经济法专业录取了,这个学校在当时属外经贸部直属,法学系刚刚开办,我是第二届学生。

四年大学生活过去了,我最深的感受是:首先是做老师一定要敬业,否则就是误人子弟。第二,法学专业是有"专业槽"的,法学教育是有准入门槛的。我现在常和我的学生说,你们现在能够在正统的法学院校接受正规的法学教育,是很庆幸及难得的。现在国内的法学教育是非常值得反思的,办法学专业的院校很多,但凡是大学都有法学院或者法学系,这些法学专业的学生很大一部分其实很难以接受正统的法学教育,能接受很纯正、正规的法学教育,是十分幸运的。这也是我之后为什么还要去读研究生,继续深造的一个重要原因。

本科四年还有一个很值得反思的地方。我当时还算是一个很刻苦的学生,早上六点多起床、晚上熄灯后还要点蜡烛读书,但是总的感觉是"学也没学到、玩也没玩到"，很悲哀。我常与学生说，年轻时要么学到东西，要么玩得很快乐。我还有一个体会是，大学时期都没有做过什么坏事，这也是我的大学时代最大的遗憾。我现在也常与我学生说，在学生时代要抓紧时间做坏事，因为一旦你真正进入社会，你再在社会、单位做坏事，没有人能够再包容你、容忍你并给你改过的机会。

那么，大学毕业那一年，我又怎么会去重庆劳教戒毒所呢？我最感谢母校的一点是，她启发了我对法学尤其是刑事法学的兴趣，因此想继续深造，所以决定考研究生。但毕业那年考研时，不知道当时华政有个类似于特招的制度，即对于有潜力却差点分的学生可以破格录取，也不知道当时刑法学中青少年犯罪这一方向没有招满，因此就没有争取这一机会，以一分之差落榜。这个也是一个遗憾，教我认识到做任何事情都要尽自己最大的努力，人生的机会都是自己把握的，如果不去努力很多机会就会失之交臂。

在这种情况下，我就业的意愿不强，还想继续考研，当时重庆市劳教戒毒所正好来我们学校招聘，我便去参加了面试，但说好我会继续考研，结果面试的领导说，我们支持继续深造。我当时在大学还算是一个比较优秀的大学生，做了四年的团支部书记，好像还是唯一一个没被选下去的学生干部，也是团委的宣传部部长、校报编辑之类，有事没事还会写写诗、散文之类的，搞得很文青。这个对我后期写作有很大的帮助，所以说平时养成练笔的习惯十分重要。

戒毒所看了我的简历后，就直接录取我了。当时我印象特别深，因为这其实是戒毒所第一次来大学招人，以往戒毒所的人员更替比较多的类似于"接班制"，即父亲退休后由儿子继续接着干，这是两劳系统当时的传统。大家不要认为这是世袭，因为两劳系统很艰苦，这是典型的"献完青春献子孙"。因此，我也有幸成了重庆劳教所第一批本科大学生。

那是1999年的六月底、七月初，我和我一个同学一起去报到，去的路上很有意思。我们租了一辆车，开了3个多小时开到重庆西山坪山脚下，这个山大约海拔千米，要走盘山公路上去。我们前面当时有一辆中巴车，车上有一堆鸭子，每次转弯打圈的时候，鸭子的脖子都要打一圈，我们就跟在后面看着它们一甩一甩，慢慢地摇上了戒毒所。所以后来我做管教对劳教戒毒学员做队列训练的时候，每次都会想起鸭子们整齐划一的甩头动作，机械又十分有韵律，很有意思。

我当时被分在一中队,与所部共用一个院子,也算是直属的一个中队,所以大家当时都说我算是分得很好的。其实,所谓的"分得好"是相对而言的。整个西山坪是个非常偏僻的地方,冬天非常荒凉、非常冷,干警非常辛苦。我当时的工资好像大约只有400元左右,而山顶只有一个小商店,钱想花都花不出去,要出去花钱还要坐一个小时的中巴慢慢摇到山下的北碚城里去,路还很不好走。另一个印象深刻之处是,整个戒毒所好像罕见雌性生物,就连飞进来的蚊子都是雄的。干警娱乐活动也极少,所以那时空闲的时候,我们基本上天天在打麻将,大家都爱找我打,因为我水平差,在戒毒所的工作时间里大约从未赢过。这就是我们唯一的娱乐活动,所以当时做戒毒民警真的是比较苦。

我刚开始的职务是一中队的小队长,后来是管教干事,算是一个非常核心的岗位。当时实行的是"百分考核",这是个很有意思的制度,管教干事手中的自由裁量权其实是十分大的。工作期间,有一个事情让我印象很深,当时带我的师傅非常好,他教我的第一件事情是……(此处省略三千字)……我终于克服心理障碍融入当时监所文化中,入乡随俗了。现在想来也是很有意思的,我后来学"标签理论""镜中自我理论"和"犯罪中和理论",也往往会想起这段经历。

我在戒毒所工作期间还有两件事印象非常深刻,也是我为什么在后来坚定从事青少年犯罪与保护研究的一个重要原因。我还记得那天好像是2000年6月1号,我在戒毒所办公室值班,突然听到有孩子的哭声,没有人管。其实当时我已经被调到所内的生产科当生产干事了,是第一次遇到这个情况,不知道怎么办。这个小孩大约七八岁左右,他的母亲据说是吸毒致死了,爸爸则被关在所内,只好由亲戚抚养。之后,亲戚不想养了,就把小孩扔在我们戒毒所跑掉了。这个孩子躺在地上号啕大哭时的眼神,很难描述,无助却又充满仇恨,让我终生难忘。这是我后来做青少年犯罪与保护研究的一个非常重要的原因,也是我这么多年一直研究国家亲权、强调政府是儿童最终监护人的非常关键的原因。

另一件是令我自己非常感动的一件事情。我在戒毒所工作期间,与戒毒人员建立了非常好的感情。我请了51天的假去考研究生,录取后还在戒毒所里工作了一段时间,有戒毒人员知道我要走了,就来给我打扫房间的卫生。

我当时住的房间条件比较差,也很阴暗,由于没有拖把,有位戒毒人员就拖下他的衣服当作拖把来给我拖地。我制止他这样做,告诉他我即将离开戒毒所他没有必要为我如此,而他则说在我工作期间待他不错,他也即将解教离开戒毒所了,只想为我做些事情。这个事情给我印象非常深,虽然吸毒人员属于边缘人群,但是我觉得他们也是有血有肉的人。吸毒人员这个人群,很多人可能会认为是一类边缘群体,但他们的世界也是充满着感情、情义和温暖。因此我在之后的学术研究中,一直坚持要把边缘群体当人看,尊重他们的权利。这个经历也对我后来的学术研究和观点产生了非常大的影响。

在 2000 年,我好像是以最后一名的成绩考入了华政刑法学青少年犯罪专业,刑法专业当时招了大约 14 个人,而青少年犯罪专业方向只招一个人。那时候我还会开玩笑告诉大家我有多厉害,全国就招了我一个,其实是最后一名。当时的刑法学包括青少年犯罪专业都属于比较边缘的专业,所以学校在分班的时候把经济法、民商法、国际法放在一班,其他专业则都统在二班,我们开玩笑称为"其他专业班",我的同学李绍章还曾写过一篇文章调侃过我的专业和分班。

刚入学的时候,我的一位老师当头给我浇了一盆冷水,问我为什么要学这个专业。因为华政的青少年犯罪专业最热门的时候是在 80、90 年代,但到 2000 年这个专业已经没落了,若不是《青少年犯罪问题》这本杂志的存在,华政的青少年犯罪研究所几乎要被取消了,课也基本上不开了。老师的这句话对我的打击非常大,在那个时候我也觉得很迷茫,所以在第一学年的前 8 个月里一直在思考未来到底要做什么、这个专业的意义在哪里以及我该如何学习。

有一天,我突然想明白了,我已经选择了这个方向,虽然在很多人看来这是个没有前途的专业,也处在它最低谷的发展时期,但凡事物极则必反,或许其中孕育着机会。其次,如果我改专业、改方向的话,研究生三年基本是浪费的,这个成本得不偿失。再者,我在学习中也进一步培养了对这个专业的兴趣,尽管当时学的是最末流的专业,而且连对话的人都没有,但是我感觉这也是一个理性的选择。

我也一直对我的学生说一句话,人生在很多时候其实是没有选择的,你现在所处的位置和所做的事情就是最佳的选择,你能把你现在所做的事做到最好,现在的选择就是对的选择。如果不去努力,把选择成本做得太大,则不一定是最佳的选择。

我在学习中逐渐发现,我天生就适合学青少年犯罪专业,因为我自己小时候就是个不良少年。在这种情况下,我越来越发现这是个非常有意思的领域,即使这个领域很小。我还在读博士的时候,我的老师也说我研究的领域太小,连到底是几级学科都难以界定,建议我扩展领域,小领域做得越好会越边缘。我也和老师在这方面做过交流,谈了一个基本的想法,当时我用了一个词叫"散墨原理",即你选择了一件事就努力把它做到极致,把这点击穿,做到别人必须去跨的一个"坎",然后再拓展,这也是一种学术路径。

从 2000 年到现在,10 多年的时间里,青少年犯罪与权益保护一直是我着重在研究的一个领域。我认为,你尽力将这个事做到最好最极致,那你就是成功的,不用太去在意他人的想法。事实上,我认为这点回过头来看是对的,通过许多年的努力,当然不仅仅是我个人,青少年犯罪、少年司法现在有成为学术热点的气氛了。另外,由于戒毒所工作的经历,禁毒也是我研究的一个核心领域,并且也有一点影响。我现在在上海法学会担任未成年人法研究会和禁毒法研究会两个研究会的会长,算是大家对我研究的一点肯定。总之,通过你自己的努力将一件事做到极致,必有所成,愿与大家共勉。

研究生毕业后我选择了留校并攻读博士学位。华政那时还没有设立刑法博士点,所以我联系了去考北大的博士,但当时北大那位我很佩服的导师有一个要求,就是必须要脱产。但由于当时我已经开始谈恋爱,有了安家立业的责任,所以就放弃了考北大。北大一直是我非常向往的一所学校,决定放弃的时候我特意去北大未名湖畔坐了许久,之后毅然决然地回到了华政,并有幸考取了华政的博士,主要做的是比较少年司法的研究。

2006 年毕业那年我十分幸运,华政当时已经评审通过只要我一拿到博士学位便破格将我聘为副教授。当时这也是一个契机,由于华政要升大学,缺少高级职称,所以我才可能有这样一个机会。我在助教、讲师阶段写了非常多的东西,出了很多成果,当时许多同学都因为这取笑我,因为助教阶段写的东西一评讲师就浪费了。同理在讲师阶段的成果一评副教授便也浪费了,我自己其实并没有考虑过如何精确地计算这些成果以获得最好的成效。因此,当华政有破格提副教授机会的时候,发现我一股脑写了这么多成果,足够破格了,这也算是傻人有傻福。

我常与我的学生说，人生绝不能太精细太计较，你只需埋头专注地做好手中的事情便好，机会自然会来到你的身边，许多事也会水到渠成。而有意思的是，当年取笑我写的东西会浪费在助教和讲师上最厉害的一位兄弟，在我评完教授几年后还没有评上副教授。所以做事真的不需要太计较，专注努力便好。

在华政教书期间，我还负责编《青少年犯罪问题》这本杂志，经过几年努力也有幸将它带入了 C 刊的行列。2008 年 12 月 26 日，我有幸到上海市长宁区检察院挂职副检察长。我当时分管的是公诉、研究室和未检，基本是直接深入地参与挂职单位的工作。这份工作经历给我的印象很深，感觉做一名检察官真的很不容易，分管公诉对我的精力占用也非常大。之后也有人问我，这份经历最大的感受是什么，我觉得应该是一份尊重。

我写过一篇小文章《感悟两栖生活》谈挂职生活，其中有一段话和大家分享：

> 刚去挂职，有人说"他搞理论可以，搞案子不行"，后来又有人说"他搞案子行，搞考核不可能行"，再后来，没有人说了。很多时候并不一定明白做一件事情的理由，其实也无需刻意去明白。无论在什么时候，什么地方，都只不过是挣一份"尊严"。

我在挂职期间，很有幸将分管的三个部门都带入了全市优秀的行列。当然，我当时主要是去和实务部门的同志学习，收获很多，感慨也颇深。因为我挂职时的年龄比较轻、表现也还可以，有老领导希望我能够留在检察系统工作。当时我花了好几个月去思考，包括未来的人生，也动过心，但是想到自己才 30 岁出头，人生路还很长，如果留在检察院那基本可以一眼看穿未来 30 年的人生轨迹，这是件十分"可怕"的事情。因此，在 2011 年 10 月我又正式回到华政教书了。

当时，我太太是在上海政法学院当辅导员，她由于硕士文凭的关系不能转到教师岗位，她又特想当专业老师。"江湖"上对于我为何后来会调任上海政法学院刑事司法学院院长有许多传言，其实熟悉我的人都知道，最直接的动因是"卖身赎妻"。因此，在华政教书 10 年后，我从华政调到上政还签了 5 年卖身合同。

上政的老师都非常好，与大家的合作也十分愉快。讲一个小插曲，在我刚去上政刑事司法学院时,与我合作的老书记贾洛川教授正好还有三年退休,有个老师和贾书记开玩笑说刑司学院如果年终考核每年倒退一名,等贾书记退休时正好排到全校倒数第一名。我告诉贾书记说不用担心,等他退休的时候一定让我们学院在学校考核排到第一名,后来我们共同实现了当时的承诺。所以我认为,不论在什么时候做什么事情,只要埋头把事情做好、能够证明自己的存在便足矣。

徐会长让我来谈一些成功的感受,我实在是谈不上。自18岁离开家乡凡21年,其间辗转重庆、上海、北京多个城市求学、工作,经历过警察、检察长、华政的教授以及上政的教授多个职业及多个单位,谈不上成功,但也还算丰富。我一直觉得人的一生不一定需要很有成就,但一定要丰富多彩,最好能再来一点传奇。这就是我自己对人生的一点感悟吧。

因为时间有限,我也不再多说了。今天主要还是来感谢各位在评上海十大杰出青年时的网络投票支持。徐会长让我分享一些参评感受,我个人觉得就是一句话:能与高手过招乃人生快事。

这是我第一次在微信群中做讲座,有些不习惯,所讲内容也比较随意,说得不妥当的地方请多谅解,谢谢大家!

本文系 2016 年 1 月 10 日晚在华政研究生校友会一群的讲座,由上海铁路检察院温雅璐检察官记录整理。

图书在版编目(CIP)数据

法学的慈悲:孩子的法律情怀/姚建龙著.—上海:上海三联书店,2019.1重印
ISBN 978-7-5426-5645-2

Ⅰ.①法… Ⅱ.①姚… Ⅲ.①未成年人保护法-基本知识-中国 Ⅳ.①D922.74

中国版本图书馆 CIP 数据核字(2017)第 277464 号

法学的慈悲:孩子的法律情怀

著　　者 / 姚建龙

责任编辑 / 郑秀艳
装帧设计 / 一本好书
封面绘图 / 姚中琛
监　　制 / 姚　军
责任校对 / 张大伟

出版发行 / 上海三联书店
　　　　　 (200030)中国上海市漕溪北路 331 号 A 座 6 楼
邮购电话 / 021-22895540
印　　刷 / 上海盛通时代印刷有限公司

版　　次 / 2018 年 4 月第 1 版
印　　次 / 2019 年 1 月第 2 次印刷
开　　本 / 640×960　1/16
字　　数 / 250 千字
印　　张 / 21.5
书　　号 / ISBN 978-7-5426-5645-2/D·371
定　　价 / 68.00 元

敬启读者,如发现本书有印装质量问题,请与印刷厂联系 021-37910000